Mosaik

Mitarbeit: Robert Trent Jones, Jack Nicklaus, Pete Dye, Arnold Palmer, Ed Seay, Tom Fazio, Robert Trent Jones jun., Rees Jones, Ronald Fream, Gary Player, Karl Litten, Severiano Ballesteros

Denis Machenaud

Die schönsten Golfplätze der Welt

Mosaik Verlag

DANKSAGUNG

Ohne die Hilfe einiger Luftfahrtgesellschaften und zahlreicher Fremdenverkehrsämter wäre die Realisierung dieses Buches nicht möglich gewesen. Wir möchten uns an dieser Stelle nochmals herzlich für ihre Unterstützung bedanken. Luftfahrtgesellschaften: Air France, UTA, British Caledonian, British Airways, Pan Am, Cathay Pacific, Varig, SAS, Lufthansa, SAA. Fremdenverkehrsämter: Großbritannien, Bundesrepublik Deutschland, Schweden, Hongkong, Bahamas, Australien, Irland, La Satour, Le Bureau Varig in Paris. Ganz besonders wertvolle Unterstützung fand ich bei folgenden Architekturbüros: Robert Trent Jones Inc. in Montclair, New Jersey, und sein Büro in Europa, Cabell Robinson in Marbella, Spanien, Robert Trent Jones II. in Palo Alto, Kalifornien, Richard Wax in London, Golden Bear Inc. in Florida, Golf Plan in Californien, Tom & George Fazio, Jorge de Ceballos in Spanien, das Team Player-Litten in Florida, Rees Jones Inc., Arnold Palmer & Ed Seay in Florida, Christian de Guerre, Claude Massot und Isabelle Soulier in Paris.
Die technischen Angaben in diesem Buch wurden mit großer Sorgfalt recherchiert. Ganz ausschließen kann man Abweichungen oder Fehler bezüglich der Namen, Daten und Löcher der Plätze jedoch leider nie. Für eventuelle Fehler übernimmt der Verlag keine Verantwortung.

Übersetzung: Pagina GmbH, München,
Bettina Schneider
Layout: Marie-Cécile Delley
Einbandgestaltung: Klaus Renner
Einbandfoto: Anthony Roberts
Redaktion: Monika König

Satz: Filmsatz Schröter GmbH, München
Reproduktion: Reprozwölf GmbH, Wien
Druck und Bindung: Wiener Verlag,
Himberg bei Wien

Printed in Austria

ISBN 3-570-03799-1

Inhalt

Einleitung von Denis Machenaud

Es gibt wohl keinen passionierten Golfer, der nicht davon träumt, eines Tages auf Entdeckungsreise um die ganze Welt zu gehen, den Koffer in der einen, die Golftasche in der anderen Hand, auf der Suche nach den unzähligen Schmuckstücken, die auf unserem Planeten zu finden sind. Es ist wie der Traum eines Sammlers, der nichts befürchtet, als daß das eine oder andere Gemälde ihm womöglich entgehen könnte. Jedes dieser Millionen von Löchern, verteilt auf mehr als einer Million Hektar, hat seine eigene Geschichte. Auf den echten Links oder den wilden Parcours, den Waldplätzen oder den Anlagen am Meer, den öffentlichen Plätzen oder den ganz exclusiven – was für ein unendlicher Reichtum, wie viele Variationen eines Themas!

Zahlreiche Veröffentlichungen wurden diesem Sujet bereits gewidmet, andere werden noch folgen. Denn es gibt, ganz im Gegensatz zu den Befürchtungen einiger Schwarzseher Ende der sechziger Jahre, immer wieder Neues zu berichten. Es vergeht kaum ein Tag, an dem nicht irgendwo auf diesem Planeten ein neuer Platz mit einem ersten Schlag eingeweiht wird, vor allem in Europa und Asien werden in den nächsten zwanzig Jahren wohl noch einige hinzukommen.

Man kann sich sicherlich vorstellen, wie schwer es unter diesen Bedingungen ist, die Zahl der besonders attraktiven Anlagen auf 110 zu beschränken. Das ist gleichzeitig wenig und viel. Wenig, weil es insgesamt mehr als 30 000 Golfplätze gibt, viel, wenn man wirklich nur Plätze auswählen will, die allen Qualitätsansprüchen absolut gerecht werden. Es grenzt manchmal an Anmaßung, zu entscheiden, ob nun der eine oder andere ein großer Kurs ist oder wieder ein anderer weniger den Vorstellungen entspricht. Die Auswahl ist ausgesprochen subjektiv und hängt oft mit dem Ergebnis zusammen, das man selbst auf dem jeweiligen Platz erzielt hat. Glücklicherweise ist die Geschichte des Golfsports mittlerweile alt und umfangreich genug, so daß die Anhaltspunkte zur Beurteilung ausreichend definiert sind. Bezüglich der Mehrheit der in diesem Buch aufgeführten Golfanlagen stimmen die zahlreichen Golfexperten überein.

Sicherlich, es werden nicht alle berücksichtigt. Es ist nicht das Ziel dieses Buches, eine umfassende Liste aufzuführen, sondern zu versuchen, eine Synthese zu realisieren, jedem einen Platz zu zeigen, der ihm auch im Gedächtnis bleibt, ohne daß dabei irgendein Kontinent bevorzugt wird. Sechsundzwanzig Länder sind insgesamt vertreten. Angesichts der gleichmäßigen Verteilung wird meiner Meinung nach niemand benachteiligt – alle großen Namen des Golfs sind vertreten.

Obwohl manche Epochen in der Golfgeschichte Veränderungen oder Neuerungen nicht unbedingt begünstigt haben, bewegt sich im Golf doch ständig etwas. Jedes Jahrhundert brachte Neuerungen mit sich. Im Zeitraum von nur wenigen Jahren sind – dank dem Geld von Sponsoren und der Kunstfertigkeit der Golfarchitekten – phantastische Anlagen gebaut worden.

Im letzten Teil dieses Buches werden unter dem Titel »Die Favoriten« in Zusammenarbeit mit zehn der renommiertesten Golfarchitekten die Plätze vorgestellt, die die Neuentwicklung repräsentieren.

Robert Trent Jones, der Architekt von mehr als 150 Golfplätzen, hat sich bereit erklärt, das Vorwort für dieses Buch zu schreiben – wofür ich ihm an dieser Stelle noch einmal meinen Dank aussprechen will.

Ich möchte dieses Buch all denen widmen, die, Golfer wie ich, noch nicht das Privileg hatten, die schönsten Golfplätze der Welt selbst zu entdecken.

Denis Machenaud

Vorwort von Robert Trent Jones

Ich habe Glück gehabt. Während meiner langen Karriere hatte ich zu meiner großen Freude die Gelegenheit, Tausende der schönsten Gegenden, in denen der Golfsport gepflegt wird, zu entdecken. Ja mehr noch – dank der Golfplätze, die ich hier und da angelegt habe, ist so manches noch völlig unberührte Fleckchen unseres Planeten der Öffentlichkeit zugänglich gemacht worden. Dank meines Berufes hatte ich die Möglichkeit, so wichtige und bekannte Persönlichkeiten wie Aga Khan, den ehemaligen König Leopold von Belgien, König Hassan von Marokko und hohe Funktionäre aus Moskau ganz privat kennenzulernen. Die große Ehre einer Golfpartie mit den Präsidenten Dwight Eisenhower und Gerald Ford sowie zahlreichen Senatoren und Repräsentanten des amerikanischen Kongresses wurde mir zuteil.

Das größte Vergnügen hatte ich jedoch an den Turnieren. Ich habe an über hundert großen Tournaments teilgenommen und dabei immer wieder von neuem Freude daran gehabt. Was für ein phantastisches Gefühl, beim Masters-Turnier den Frühling zu begrüßen, die Roughs und Hindernisse auf dem Parcour der US Open zu entdekken, jeden Juli wieder auf einen Golfplatz zu den British Open zurückzukehren und sich schließlich auf der Anlage der USPGA wiederzufinden, dem letzten der Grand-Slam-Turniere im Jahr. Wenn man dann noch das Inverary Classic und den Welt-Cup dazunimmt, hat man in etwa einen Überblick über meinen alljährlichen Kalender. Mehr als 400 000 Kilometer im Jahr zu reisen, ist für mich zur zweiten Natur geworden. Eine ständige Präsenz dieser Art halte ich für absolut notwendig. Die Veranstaltungen helfen mir, mit den besten Spielern in Kontakt zu bleiben, alte Freunde wiederzusehen, mit anderen Golfarchitekten Ideen auszutauschen und neue Projekte kennenzulernen.

Es gibt aber noch einen wichtigeren Grund: Golfturniere sind das, was die Journalisten aus ihnen machen. Seit 1754, als ein kranker König names Jakob III. von England in einem Erlaß das Golfspiel verbieten wollte, gibt es Leute, die über unseren Sport berichten. Und die Geschichte des Golfs, von seinen Anfängen bis heute, ist reichhaltig.

Bob Jones war 1930 der erste, seitdem hatte ich das Vergnügen, alle großen Golfjournalisten einmal zu begleiten, habe mit vielen von ihnen die Fairways abgelaufen und war auch im Presseraum ein willkommener Gast. Ich habe immer versucht, auf meiner Tour alles, was ich wußte, weiterzugeben, vor allem über Golfarchitektur; ich habe unzählige Interviews gegeben. Die Journalisten sind meine Freunde und – ich bin glücklich, das hier einmal sagen zu können – sie haben mir dabei geholfen, einen gewissen Bekanntheitsgrad zu erlangen.

Um es noch einmal zu betonen: Ein guter Golfjournalist ist für den Sport ein wahres Geschenk. Seit meiner Jugend verschlinge ich alle Fachzeitschriften, ich habe in meiner Bibliothek tausende von Büchern und Abhandlungen über Golf – die meisten sind schon richtig abgegriffen, so oft nehme ich sie zur Hand. Es hat mir schon immer viel Vergnügen bereitet, alles, was über Golf geschrieben wurde, zu lesen – das ist für mich die beste Möglichkeit, mich von meinem doch sehr anstrengenden Leben etwas zu erholen. Golf war und ist meine große Leidenschaft, es hat mir alles gegeben. Die Golfanlagen, die ich entworfen habe, sind für mich Beweise meiner Dankbarkeit.

Oben: Robert Trent Jones: der »Papst« der modernen Golfarchitektur. Sein brillanter Zeichenstift, sein Hitchcock-Blick voll Schalk und Raffinesse, sein Hut, ohne den er nicht aus dem Hause zu gehen scheint – das alles macht ihn zu einer einzigartigen Persönlichkeit in der Geschichte des Golfsports.
Unten: Der Peachtree Golf Club, eines der ersten großen Werke des jungen Architekten. Hier das 6. Loch.

Der »Jones-Clan« vor einigen Jahren: Rees, Robert (genannt Bobby) und Vater Trent Jones: alle drei Golfarchitekten von weltweit hervorragenden Ruf.

Was macht einen großen Golfplatz aus? Mit dieser Frage beschäftige ich mich schon seit langer Zeit. Es vergeht kaum ein Tag, an dem ich sie mir nicht stelle, immer auf der Suche nach einer ernsthaften Antwort. Ich glaube zu wissen, was einen guten Kurs – und daher auch, was einen wirklich großen Platz ausmacht.

In meiner Eigenschaft als Golfarchitekt habe ich unendlich viele unberührte Landschaften entdeckt, bin ständig kreuz und quer durch Wälder und über Hügel gelaufen, in den verschiedensten Höhenlagen. Ich habe selbst alle Schlagvarianten gespielt, von den einfachsten bis zu den kompliziertesten bei besonders schwierigen Hindernissen. Ich habe den größten Teil meines Lebens damit verbracht, zu beobachten, zu analysieren und darüber zu urteilen, ob es sich um eine besonders gute Bahn handelt oder nicht.

Die Frage kann man wohl nicht beantworten, ohne sich auf das große Vorbild zu beziehen, auf Saint Andrews. Der »Old Course« hat höchstwahrscheinlich mehr Einfluß auf die Golfarchitektur ausgeübt als irgendein anderer Platz der Welt. Er verlangt ein Höchstmaß an Konzentration und belohnt vor allem die wirklich intelligent spielenden Golfer. Kein Golfplatz sollte den Spieler jedoch für Fehler allzu sehr büßen lassen. Man kann schließlich nicht von 45 Millionen Golfern verlangen, daß sie alle spielen wie die Champions. Ganz gleich, auf welchem Niveau man spielt, die Spannung sollte für jeden gleich sein. Um es noch einmal zusammenfassend zu sagen und eine Bezeichnung zu verwenden, die dem Problem am nächsten ist: Es sollte auf jeder Bahn schwierig sein, ein Par zu erzielen – »demanding par« –, aber dafür relativ leicht, einen Bogey zu erreichen – »comfortable bogey«. Meiner Ansicht nach liegt der Reiz des Golfspiels darin, daß es für den Menschen eine ständige Herausforderung bedeutet. Er greift den Parcour und das Par an, es ist daher Sache des Golfarchitekten, für eine »Verteidigung« des Platzes zu sorgen, indem er entsprechende Hindernisse einplant. Die moderne Entwicklung hat bewirkt, daß die Anlagen fast zu einfach geworden sind, daß es manchmal fast lächerlich leicht ist, ein Par zu erzielen. Dem kann und will ich mich nicht anschließen. Bei dem Turnier anläßlich der Einweihung von Spyglass Hill auf der Halbinsel Monterey in Kalifornien waren die Scores ausgesprochen hoch und die Klagen der Spieler häuften sich. Mittlerweile haben viele ihre Meinung geändert und beurteilen die Anlage als einen wirklich großen Parcour. Denn was einen Golfplatz letztendlich im Vergleich zu anderen auszeichnet, ist nicht nur seine Schönheit, sondern vor allem die Qualität der Schläge, die er einem abverlangt. Und diese beiden Elemente sind eng verbunden. Ich könnte zahlreiche Beispiele aufzählen, die diesen Gedanken belegen. Ich möchte mich jedoch auf eines beschränken: das 13. Loch der Ostanlage von Dorado Beach in Puerto Rico. Es ist ein Par-5-Loch, mit einem Dogleg nach links. Der Spieler kann, wenn er auf Sicherheit gehen will, den Ball auf ein relativ großes Fairway setzen oder auch versuchen, das Wasserhindernis links mit einem Schlag zu überwinden. Der Vorteil der letzteren Variante: Man kann darauf hoffen, das Green mit zwei Schlägen zu erreichen. Allerdings nur hoffen, denn das Green grenzt auf der rechten Seite an ein weiteres Wasserhindernis, das die Bahn kreuzt. Gleich dahinter ist der Atlantische Ozean – der Schlag muß also absolut perfekt ausgeführt werden, wenn nicht ... Von der anderen Seite kann man sich dem Green in drei Schlägen ohne größere Schwierigkeiten nähern. Dieses Loch ist also fair und anspruchsvoll – und es belohnt einen Spieler mit Mut zum Risiko.

Alles in allem ist ein wirklich großer Golfplatz fast wie ein Mensch: Er besitzt seinen eigenen Stil, eine eigene Persönlichkeit. Etwas sollte man jedoch nie vergessen: Auch wenn man einmal gewonnen oder sogar Platzrekord aufgestellt hat – ein wirklich »großer« Kurs wird immer der Sieger bleiben.

Robert Trent Jones

Die »authentischen« Plätze

Die zeitlosen Meisterwerke

Ich mag diese Bezeichnung, denn sie zeigt, daß die Zeit, jener sanfte und dennoch unerbittliche Richter, auf einen Golfplatz sehr wohl Einfluß nimmt. Sie läßt ihn jedoch nicht altern wie ein menschliches Wesen, sondern verleiht ihm immer wieder neue Jugend, schmückt ihn mit neuen Qualitäten und schenkt seiner Schönheit immer wieder neue Faszination. Die Auswahl ist allerdings unbarmherzig, denn wenn ein Kurs von Anfang an schlecht konzipiert ist, kann er durch nichts zu einer wirklich großen Anlage werden.

Das Geheimnis des Erfolgs ist leicht zu ergründen. Die früheren Architekten – wenn man die Platzbauer des letzten Jahrhunderts überhaupt so nennen kann – arbeiteten mit sehr geringen technischen Hilfsmitteln und entschlossen sich meist dazu, der Natur ihren Lauf zu lassen. Sie schätzten sie, anstatt sie zu bekämpfen. Und damit erwiesen sie dem Golfsport einen großen Dienst.

Das ideale Gelände, das sogenannte »Links« am Meer, war der Inbegriff dessen, was einen Golfplatz ausmachen sollte: natürlich und selektiv. Alles, was danach angelegt wurde, war eigentlich eine direkte Konsequenz dieses Phänomens. Saint Adrews in Schottland, der unnachahmliche Prototyp, wurde dennoch immer wieder in den verschiedensten Gegenden der Welt kopiert: von seinem Aufbau, seinen 18 Löchern (niemand dachte auch nur im Traum daran, ihn anzuzweifeln) und seinen Wasserhindernissen, von denen das »Swilcan Burn« immer beispielhaft sein wird, bis zu seinen berühmten Sandbunkern, die den Schafen als Schutz gegen die Kälte dienen.

Man brauchte so etwas wie einen Vatikan für den Golfsport – und wählte Saint Andrews. Und schon bald kamen die Pilger aus der ganzen Welt. Die »Hohen Priester« wurden die Champions, die die Geschichte ihres Sports schrieben, später auch noch die Architekten, die Meister ihres Fachs.

Von den »Kathedralen« des Golfs, den Meisterwerken aus vergangenen Tagen, den »Authentischen« also, soll im ersten Teil des Buches die Rede sein. Golfanlagen, die auf eine bewegte Geschichte zurückschauen, die manchmal fast schon vernichtet wurden, aber dank der Unterstützung von irgendeinem Golfenthusiasten wieder neu entstanden.

In den Anfängen, das heißt etwa Mitte des 18. Jahrhunderts (Saint Andrews wurde offiziell im Jahr 1754 gegründet) hat man die Natur bei der Anlage der Greens kaum verändert; erst später, im 19. Jahrhundert, vergrößerte man sie, ebenso die Fairways. Es gibt nicht mehr nur Links, also Anlagen, die auf einem Gelände entstanden sind, das irgendwann einmal vom Meer überflutet war. In England begann man in der Umgebung von London Löcher auszuheben und Fahnen zu stecken. Sunningdale ist das erste Beispiel. Das »Inlandgolf« war geboren. Es eroberte in kürzester Zeit auch den Europäischen Kontinent, der erste Platz entstand im Jahre 1856 in Pan, in Frankreich. M. S. Colt war der erste wahre Golfarchitekt, der nicht selbst als Pro spielte.

Von nun an breitete sich die Golfbegeisterung in Windeseile aus – und zwar nicht in Europa, wo der Golfsport sich erst einmal nur langsam weiterentwickelte, sondern in den Vereinigten Staaten. Die Geburt des amerikanischen Golfs fand jedoch in der alten Welt statt, und zwar auf dem Golfplatz in Biarritz, der Sommerresidenz der reichen Amerikaner, wo William K. Vanderbilt den schottischen Pro Willie Dunn bat, auf die andere Seite des Ozeans zu kommen, um in der Nähe von New York die erste Golfanlage zu realisieren. Das amerikanische »Saint Andrews« entstand im Jahre 1888. Zwölf Jahre später, zu Beginn des neuen Jahrhunderts, zählte man bereits 982 Golfanlagen. Die Entwicklung war überwältigend gewesen: Es gab Links, wie beispielsweise das berühmte Shinnecock Hills, entworfen von Willie Dunn, dessen relativ isolierte Lage

Der Golfplatz in Pau, einer der ältesten Plätze auf dem europäischen Kontinent, erbaut im Jahre 1856.

Links: Saint Andrews, der erste in den Vereinigten Staaten gegründete Golfclub (1888).
Oben: Royal Calcutta, eingeweiht im Jahre 1829.
Unten: Royal Cape Town, der erste Kurs in Südafrika, gegründet 1885.

allerdings den Einfluß verringerte, den es theoretisch auf die amerikanischen Anlagen hätte haben müssen. Anlagen im Landesinnern wurden gebaut, von denen man allerdings nicht behaupten kann, daß sie mit sonderlich viel Phantasie gestaltet wurden. Glücklicherweise gab es auch Ausnahmen, was die Größe anbetrifft beispielsweise.

Es handelte sich um eine richtige Bewegung, die in der Golfgeschichte als »Schule von Pennsylvania« bezeichnet wird. Es waren Albert Tillinger, Hugh Wilson, Alistair Mackenzie, George Crump, Donald Ross und andere, die innerhalb weniger Jahre ein Wunder vollbrachten – Männer, die ihrer Leidenschaft alles opferten, ohne wirklich angemessen dafür bezahlt zu werden. Sie kamen aus den verschiedensten Gegenden, die meisten von ihnen waren von hohem Bildungsniveau. Sie wußten zwar alles über das schottische Golf, ließen sich jedoch vom jeweiligen Modell inspirieren, immer auf der Suche nach etwas Außergewöhnlichem, einem ganz besonderen Entwurf.

Und um ihre Pläne zu verwirklichen, sparten sie nicht an persönlichem Einsatz und teurem Material. Alle amerikanischen Golfplätze aus den ersten Jahren unseres Jahrhunderts haben etwas gemeinsam – sie sind extrem schwer zu spielen und mit zahlreichen Hindernissen versehen. Die Tendenz war in Oakmont besonders stark ausgeprägt – die Anlage war ursprünglich ein Par 84, mit acht Par 5, sogar einem Par 6 und sage und schreibe 220 Bunkern: kurz, ein fast nicht spielbarer Platz . . .
Zur gleichen Zeit breitete sich der Golfsport auch in Europa und vor allem in Asien aus.

Aber die Krise ließ nicht lange auf sich warten. Der große Zusammenbruch im Jahre 1929 provozierte einen weltweiten Rückschlag. Das sogenannte »Goldene Zeitalter der Golfarchitektur« der zwanziger Jahre, wo pro Jahr etwa 600 neue Anlagen entstanden waren, ging zu Ende. Es vergingen etwa dreißig Jahre, bis die Aktivitäten wieder zunahmen, kurz nach Ende des Zweiten Weltkriegs. Glücklicherweise gab es die größten Meister des Fachs noch . . .

Saint Andrews
Fife
Schottland

Pilgerfahrt zum Allerheiligsten

Ob es sich nun um Kunst oder eine Sportart handelt, jede »Disziplin« besitzt so etwas wie ein »Mekka«. Für die Oper ist das beispielsweise Bayreuth, die Scala in Mailand oder die Metropolitan-Oper in New York. Im Sport unter anderem Wimbledon für die Tennisspieler oder Saint Andrews für Golfer.

Saint Andrews, der Wallfahrtsort aller Verehrer des kleinen weißen Balls, irgendwo im Norden Europas im schottischen Nebel, existiert schon mehr als vier Jahrhunderte, seit dem Tag im Jahre 1552, an dem einige Einwohner beschlossen, sich in das Abenteuer zu stürzen und Golf zu spielen. Wurde der Sport Golf also dort geboren, fünfzig Meilen von Edinburgh entfernt? Die Streitfrage wird wohl nie ganz geklärt werden. Denn auch die Holländer betrachten sich als die Urheber unseres Sports. In Wahrheit breitete sich Golf schon aus, bevor noch irgend jemand genau wußte, worum es sich dabei handelte. Bereits im 12. Jahrhundert – die Niederlande waren zu der Zeit eine große Handelsnation – war Saint Andrews der katholische Mittelpunkt Schottlands. Wichtige Handelsbeziehungen verbanden die beiden Länder, und es ist mehr als wahrscheinlich, daß einige holländische Seeleute in Saint Andrews Golf spielten. Die Geschichte berichtet so gut wie nichts darüber, bis man sich am 17. Mai 1754 in Saint Andrews entschloß, die Regeln zu übernehmen, die zehn Jahre zuvor von der ehrenwerten Gesellschaft der Golfer in Edinburgh aufgestellt worden waren.

Für den Rest der Welt ist dieses das offizielle Geburtsdatum des Golfsports. Von nun an entwickelte sich alles ganz logisch. Zehn Jahre später erhielt die berühmte Anlage des Old Course seine endgültige Form. Von ehemals 22 Loch, 11 in eine, 11 in die andere Richtung, ging man zu 18 Loch über. Man spielte in beide Richtungen, auf dem Hinweg (out) und auf dem Rückweg (in). Die ersten und die letzten vier, die man in jeder Richtung spielte, wurden zusammengelegt.

Links: Das 16. Green, aufgenommen während der British Open 1984.
Unten: Das altehrwürdige Clubhaus, wo alles – oder jedenfalls fast alles – entschieden wird.

Arnold Palmers handelt es sich hier um ein »Par 4 ½«. Und die Statistik gibt ihm absolut recht. Dieses 17. Loch entscheidet bei den Open oft über Sieg oder Niederlage.

Das 1. Loch ist trügerisch, aufgrund seines größten Fairways der Welt, ohne Rough oder Bunker. Aber Vorsicht vor der Abgrenzung rechts und vor allem vor dem Swilken Burn, dem kleinen Fluß, der vor dem Green vorbeifließt. Doug Sanders, der bei den Open 1970 auf diesem Par 4 Loch eine 6 erzielte, kann von den Schwierigkeiten dieser Bahn einiges erzählen.

Das Green des 4. Lochs.

Im Jahre 1854 endlich gründete man den »Royal and Ancient Club«, der der exclusivste der Welt werden sollte. König Wilhelm IV. gab den Verantwortlichen offiziell die Genehmigung, den Beinamen »Royal« in ihren Namen aufnehmen zu dürfen.

Es heißt, daß die Golfer der Umgebung ein Jahrhundert lang ohne Clubhaus spielten, trotz der Existenz des Union Clubs, zu dem sowohl Golfer als auch Bogenschützen Zutritt hatten. Heutzutage ist der Royal and Ancient Club absolut eigenständig und unabhängig. Was man allerdings wissen sollte und was die Sonderstellung der Golfer gut beschreibt: Frauen haben in Saint Andrews keinen Zutritt. 1975, also vor noch gar nicht langer Zeit, sind zwei Mitglieder aus dem Club ausgetreten, weil man, zum ersten Mal in der Geschichte des Clubs, die »British Ladies« auf der Anlage veranstaltete. Als Zeichen des Protests und schon lange vor diesem Ereignis, hatten sich die Damen organisiert und einen eigenen Club gegründet, den Saint Andrews Ladies Club, zu dem wiederum Männer keinen Zutritt haben. Im Jahre 1873 wurden auf dem Old Course erstmals die British Open ausgetragen, die dreizehn Jahre zuvor ins Leben gerufen worden waren. 1984 fanden hier die letzten statt, die zweiundzwanzigsten.

Der Parcours hat sich, und das ist sehr selten, seit er offiziell auf 18 Loch festgelegt wurde, so gut wie überhaupt nicht mehr verändert; die Mitglieder spielen ihn übrigens einmal im Jahr so, wie er ursprünglich vorgesehen war, indem sie vom 1. zum 17. Green schlagen und so weiter. Saint Andrews behandelt man nicht wie jeden anderen x-beliebigen Platz. Und dennoch wird man nur schwerlich einen Architekten finden, der es wagt, seinem Kunden ein Projekt mit nur zwei Par 3 und zwei Par 5 anzubieten, auch wenn die Besonderheit des Old Course, die Doppel-Greens, auf anderen Anlagen der Welt häufig kopiert worden sind. Der Old Course ist einzigartig und, gäbe es ihn nicht schon, müßte man ihn erfinden. Egal, ob zu Fuß, zu Pferd, mit dem Auto oder per Flugzeug – wer ihn noch nicht kennt, sollte sofort aufbrechen und ihn aufsuchen. Wie bereits erwähnt, ist der Old Course in vieler Hinsicht außergewöhnlich. Damit man sich besser orientieren kann, sollte man sich die verschiedenen Namen der einzelnen Löcher merken. Sie vermitteln auch eine Vorstellung ihrer charakteristischen Merkmale. Das »Road Hole«, das 17. Loch, versinnbildlicht den Old Course am besten. Ein Ort der hervorragenden Leistungen, aber auch schrecklicher Niederlagen und Tragödien, wie beispielsweise der des Japaners Tsuneyuki Nakajima, der bei den Open 1978 gut im Rennen lag und auf dem 17. Loch eine katastrophale 9 spielte, nachdem er zwischen dem Green, auf dem er mit einer 2 gelandet war, und der Straße zu seiner Rechten hin- und herpendelte. Tom Watson erging es ähnlich, als er 1984 in einem dramatischen Kampf gegen Seve Ballesteros verlor – er schaffte nur einen Bogey, da er mit seinem zweiten Schlag mit Eisen 2 den Ball gegen die Mauer an der Straße schlug. Nach Meinung

Richtig ernst wird es am Loch 4, einem Par 4 über 423 Meter, genannt »Ginger Beer«, ohne Zweifel als Erinnerung an einen General, der gerne bei jeder Gelegenheit einen Schoppen trank.

Das 5. Loch, das erste Par 5, 516 Meter lang, sollte mit dem Wind geschlagen werden. Aber glauben Sie nicht, daß es, sollten Sie das Green mit Glück in drei Schlägen erreicht haben, damit geschafft ist. Das Green ist das größte der ganzen Anlage. Der Greenkeeper braucht drei Stunden, um es zu mähen. Und wie viele Champions haben hier erst nach drei Putts eingelocht – man kann sie fast schon nicht mehr zählen.

Und dann die Doglegs – auf jeder Bahn gibt es mindestens ein Dogleg. Hier beginnt die Krümmung am 7. Loch und endet am 12.! Man muß sich der Natur notgedrungen anpassen. Par-3- und Par-4-Löcher wechseln sich ab, alle von einer durchschnittlichen Länge von 300 Metern, ein weiteres Paradoxon des Old Course. Das 9. Loch, ein Par 4, hat sich als die Bahn erwiesen, auf der man noch am ehesten einen Birdie erzielen kann. 1970 gelang Tony Jacklin sogar eine 2, er schloß die Hinrunde mit einer 29 ab und verteidigte so seinen Titel. Es handelt sich um eines der vier Löcher, die ein eigenes, unabhängiges Green haben. »Wenn man auf einem dieser Greens eine Putt verzieht, fühlt man sich sehr einsam«, meinte einmal Jack Nicklaus. Das Green des 5. und des 13. Lochs umfaßt 5550 Quadratmeter.

Keine Angst, das ist das Größte. Das Kleinste, das 17., hat 890 Quadratmeter. Was ihre Schnelligkeit betrifft; sie ist enorm. Dafür sorgen die 23 Greenkeeper mit ihrem Chef, Mr. Woods. Aber das Gefürchtetste in Saint Andrews sind die Bunker. Manche Mitglieder entdecken immer noch neue, einhundertundeines sind offiziell gezählt worden. Sie werden Shell Bunker, Hell Bunker (Höllenbunker), Admirals Bunker oder Kitchen Bunker genannt, jedenfalls sind sie alle mehr oder weniger furchterregend. Ob sich wohl irgendwelche »Golf-Dämonen« darin verstecken? Es gibt zahlreiche Geschichten, die sich um solche Geister ranken – es würde zu weit führen, sie hier zu erzählen. Jedenfalls hat die Natur die besten Voraussetzungen geschaffen. Schon seit mehr als drei Jahrhunderten stellen sich hier die Schafe auf, um sich vor dem Wind zu schützen. Und ebenso lang stecken hier sowohl namhafte als auch unbekannte Golfer nach zahlreichen vergeblichen Versuchen, aus dem Bunker herauszukommen, den Kopf in den Sand, um ihre Schande zu verbergen.

Rechts: Das 17. Green, vom Fairway des 1. Lochs aus gesehen.
Unten: Severiano Ballesteros, Sieger der British Open von 1984.

Siegerliste der British Open

- 1873 Tom Kidd
- 1876 Robert Martin
- 1879 Jamie Anderson
- 1882 Robert Ferguson
- 1888 Jack Burns
- 1891 Hugh Kirkaldy
- 1895 John H. Taylor
- 1900 John H. Taylor
- 1905 James Braid
- 1910 James Braid
- 1921 Jock Hutchison
- 1927 Bobby Jones
- 1933 Denny Shute
- 1939 Dick Burton
- 1946 Sam Snead
- 1955 Peter Thomson
- 1957 Bobby Locke
- 1960 Kel Nagle
- 1964 Tony Lema
- 1970 Jack Nicklaus
- 1978 Jack Nicklaus
- 1984 Seve Ballesteros

Und wie um dem Spieler noch eine letzte Buße aufzuerlegen, gibt es da am Ende des 18. Lochs noch das »Tal der Sünde«, gleich hinter der berühmten Brücke über den kleinen Bach. Nur noch wenige Minuten, dann ist das Wunder vielleicht vollbracht. Aber das Score auf Ihrer Karte ist eigentlich gar nicht wichtig. Trösten Sie sich einfach mit der Erinnerung an den großen Bobby Jones, der seine erste Runde in Saint Andrews im Jahre 1921 nicht beendete, sondern nach fünf Schlägen auf dem 11. Loch (einem Par 3), ohne den Ball eingelocht zu haben, völlig frustriert seine Score-Karte zerriß.

Saint Andrews / Old Course

Loch	Länge	Par	Loch	Länge	Par
1	338	4	10	313	4
2	376	4	11	157	3
3	339	4	12	289	4
4	423	4	13	389	4
5	516	5	14	518	5
6	380	4	15	378	4
7	340	4	16	349	4
8	163	3	17	422	4
9	326	4	18	324	4
Total	3201	36	Total	3139	36
			Insgesamt	6340	72

Royal Dornoch

Sutherland
Schottland

Ein oft verkanntes Meisterwerk

Natürlich ist vom Royal Dornoch weniger die Rede als zum Beispiel von Turnberry oder Gleneagles. Allerdings zu Unrecht. Ein guter Beobachter weiß, daß Royal Dornoch einer der schönsten Plätze Schottlands ist – und einer der schwierigsten. Der Beweis: Auch wenn sie sich nie direkt darauf bezogen haben – es ist nicht zu leugnen, daß sich die größten Architekten der Golfgeschichte hier in ganz besonderem Maße haben inspirieren lassen. Zwei Beispiele: Das 15. Loch, ein Par 4 mit knapp 300 Metern, war für Pete Dye Ausgangspunkt beim Entwurf des 5. Lochs, ebenfalls ein Par 4, des Columbus Golf Clubs in Ohio in den Vereinigten Staaten. Auch das Green des berühmten 2. Lochs in Pinehurst in den USA ähnelt dem des 14. Lochs in Dornoch. Es wurde von einem gewissen Donald Ross entworfen, dem Chef-Greenkeeper von Dornoch, der später über den Atlantik ging und zu einer weltweit anerkannten Koriphäe unter den Golfarchitekten wurde.

Es mag verwunderlich erscheinen, daß Donald Ross nicht noch stärker auf die Konzeption des Parcours Einfluß genommen hat. Doch die Dinge hatten sich schon vor seiner Zeit weit entwikkelt. Der Club war offiziell bereits im Herbst 1876 gegründet worden. Zwei Persönlichkeiten hatten hier Pionierarbeit geleistet: Alexander Mac Hardy und Dr. Gunn. Sie waren der Meinung – und zwar zu Recht –, daß sich das Terrain hervorragend für einen Golfplatz eignen würde. Dornoch ist allerdings einer der abgelegensten Plätze – London ist beispielsweise über 1000 Kilometer entfernt, Inverness liegt etwa 100 Kilometer südlich. Im Norden grenzt die Anlage direkt ans Meer, und die neun Löcher liegen entlang dem Ufer des Embo an der Mündung der Meerenge von Dornoch. Doch schon bald, noch bevor sich der große Erfolg einstellte, entschied man sich, auf 18 Loch zu vergrößern. Man wandte sich an Tom Morris senior, einen der berühmtesten schottischen Golfer, der daraufhin den Parcours erweiterte und ihm somit die Dimension verlieh, die er heute hat. Sicherlich, etwas später gab es noch ein paar Veränderungen durch J. H. Taylor und George Duncan, doch im Grunde hat sich nicht mehr viel getan.

Die Löcher direkt am Ozean: links das 12., rechts das 5. Loch; im Hintergrund das Green des 4. Lochs.

Stellen Sie sich also den Platz inmitten von Dünen vor, in der typischen Umgebung der Links, mit einem manchmal heftigen Wind vom Meer, den hügeligen Fairways, mit den typischen Gräsern, die auf sandigem Boden wachsen, und im Hintergrund die berühmten schottischen Highlands. Die Landschaft ist von einer einfachen, natürlichen Schönheit, es gibt keinen Lärm außer dem Schreien der Möven und dem Rauschen der Wellen, die sich an den Felsen brechen.

Jeder ist zufrieden – die Umweltschützer, weil die Integrität des Ortes respektiert worden ist, und auch die Golfer, denn die Anlage des Platzes ist erstklassig. Und auch die Verantwortlichen des Clubs, denn das Budget, das zur Unterhaltung einer solchen Anlage veranschlagt wird, ist so gering, daß auch die sparsamsten Amerikaner nur davon träumen können. Als das schönste Loch bezeichnet man im Allgemeinen das 14. Loch, ein Par 4 über 410 Meter, das zwei absolut exakte Schläge verlangt, will man das Green mit einer 2 erreichen. Es hat einen doppelten Dogleg, das Green liegt etwas erhöht – eine Spezialität von Donald Ross – und es gibt keinen Bunker.

Das spektakulärste ist das 7. Loch, mit seinem wunderschönen Panorama. Man braucht die Gesamtlänge der Anlage übrigens nicht zu fürchten. Im Vergleich mit dem modernen Standard ist sie sogar sehr fair: 6014 Meter. Das ist relativ wenig, doch Dornoch braucht gar nicht mehr. Es ist so, wie es ist, genau richtig.

Blick auf mehrere Löcher: das 5., 6., 10. und 11.

Championship Course

Loch	Länge	Par	Loch	Länge	Par
1	307	4	10	135	3
2	164	3	11	407	4
3	379	4	12	461	5
4	382	4	13	154	3
5	330	4	14	410	4
6	151	3	15	294	4
7	425	4	16	370	4
8	400	4	17	371	4
9	456	5	18	418	4
Total	2994	35	Total	3020	35
			Insgesamt	6014	70

Gleneagles Pertshire Schottland

Der vierdimensionale Golfplatz

Den absolut idealen Kurs gibt es wohl nicht. Das wahre Eldorado existiert auch nur im Paradies. Und doch gibt es ein paar Orte, die dem Ideal ganz nahe kommen und wo sich kleine Mängel letztendlich sogar als Vorteile erweisen. Wie im Fall von Gleneagles, diesem Inbegriff des Reichtums inmitten einer abwechslungsreichen Landschaft. Auch wenn die Verantwortlichen des Clubs es nicht zugeben, sie leiden doch sehr darunter, daß keiner ihrer vier Plätze auf der Elite-Liste von Saint Andrews erscheint, die die Plätze aufführt, die die Open (British Open selbstverständlich) ausrichten. Man hat sich jedoch damit abgefunden, daß man es eben nicht allen gleichzeitig recht machen kann, den Mitgliedern und den Champions. 72 Löcher sowie ein Pitch and Putt, ein sehr luxuriöses Fünf-Sterne-Hotel inmitten einer Landschaft, die genau dem Bild entspricht, das man sich von Schottland macht, mit dem majestätischen Blick auf das Land der Ochils und Grampians, der ständig wechselnden Beleuchtung, den über die Fairways fliegenden Schatten der Wolken, mit Heidekraut und Ginster, den Blumen und Vögeln, wie Auerhähnen, Enten oder auch Fasanen – kurz, man vergißt fast, daß man sich auf einem Golfplatz befindet.

Der »King« ist der bekannteste und längste in der königlichen Familie der vier Anlagen, die man folgendermaßen nennt: King, Queen, Prince und Glendevon, der letztere übrigens ein »Nachkömmling«, entstanden im Jahre 1980.

Das 13. Loch des King ist das berühmteste. Es wird Braid's Bravest genannt, nach seinem Architekten, James Braid, dessen bevorzugtes Loch es war. Dieses Par 3 über 412 Meter ist nicht unbedingt das schwerste (Handicap 7 auf der Score-Karte). Trotzdem ist der zweite Schlag ziemlich problematisch, aufgrund des sich verengenden Fairways – ganz im Gegensatz zum 1. Loch, das ein fantastisches Panorama bietet. Das 2. Loch ist eines der schönsten des »King«, ebenfalls mit einem weiten, offenen Fairway.

Der schottische Champion Sandy Lyle schätzt das 4. Loch am meisten. Es ist ein Par 4 über 420 Meter und steigt leicht an – man spielt es am besten von rechts und sollte es vorher genau analysieren. Dies gilt auch für das 7. Loch, auch ein Par 4, bei dem sich übrigens einige Analogien zu dem berühmten 7. Loch des Ailsa Course in Turnberry feststellen lassen.

Auf dem Rückweg liegt das 11. Loch, das schwierigste Par 3, mit seinen drei Bunkern auf der rechten Seite. Hier darf man keinesfalls zum falschen Schläger greifen. Es erschien uns ebenso interessant wie das 18. Loch. Dieses Par 5 verfügt über einen enorm großen Abschlag und ein riesiges Green mit einer Fläche von sage und schreibe 2500 Quadratmetern. Rechnen Sie lieber mit drei Putts!

Der Dank gilt Donald Matheson, dem Direktor einer Eisenbahnfirma, der im Jahre 1910 die Idee zur Gründung von Gleneagles hatte. Man legt in Gleneagles übrigens besonders viel Wert auf Tradition. So steht beispielsweise irgendwo geschrieben: »Vergessen Sie bitte nicht, daß es für das Personal lästig ist, Sie aufzufordern sich umzuziehen oder das Spiel zu beenden; ebensowenig wollen wir sehen, daß Sie das von jemandem verlangen.« Wenig charmant und wohl alles andere als zeitgemäß.

Links: Der zweite Parcour, der »Queen«, ist zwar etwas kürzer als der erste, der »King«, jedoch möglicherweise noch attraktiver.

Oben: Das Green des 18. Lochs des »Queen«.
Unten: Das Green des 1. Lochs des »King«; im Hintergrund das Schloßhotel.

King's Course

Loch	Länge	Par	Loch	Länge	Par
1	330	4	10	411	4
2	371	4	11	212	3
3	342	4	12	364	4
4	425	4	13	412	4
5	152	3	14	243	4
6	435	5	15	420	4
7	392	4	16	123	3
8	155	3	17	341	4
9	323	4	18	485	5
Total	2925	35	Total	3011	35
			Insgesamt	5936	70

Turnberry

Ayrshire
Schottland

Eine Leidensgeschichte

Auf eine Frage wird es wohl nie eine schlüssige Antwort geben: Wie ist es möglich, daß ein Platz wie Turnberry trotz aller Widrigkeiten der Geschichte immer noch besteht? Zwei Weltkriege haben nicht ausgereicht, das zu Beginn dieses Jahrhunderts begonnene Werk des Marquis l'Ailsa, einem Eisenbahndirektor und Besitzer der Anlage, zu zerstören. Wenn auch sein Verdienst, im Jahre 1905 das erste eigenständige Golfhotel der Welt gebaut zu haben, sicherlich erheblich war – die Golfer schulden vor allem einem der ihren großen Dank: Frank Hole (man ist fast versucht, ein ». . . in one« hinzuzufügen), dem Präsidenten der British Transports Hotels Ltd. Er nahm schon kurz nach Ende des Zweiten Weltkriegs einen harten Kampf auf sich, um die Rekonstruktion des Ailsa-Course durchzusetzen.

Die Anlage, nach dem Arran erbaut und schon bald als die Nummer Eins anerkannt, hatte schlimmste Schäden erlitten. Die gesamte Oberfläche mußte erneuert werden, denn der Golfplatz hatte während des Krieges der Royal Air Force als Luftstützpunkt gedient. Sechs Jahre ständiger Nutzung durch das Militär waren eine harte Prüfung für Turnberry. Schon während des Ersten Weltkriegs war er fünf Jahre lang unter militärischer Kontrolle gewesen. Und nun hatte die »Leidenszeit« von neuem begonnen.

Der bekannte britische Chronist Henri Longhurst schreibt: »Während des Krieges ist es mir oft passiert, daß ich irgendwo saß und mir einbildete, ich befände mich am 9. Loch in Turnberry – eine wunderschöne Vorstellung.« Endlich, im Jahre 1951, wurde Turnberry »wiedergeboren«. Seitdem versucht man, die verlorene Zeit wieder aufzuholen. Zwar frustriert von vielen Rückschlägen, gelang es Mackenzie Ross letztendlich doch, sein Werk so zu vollenden, daß es dem Ursprung entsprach. Dieser Architekt war damit beauftragt worden, das zu erschaffen, was man als den »aktuellen Aspekt« des Ailsa bezeichnet und diesem Parcour, den man zu einem Parkplatz gemacht hatte, wieder eine Seele zu geben. Den Schotten wurde dann die

Links: Das Green des 6. Lochs sowie der Abschlag des 17. des Ailsa-Kurses. Unten: Das grandiose Clubhotel von Turnberry, Zeuge einer längst vergangenen Epoche.

Abschlag und Fairway des 7. Lochs; im Hintergrund das berühmte »Light House«.

größte Anerkennung zuteil: Sie durften das berühmteste Turnier der Welt, die British Open, veranstalten. Warum also nicht in Turnberry? Man dachte natürlich schon gleich daran, denn Ailsa war geradezu dafür prädestiniert, die Weltelite zu empfangen. Direkt an der Bucht von Turnberry, im Westen von Schottland gelegen, nicht weit von Glasgow, im Hintergrund die Berge und die Insel von Arran im Nordwesten – dieser Kurs hat einen ganz eigenen Zauber.

Schön und gut, doch die Verantwortlichen des Royal and Ancient waren nie geneigt, finanzielle Risiken einzugehen, und die Bedingungen in Turnberry entsprachen nicht ganz den Anforderungen. Erst im Jahre 1977 genügte Turnberry endlich den hohen Ansprüchen der Clubs, die die British Open veranstalten dürfen, entsprechend dem Beispiel von Birkdale, dem einzigen weiteren Golfplatz, der vom »Allerheiligsten« akzeptiert wurde. Das Spiel wurde ein phantastischer Erfolg, mit einem erbitterten Kampf zwischen Jack Nicklaus und Tom Watson. Es endete mit dem Sieg des letzteren nach drei Runden, in denen beide jeweils das gleiche Score erzielten, 68, 70, 66. Die letzte Runde schloß der Sieger mit einer überragenden 65 ab! An diese historischen British Open wird man sich wohl lange erinnern.

1986 fanden die Open also bereits zum zweiten Mal in Turnberry statt. Das »Noble Ailsa«, wie man es nennt, hatte also ein weiteres Mal die Gelegenheit, seinen Charme zu zeigen – und seine zahlreichen Fallen. Sicherlich, das 1. Loch stellt die Golfer nicht gerade vor unüberwindbare Probleme, doch bereits beim 2. Loch bekommt man einen Eindruck dessen, was einen erwartet. Tatsächlich sollte man um jeden Preis versuchen, mit dem zweiten Schlag nicht in den Bunker etwa fünfzig Meter vor dem Green zu kommen und nicht zögern, lieber einen Schlag mehr in Kauf zu nehmen. Aufgrund seines sehr schmalen Fairways und des kleinen Greens ist das 3. Loch, zusammen mit dem 9. und dem 14., eines der schwierigsten Par 4 des Kurses. Die Löcher 4 bis 14 sind so eindrucksvoll, so hervorragend angelegt, daß man sich schon ganz besonders anstrengen sollte. Einige davon (4, 8, 10) liegen direkt am Meer. Ein am Loch 4 zu weit nach links verzogener Ball landet im Sandstrand und ist somit praktisch verloren. Das gleiche gilt für Loch 5, mit dem Rough auf der linken Seite und einem bis zu den Open von 1977 sehr abgelegenen Abschlag. Aus dem Par 5 von früher hat man damals ein echtes Par 4 gemacht. Für das 6. Loch, das zweite Par 3 der Hinrunde, bleibt einem nichts anderes übrig, als sich darauf zu konzentrieren, aufs Green zu kommen. Es ist eines der kürzesten Löcher – und doch schrecklich lang, mit den zusätzlichen Schwierigkeiten, denen man sich stellen muß, der Entfernung, den Bunkern, der Neigung des Greens und dem Wind. Und doch ist das nichts im Vergleich zum Loch 7, das wohl das schwerste von Ailsa ist. Ein solides Par 5 über 483 Meter, das manchmal etwas unter der Bewunderung für das 9. und 10. Loch leidet, die allerdings auch den Vorteil sehr spektakulär auf Felsen gelegener Tees haben. Wer das Glück hat, dort am späten Nachmittag zu spielen, wenn der Himmel in Flammen steht, kann einen herrlichen Anblick genießen, vor allem am Abschlag des 10. oder 11. Lochs – der Blick, den man von dort aus hat, ist einfach majestätisch, mit dem Golfhotel mit seinen weißen Mauern und den roten Ziegeln im Hintergrund. Das Loch 10 befindet sich gleich hinter dem berühmten »Light House«, das schon so oft fotografiert wurde. Mit Loch 11 endet diese phantastische Serie – und der Golfer kann sich einige Bahnen lang etwas erholen. Auf dem 14. Loch jedoch sind schon zwei perfekte Schläge notwendig, um das Par zu erreichen – auch wenn das Green groß und gut spielbar ist, das Fairway ist eng. Das 16. Loch liegt etwas abschüssig und man sollte mit Bedacht schlagen, am besten mit einem Eisen 3. Wegen des Bachs, der wenige Meter vor dem Green verläuft, sollte man unbedingt attackieren. Das 17. Loch ist das einzige Par 5 der Rückrunde – mit etwas Ruhe und Geduld ist hier ein Par erreichbar – und es gibt tatsächlich nicht viele Möglichkeiten, ein gutes Score zu erzielen. Auf dem 18. und letzten Loch ist noch ein Birdie möglich. Übrigens, für die British Open wurde der Abschlag des 18. Lochs des anderen Parcours, des Arran, verwendet.

Was einem wohl am meisten von diesem »First class«-Kurs im Gedächtnis bleibt, ist die Gestaltung, die Anordnung. Keine Bahn gleicht der anderen, es gibt keine Monotonie. Man kann den Platz zehnmal spielen, oder auch hundertmal, es wird immer ein Abenteuer bleiben. Und es ist etwas ganz Seltenes. Ebenso selten findet man ein so schönes und exclusives Golfhotel – außer natürlich in Gleneagles. Die beiden Anlagen haben überhaupt so manches gemeinsam: Beide wurden beispielsweise von Eisenbahnfirmen gegründet, von denen die eine zwei einzigartige Plätze, die andere gleich mehrere, beide ein hervorragendes Hotel besitzen. Turnberry und Gleneagles erinnern manchmal an unbewegliche Passagierdampfer, die die Landschaft an sich vorüberziehen lassen, Dampfer,

die sich immer mehr dem Auge entziehen. Sie sind aus einer vergangenen Epoche und repräsentieren beide viel vom Charme des Golfsports.

Oben: Tom Watson, Sieger von 1977 nach historischem Kampf gegen Jack Nicklaus.
Unten: Das bezaubernd angelegte »Pitch & Putt« unterhalb des Clubhotels.

Ailsa Course

Loch	Länge	Par	Loch	Länge	Par
1	331	4	10	413	4
2	391	4	11	162	3
3	422	4	12	409	4
4	153	3	13	376	4
5	403	4	14	402	4
6	203	3	15	191	3
7	483	5	16	374	4
8	390	4	17	457	5
9	416	4	18	394	4
Total	3192	35	Total	3178	35
			Insgesamt	6370	70

Muirfield East Lothian Schottland

Streit um die »Vaterschaft«

Muirfield blickt auf eine genauso lange Geschichte zurück wie Saint Andrews. Diese beiden schottischen Clubs streiten sich um die »Vaterschaft« des Welt-Golfsports. Dazu muß man wissen, daß es seit 1744 in Edinburgh die »Honorable Company« der Golfer gibt, ohne Zweifel eine der ältesten Institutionen dieses Sports. Ihr Ziel: »Ehrenwerten Herren die Möglichkeit zu geben, den alten Golfsport auszuüben«. Eine Art Charta der Company umfaßt dreizehn Artikel, von denen zumindest einer immer noch seine Gültigkeit hat: »Der Spieler, dessen Ball am weitesten entfernt liegt, spielt als erster.« Das Alter des Clubs hat nur Saint Andrews immer wieder bezweifelt, stellt es Muirfield ja im Grunde mit seinem berühmten Rivalen gemeinsam an die Spitze der »Rangliste«. Während eines halben Jahrhunderts spielte die Company auf den neun Löchern von Leith, wo auch das alljährliche Wettspiel ausgetragen wurde, bevor man dann nach Musselburgh umzog. Wenn man wirklich Erfolg haben wollte, mußte man sich ein neues Terrain suchen – man entschied sich für ein früheres Hochmoor, weiter im Osten. Ganz in der Nähe des »Firth of Forth«, westlich der kleinen Stadt Gullane, ließ sich der Club Muirfield endgültig nieder, im Jahre 1891. Das erste große organisierte Golfturnier fand jedoch 1869 in Prestwick statt, die British Open, die Willie Park gewann. Zehn Jahre später siegte der legendäre Tom Morris. Die »Honorable Company« hatte sich schon vor dem großen Erfolg der ersten British Open dazu entschlossen, sich mit dem Royal and Ancient und Prestwick, was die Ausrichtung und Organisation des Turniers betraf, zusammenzuschließen. Infolgedessen fanden die Meisterschaften in den darauffolgenden zwanzig Jahren abwechselnd auf einer dieser drei Anlagen statt. Im Jahre 1892 wurden die British Open erstmals über 72 Löcher gespielt, der Sieger von damals war ein gewisser H. Hilton, mit 305 Schlägen. Vier Jahre später siegte der große Harry Vardon nach einer großartigen Leistung, die ihm den ersten von sechs Titeln einbrachte.

All diese großen Erfolge gehören der Vergangenheit an. Sie waren dank der perfekten Linie dieses herrlichen Platzes (entworfen von Tom Morris sen.) möglich, die nur einmal, 1926, geringfügig korrigiert wurde. Seit damals hat sich nichts mehr geändert, weder an der Gesamtlänge des Kurses (6294 Meter), noch an seiner Grundkonzeption. Zumindest vom ästhetischen Standpunkt betrachtet, ist Muirfield im Vergleich zu Saint Andrews oder auch Troon viel attraktiver. Trotz des sehr hügeligen Geländes ist man nur einmal gezwungen, »blind« zu schlagen, beim zweiten Schlag am 10. Loch. Bei Windstille ist das kein großes Problem, sobald jedoch der Wind vom »Firth of Forth« her bläst, das nur etwa einen Kilometer entfernt im Norden liegt, wird dieses Loch zu einer echten Herausforderung.

Als eines der attraktivsten bezeichnet man allgemein das 8. Loch, ein Par 4 über 406 Meter mit einem leichten Dogleg nach rechts und ein paar gefährlichen Bunkern auf der rechten Seite. Diese wurden hier allerdings erst nach der unvergessenen Leistung des genialen Amerikaners Walter Hagen angelegt, dem bei den Open 1929 ein Drive direkt ans Green gelang. Das war zuviel des Guten, so etwas konnte sich der Platz schließlich nicht bieten lassen. Das darauffolgende 9. Loch, dessen zweiter Abschnitt am bezaubernden Hotel Greywalls vorbeiführt, ist eines der schönsten Par 5, das man sich vorstellen kann. Das Fairway ist sehr eng, ein Bunker liegt genau in der Mitte und eine Steinmauer droht von links mit »out of bounds«. Der Wind kommt häufig aus der entgegengesetzten Richtung; bei Westwind kann man einen Versuch, mit zwei Schlägen aufs Grün zu kommen, getrost vergessen, es ist so gut wie unmöglich. Außer, man spielt zumindest so gut wie Severiano Ballesteros, dem dieses Kunststück bei den Open 1980 gelang. Der große Arnold Palmer mußte sich bei den Meisterschaften im Jahre 1966 trotz eines gelungenen Drives mit einem Bogey zufriedengeben.

Schwächen hat der Kurs in Muirfield kaum. Besonders strenge Kritiker werfen ihm allerdings manchmal vor, daß sich die Par 3 zu sehr gleichen. Drei der vier Par 3 haben eine Länge zwischen 165 und 172 Metern. Vor allem bei den drei kurzen Löchern 4, 13 und 16 passiert es häufig, daß man über das Green hinausschlägt. Doch das ist auch schon alles, denn der übrige Teil von Muirfield ist geradezu beispielhaft. Die Drives auf den sehr kleinen Fairways sind gefürchtet, da die Roughs besonders dicht und hoch sind. Henry Cotton, der berühmte englische Champion und Gewinner von drei British

Das Clubhaus, Rahmen der British Open von 1987.

Open, gelang einer seiner Siege 1948, weil er insgesamt nur viermal das Fairway verfehlte. Im Jahre 1966, als ihm sein erster Grand-Slam-Sieg gelang, griff der damals 26jährige Jack Nicklaus, im extrem hohen Rough gelandet, wutentbrannt nach seinem Eisen 1. Besonders die Bunker sind äußerst tückisch – jeder mittelmäßige oder schlechte Schlag rächt sich sofort. Ganz im Stil der typischen schottischen Links gibt es in Muirfield weder Bäume noch Wasserhindernisse.

Was die Greens betrifft, so sind sie in den meisten Fällen sehr klein; daher ist besonders der Annäherungsschlag von großer Bedeutung. Als sehr angenehm erweist sich, daß der Platz in zwei Schleifen angelegt ist, die erste (Hinrunde) ist fast perfekt. Infolgedessen liegt kein Loch besonders weit vom Clubhaus entfernt. Allerdings liegt jedes Loch in einer anderen Richtung – eine Tatsache, die man bei Wind unbedingt berücksichtigen sollte. Walter Hagen gelang 1929 eine hervorragende 74 – trotz Sturm und Gewitter!

Wie man sieht, ist die Geschichte Muirfields reich an Höhepunkten. Man pflegt die Tradition in noch größerem Maße als alle anderen Clubs der Welt. Einer seiner eifrigsten »Wächter« war der berühmte Captain Hamner, mittlerweile im Ruhestand, um dessen Person sich zahlreiche Anekdoten ranken. Der Veteran der Royal Navy bewies während seiner Zeit in Muirfield eine wahrhaft außergewöhnliche Autorität. Wichtige Persönlichkeiten sahen sich plötzlich, wenn auch sehr höflich, aus dem Club komplimentiert oder gerade noch für Wert befunden, eine 9-Loch-Runde spielen zu dürfen. Es gibt da beispielsweise eine Geschichte von einem berühmten Gast aus dem Ausland, der an einem ganz offensichtlich ruhigen Tag darum bat, eine Runde spielen zu dürfen. Mr. Hamner griff nach seinem Kneifer, streifte den Platz mit einem kurzen Blick und antwortete seinem Gegenüber ohne mit der Wimper zu zucken: »Nein, heute nicht, kommen Sie morgen wieder.« Mr. Hamner ist nicht mehr da, doch die Tradition wird hier nach wie vor gepflegt. Damen werden so gut wie nie auf dem Platz zugelassen. Sechsmal im Jahr treffen sich die Mitglieder vor einem Wettspiel zu einem Dinner im Clubhaus; auch Prinz Philipp, Ehrenmitglied des Clubs, ist meist zugegen. Einerseits stets streng auf die Einhaltung und Wahrung der Tradition bedacht, kultiviert man in Muirfield doch auch ein paar ungewöhnliche Eigenheiten, so sind die Löcher beispielsweise nicht durchnumeriert, die Abschläge liegen zum Teil auf kleinen Hügeln, und es gibt keinen Pro, auch keinen richtigen Pro-Shop, wie es mittlerweile eigentlich in allen großen Clubs üblich ist, die etwas auf sich halten.

Doch in Muirfield haben sich Tradition und Originalität von Anbeginn, seit 1744, hervorragend ergänzt – es gibt keinen Grund, irgend etwas zu ändern.

Oben: Der hufeisenförmige Bunker des 18. Lochs; im Hintergrund das Clubhaus.
Unten: Lee Trevino, Sieger von 1972.

Loch	Länge	Par	Loch	Länge	Par
1	411	4	10	434	4
2	319	4	11	353	4
3	346	4	12	348	4
4	165	3	13	140	3
5	510	5	14	409	4
6	431	4	15	362	4
7	169	3	16	172	3
8	406	4	17	496	5
9	471	5	18	409	4
Total	3228	36	Total	3123	35
			Insgesamt	6351	71

Carnoustie
Angus
Schottland

Trotz allem immer noch großartig

Er ist nicht mehr das, was er einmal war – so könnte man die englische Formulierung »It has been« wohl interpretieren. Was man normalerweise auf einen Champion bezieht, trifft in diesem Fall auch auf den Kurs von Carnoustie zu.

Lange Zeit galt dieser Platz, nördlich von Saint Andrews gelegen, als einer der ganz großen Plätze der Welt. Walter Hagen meinte sogar, er sei »der schönste Parcour in Großbritannien und einer der drei attraktivsten der Welt«.

Die Einstellung der Golfer zu diesem Kurs hat sich seitdem ein wenig gewandelt, auch wenn man diesen Links nach wie vor zu den zehn besten schottischen Plätzen zählt. Doch woran mag das liegen? Dazu muß man wissen, daß Carnoustie seit einigen Jahren nicht mehr zu den Golfclubs gehört, die auf der Liste der British-Open-Veranstalter stehen. Als eine Folge davon läßt die Pflege der Anlage, früher immer untadelig, etwas zu wünschen übrig. Es scheint, als würden die Kosten, die notwendig wären, die Zäune auszubessern, langsam zu hoch. Dennoch – die Schönheit der Landschaft hat sich nicht verändert, sie ist nach wie vor traumhaft, und die Anordnung der Löcher nach wie vor hervorragend. Das Gelände ist sehr flach, somit dem Wind ausgesetzt, und nur wenige Meter vom Meer entfernt, auch wenn man es nur von wenigen Stellen aus sehen kann. Jede Bahn unterscheidet sich von den anderen, was ihre Linienführung und die Herausforderung an den Spieler betrifft. Man kann sagen, daß die Konzeption des Platzes perfekt ist, etwas ganz Besonderes, wenn nicht sogar Einzigartiges.

Zu diesem Platz muß man eine positive Einstellung entwickeln, andernfalls wird man ihn kaum genießen können.

Hat man allerdings die Chance, bei Sonnenschein dort zu spielen, sind die Voraussetzungen ungleich besser und ein gutes Score schon viel leichter zu erreichen.

Der Club entstand im Viktorianischen Zeitalter, im Jahre 1842. Man begann erst einmal mit 10 Löchern, die Allan Robertson, der beste Spieler seiner Zeit, entwarf. Später, im Jahre 1867, wurde die Anlage auf Initiative von Tom Morris auf 18 Loch erweitert. Ebenso wie Saint Andrews ist Carnoustie eine öffentliche Anlage und wurde im Jahr 1926 von James Braid zum ersten Mal modernisiert. Ihre endgültige Gestaltung verdankt sie dem heutigen Präsidenten James Wright, den viele für einen Phantasten hielten – sein erklärtes Ziel war, seinem Club internationalen Standard zu verleihen.

Das Green des 18. Lochs – das Ende eines bei Wind ausgesprochen ermüdenden Kurses.

1931 fanden in Carnoustie zum ersten Mal die British Open statt, der Sieger hieß Tommy Armour. 1937 gewann Henry Cotton, 1953 Ben Hogan. Und dessen Sieg ging in die Geschichte ein, denn es war die einzige, dafür um so triumphalere offizielle Teilnahme des berühmten Amerikaners an diesem Turnier. 1968 war Gary Player an der Reihe, 1975 schließlich gewann Tom Watson.

Eine Besonderheit, die wohl jedem Besucher sofort ins Auge springt: Es gibt gleich drei Clubhäuser für die sechs Golfclubs der Umgebung: Carnoustie, Caledonia, Dalhousie, Mercantile, New Taymouth und Carnoustie Ladies.

Wenn man hier zum ersten Mal spielt, hat man anfangs das unangenehme Gefühl, nicht genau zu wissen, wie die Bahnen verlaufen. Dem kleinen Bach »Barry Burn«, der das Fairway auf mehreren Bahnen der Anlage kreuzt, sollte man allerdings keinesfalls trauen . . .

Die attraktivsten Bahnen in der chronologischen Reihenfolge des Parcours sind folgende: das 6. Loch, ein Par 5 über 484 Meter, gerade, flach und beinahe harmlos, allerdings auf der Karte als schwierig verzeichnet; dann das 8. Loch, das erste Par 3, besonders schön gelegen, mit viel Heidekraut zwischen Tee und Green; das 12. Loch, eines der schwersten, bei dem man sich eines Bogeys nicht zu schämen braucht. Ab dem 14. Loch geht es erst richtig los – jedenfalls ist das die Meinung von Sandy Lyle, einem echten Experten. Die Bahnen 16, 17 und 18 sind furchterregend, ihnen geht ein ähnlicher Ruf des Schreckens voraus wie Merion in den Vereinigten Staaten. An das 16. Loch, ein relativ langes Par 3, sollte man sich nur mit großer Vorsicht heranwagen; das 17. Loch, ein Par 4 über 395 Meter, wird gleich zweimal vom »Barry Burn« gekreuzt, ebenso wie das 18., ein ehemals Par 5, das man 1975 als Par 4 deklarierte. Auch wenn Carnoustie zur Zeit nicht mehr in der Liste der ganz Großen, die das British Open veranstalten, auftaucht, so bleibt dieser Platz doch eine großartige Anlage, dank seiner eindrucksvollen Länge mit den beiden Bächen »Jockie Burn« und »Barry Burn«, die den Nerven des Golfers schon einiges abverlangen. Wenn Sie nach Saint Andrews fahren – Carnoustie liegt nur etwa eine Autostunde davon entfernt. Sie sollten dieses Rendezvous nicht versäumen . . .

Der legendäre Ben Hogan, Sieger von 1953, der einzigen British Open, an denen er je teilnahm.

Oben: Blick aus einem der typischen schottischen »Pot Bunker«, wo man tunlichst nur mit dem Sandwedge versuchen sollte, heil herauszukommen. Alles andere wäre vermessen.

Championship Course

Loch	Länge	Par	Loch	Länge	Par
1	361	4	10	390	4
2	395	4	11	338	4
3	315	4	12	435	5
4	348	4	13	147	3
5	344	4	14	441	5
6	484	5	15	421	4
7	351	4	16	227	3
8	155	3	17	395	4
9	389	4	18	402	4
Total	3142	36	Total	3196	36
			Insgesamt	6338	72

Royal Troon

Royal Ayrshire
Schottland

Ebenso kunstvoll wie gefährlich

Am 19. Mai 1978 wurde Troon durch Ihre Majestät Königin Elisabeth II. »geadelt« und stieg somit zum »Royal Troon Golf Club« auf. Eine ganz besondere Ehre für einen Platz, der einem äußerst exclusiven Club angehört – man steht seit 1923 auf der Liste der Plätze, die für Wert befunden wurden, die internationalen Offenen Meisterschaften von Großbritannien zu veranstalten, die »Open«. Die elfte Ausgabe dieser alljährlichen Huldigung des Golfsports, an der die berühmtesten, aber auch noch ganz unbekannte Golfer aus aller Welt teilnehmen, fand im Juli 1982 in Troon statt. Der erste Sieger der British Open auf der Anlage von Troon im Jahre 1923 war A. G. Q. Havers, mit einem Score von 295 vor dem legendären Walter Hagen. 100 Pfund waren damals der erste Preis. Der letzte Champion, der in Troon zum »Golfkönig« gekrönt wurde, war 1982 Tom Watson.

Wer diese Anlage einmal gespielt und sich dem Kampf gegen Wind, Dünen und Ginster gestellt hat, wird ohne Zweifel den Eindruck gewonnen haben, daß Royal Troon – nach dem Ausscheiden von Carnoustie aus dem »Club« – der schwierigste der British-Open-Links ist. Die Devise des Royal Troon Golf Clubs heißt: »Tam arte quam morte«, was man mit »so kunstvoll wie tödlich« übersetzen könnte. Kritiker der Anlage von Troon erklären, man spiele dort sechs Bahnen in eine Richtung, dann eine kleine Runde auf den Dünen und anschließend sechs Löcher in entgegengesetzter Richtung.

Rechts: Das 5. Green des »Greenan«, mit Blick auf das Meer und die Insel Arran.
Unten: Das »Postage Stamp«, das 8. Loch, das sowohl »hole-in-ones« als auch schon die schlimmsten Desaster gesehen hat . . .

Tatsächlich ist der Parcour sehr gerade auf einer langen Bahn angelegt, sowohl auf Erde als auch auf Sand, fast grundsätzlich gegen den Wind, der meist aus Südwesten kommt. Loch 1 bis 6 liegen alle entlang der Küste, so daß man fast immer gegen den Wind spielen muß. Vom 13. bis 18. Loch spielt man in entgegengesetzter Richtung im Landesinneren, mit dem Wind schräg von hinten. Die Bahnen 7 bis 12 bilden eine Schleife – hier muß man so ziemlich auf alles gefaßt sein.

Bei schönem Wetter kann man vom Clubhaus die Lichter von Turnberry, ebenfalls einer der altehrwürdigen Clubs, und Prestwick, wo die ersten British Open stattfanden, entdecken. Die Veranstalter der Open sind dazu verpflichtet, enorme Tribünen aufzubauen, die 7500 Zuschauern Platz bieten – was eine Anlage nicht unbedingt verschönert. Zwei charakteristische Merkmale prägen den Platz: die extreme Enge der Fairways und die relativ kleinen Greens. Anders ausgedrückt: Präzision ist dort alles.

Die Fenster des großen Salons und der Bar werden immer wieder Opfer der Golfbälle . . .

Einige Löcher im einzelnen:
Das 8. Loch: »Postage Stamp«, ein Par 3 über 123 Yards (113 Meter). Dies ist ohne Zweifel das bekannteste Loch, mit dem am höchsten gelegenen Abschlag – dementsprechend ist es am stärksten dem Wind ausgesetzt. Das Green ist kaum größer als eine Briefmarke – wer nicht ganz präzise herankommt, läuft Gefahr, eine Art Ping-Pong spielen zu müssen, um aus dem monströsen Bunker herauszukommen – nur um dann in den nächsten hineinzurollen, der von nicht minder gewaltigen Ausmaßen ist. Es gibt insgesamt fünf Bunker von jeweils mehr als drei Metern Tiefe. Ein deutscher Pro erzielte auf dieser Bahn 1973 ein Score von 14 Schlägen. Gene Sarazin gelang allerdings auch einmal ein »hole-in-one« und am darauffolgenden Tag ein Birdie aus einem Bunker heraus, was sein Score erheblich verbesserte.

Das 11. Loch: »The Railway«, ein Par 4 über 421 Yards (385 Meter). Ein Fairway mit einem langgezogenen Dogleg nach rechts, auf der rechten Seite von einer Eisenbahnschiene begrenzt, was vom Abschlag aus nicht zu sehen ist. Ein zu lässig nach rechts geschlagener Drive endet automatisch auf den Schienen – wer jedoch nach links verzieht, landet im dichten Ginstergestrüpp. Genau das ist Jack Nicklaus einmal passiert – was ihn 10 Schläge auf diesem Loch kostete. Bei heftigem Wind kann ein einzelner Bunker links vom Green sehr gefährlich werden.

Das 13. Loch: »Burmah«, ein Par 4 über 411 Yards (376 Meter). Auch bei Rückenwind ist dieses Loch sehr schwierig. 1973 wurden hier die wenigsten Birdies verzeichnet. Das Fairway ist sehr schmal und hügelig, das Green, auf einem kleinen Hügel liegend, äußerst schwierig.

Das 15. Loch: »Crosbie«, ein Par 4 über 445 Yards (407 Meter). Ein Loch, das besonders für sein extrem gewelltes Fairway bekannt ist, das wohl nur ein wirklich professioneller Drive überwinden kann. Der Eindruck einer Art Mondlandschaft liegt an der Kohlenmine neben dem Kurs, deren Schächte bis unter den Parcour reichen. Die Hügel auf dem Fairway werden übrigens von Jahr zu Jahr kleiner. Ein zu starker Drive kann den Spieler allerdings auch in eine alles andere als günstige Lage bringen: links vom Green liegt ein kleiner Hügel, flankiert von einem tiefen Bunker.

Das 18. Loch: »Craigend«, ein Par 4 über 374 Yards (342 Meter). Die Bahn ist eben und gerade und kann somit für den späteren Sieger ein perfektes Ergebnis mehr bedeuten. Das Fairway ist jedoch relativ eng und der Drive kann ebenso gut in einem der drei Bunker landen – auch das Green wird bestens abgeschirmt, vor allem durch die beiden tiefen Sandbunker im Vordergrund. Im Hintergrund des 18. Greens liegt ein »unbewegliches Hindernis«, dem auch Wind und Wetter nichts anhaben können: das Clubhaus des Royal Troon Golf Clubs. Die Fensterscheiben des Grand Salon und der Bar, nur etwa drei Meter vom Green entfernt, werden immer wieder Opfer von Golfbällen.

In einem Flur dieses »Auguste Batisse« hängt ein Portrait von Arnold Palmer, dem Open-Sieger von 1962.

Old Course

Loch	Länge	Par	Loch	Länge	Par
1	326	4	10	352	4
2	348	4	11	385	4
3	339	4	12	390	4
4	477	5	13	376	4
5	177	3	14	160	3
6	497	5	15	407	4
7	348	4	16	487	5
8	113	3	17	192	3
9	354	4	18	342	4
Total	2979	36	Total	3091	35
			Insgesamt	6070	71

Royal Birkdale

Royal Lancashire
England

Das jüngste Mitglied

Wenn man nur von den Ergebnislisten ausgeht, kann leicht der Eindruck entstehen, es handle sich beim Royal Birkdale um einen der einfachsten Plätze der British Open. Anläßlich der letzten Open in Birkdale gelang Tom Watson bei herrlich warmem Wetter das phantastische Gesamtergebnis von 275, was einen Durchschnitt von 69 Schlägen pro Runde ergibt.

Es steht jedoch fest, daß der Schwierigkeitsgrad eines Links – und um einen solchen handelt es sich – nicht nur an seinen technischen Schwierigkeiten gemessen werden sollte, sondern auch an den klimatischen Bedingungen am Tag des Turniers. Und im Sommer 1983 war das Wetter geradezu idyllisch, es wehte nur ein ganz leichter Wind. Die Bälle rollten sehr viel besser – doch in Birkdale genügt das nicht für ein gutes Ergebnis. Man muß auch präzise spielen.

Birkdale wurde im Jahre 1889 gegründet. Der herrliche Platz liegt direkt an der Küste von Lancashire im Norden Englands. Birkdale ist der letzte Club, der in die exclusive Liste der British-Open-Plätze aufgenommen wurde, und zwar 1945. Der ursprüngliche Entwurf der Anlage stammt von George Low, wurde allerdings ein paar Jahre später von Fred Hawtree und J. H. Taylor neu überarbeitet. Die eigentliche Clubgründung fand erst im Jahre 1931 statt, als das Land von der »Southport Corporation« gekauft und an den Club für »99« Jahre vermietet wurde.

Wenn man von den sechs British Open, die in Birkdale bisher stattfanden, einmal absieht, sind die charakteristischen Merkmale dieser Anlage vor allem seine relativ ebenen Fairways, die windgeschützten Greens und die Bunker, die manche Spieler schon als »Ballfriedhöfe« bezeichnet haben. Diese Eigenschaften des Platzes geben den Open wiederum einen ganz eigenen Stil, vor allem die Fairways, die doch sehr viel enger sind als gewöhnlich. Die Amerikaner nennen die Art von Golf, die auf diesem Platz angebracht ist, »Target Golf«, das heißt, man muß mit einigen unvorhergesehenen »Unglücksfällen« rechnen. Im Grunde stellt sich erst auf den letzten vier Löchern heraus, wer die besten Karten hat. Allerdings kann es auch einem Champion passieren, daß er einen möglichen Sieg schon beim 6. Loch verpaßt, wie beispielsweise Severiano Ballesteros 1976, (Tom Watson meinte später, seiner Ansicht nach sei dieses Par 4 fast nicht zu spielen) oder auch Nick Faldo, der 1983 völlig einbrach und für die letzten neun Löcher der letzten Runde sage und schreibe 40 Schläge benötigte.

Gerade, präzise Schläge sind ganz einfach unerläßlich, entsprechend dem Beispiel des Australiers Peter Thomson, der hier 1954 zum fünften Male die British Open gewann. 1983 gelang dem Amerikaner Tom Watson mit seinem Sieg ebenfalls ein Meisterstück, ein Doublette – er hatte die Open bereits im Jahr davor in Troon gewonnen.

Doch die Geschichte, die wohl den Golfern am längsten im Gedächtnis bleiben wird, ist die vom Mißgeschick des Hale Irwin. Ihm, einem wirklich aussichtsreichen Kandidaten auf den Sieg, passierte es in der vorletzten Runde der Open 1983, beim letzten Putt, nur wenige Zentimeter vom Loch entfernt, einen »Airshot« zu schlagen, also beim Probeschlag den Ball zu berühren. Millionen von Fernsehzuschauern waren Zeugen dieser Tragödie. Aber auch das ist eben typisch für Birkdale.

Links: Hale Irwin, Opfer eines »Air-shots« beim Putten in der dritten Runde bei den British Open 1983!
Oben: Das Green des 6. Lochs, das 1983 von Vandalen ruiniert worden war. Hier Tom Watson bei seinem historischen Eagle.

Rechts: Enormes Zuschauerinteresse bei den British Open.

Loch	Länge	Par	Loch	Länge	Par
1	411	4	10	351	4
2	387	4	11	376	4
3	375	4	12	168	3
4	188	3	13	462	5
5	314	4	14	181	3
6	428	4	15	496	5
7	137	3	16	379	4
8	430	4	17	481	5
9	375	4	18	433	4
Total	3045	34	Total	3327	37
			Insgesamt	6372	71

Royal Lytham Saint Annes

Lancashire
England

Golfplatz für Linkshänder

Der berühmteste Linkshänder der Golfgeschichte ist der Neuseeländer Bob Charles, bekannt vor allem wegen seines Sieges bei den British Open 1962 in Lytham Saint Annes, als er dank eines Pars am 18. Loch über Jack Nicklaus triumphierte. Angesichts der eher mürrischen Miene dieser kühlen Champions waren sich Publikum und Fernsehzuschauer anschließend einig: dieser Sieger ähnelt in verblüffender Weise dem Kurs, auf dem er gewonnen hat. Was nicht heißen soll, die Aufgabe, die sich dem Golfer auf diesem Platz stellt, sei etwa trist und langweilig, ganz im Gegenteil. Es geht dabei eher um den äußeren Rahmen dieses Platzes. Er wirkt eher streng als schön. Ebenso wie das Clubhaus im viktorianischen Stil mit seinen roten Ziegeln. Der Royal Lytham Saint Annes liegt nur wenige Kilometer von Blackpool entfernt, an der Küste von Lancashire, im Nordwesten Englands. Es ist ein wilder, sehr schwieriger Platz, der hohe Anforderungen an den Spieler stellt – nicht umsonst bekam man im Laufe der Clubgeschichte sechsmal die British Open zugesprochen. Der legendäre Bobby Jones trug sich 1926 erstmals in die Siegerliste ein, mit einer phantastischen Leistung, an die sich seine Fans nach wie vor gerne erinnern. Das »Wunder« fand am 17. Loch statt, einem Par 4 über 378 Meter, mit einem Dogleg nach links. R. T. Jones, der bereits 70 Bahnen gespielt hatte, gelang eine fast perfekte letzte Runde, er zog dadurch mit dem führenden Al Waltrous gleich. Nach einem guten Drive lag Waltrous anfangs in aussichtsreicherer Position, während Jones nach links verzog und im Bunker landete. Auch sein zweiter Schlag war alles andere als optimal, er lag etwa 150 Meter vom Loch entfernt im Rough. Ihm blieb nichts anderes übrig, als das Beste daraus zu machen und zu versuchen, aufs Green zu schlagen. Und der Amerikaner schaffte es. Sein Gegner war prompt verunsichert und benötigte gleich drei Putts. Damit übernahm R. T. Jones tatsächlich die Führung. Genau an der Stelle, von der aus ihm dieser phantastische zweite Schlag gelang, steht jetzt eine Gedenktafel.

Daß dieser Parcour als schwer zu meistern gilt, dafür sorgen vor allem die letzten neun Löcher, die extrem hohe Anforderungen an die Golfer stellen. Was auch Peter Thomson, dem bei den Open 1963 eine unglaubliche 29er Hinrunde gelang, gerne zugibt. Vor allem, wenn der Wind das Spiel beeinflußt, was zweifellos fast immer der Fall ist. Der Wind und die Eisenbahnschienen, die entlang den Bahnen 2 und 3 vorbeiführen, sind die größten Hindernisse. Die einzige kurze

Das streng anmutende Clubhaus, ganz im Viktorianischen Stil, mit roten Ziegelsteinen gehalten.

Bahn der Rückrunde, das 12. Loch, sollte unbedingt mit einem langen Eisen oder Holz gespielt werden; Vorsicht vor dem »out of bounds«, der Schlag darf nicht zu lang sein. Bei den Open 1974 hat Johnny Miller diese grausame Erfahrung machen müssen. Er spielte eine 6 und verlor damit jede Hoffnung, noch zu Gary Player aufschließen zu können. Das 15. Loch (ein Par 4 über 428 Meter) ist, zumindest nach Meinung von Jack Nicklaus, geradezu höllisch. Und was die beiden Finishing holes, die Bahnen 17 und 18 betrifft, die sind fast schon monströs. Diese Bezeichnung mag übertrieben wirken, doch es gibt genügend Beispiele, die sie belegen können. Jack Nicklaus ist, wie bereits erwähnt, der erste, der das unterschreiben würde. Doch gerade aufgrund ihres besonderen Schwierigkeitsgrades können sich die Champions auf diesen beiden Bahnen ganz besonders auszeichnen. Wie zum Beispiel der Brite Tony Jacklin, dem hier 1969 sein erster Sieg und damit sein erster Triumph in einem Grand-Slam-Turnier überhaupt gelang.

Auch der Spanier Severiano Ballesteros feierte in Lytham Saint Annes seinen ersten großen Erfolg.

Oben: Ein Sandbunker am 18. Loch.
Unten: Robert Tyre Jones: An seine phantastische Leistung am 17. Loch erinnert eine Gedenktafel.

Loch	Länge	Par	Loch	Länge	Par
1	188	3	10	305	4
2	384	4	11	443	5
3	419	4	12	173	3
4	359	4	13	310	4
5	172	3	14	407	4
6	444	5	15	428	4
7	504	5	16	326	4
8	360	4	17	378	4
9	148	3	18	353	4
Total	2978	35	Total	3123	36
			Insgesamt	6101	71

Royal Saint George's
Kent
England

Der berühmteste Golfplatz Englands

1894: Der Golfclub Royal Saint George's im Südwesten Englands, in der Grafschaft Kent, nicht weit entfernt von der Stadt Sandwich, bekommt erstmals die British Open zugesprochen. Eine große Premiere, denn bis dahin hatte noch kein englischer Club die Ehre gehabt, dieses berühmteste Turnier der Welt ausrichten zu dürfen.

Die Aufnahme des Royal Saint George's in die illustre »Golffamilie« liegt also schon lange zurück. Seit damals sind noch einige andere englische Clubs dazugekommen, Royal Liverpool beispielsweise, oder auch Royal Lytham Saint Annes. Doch der Kurs des Royal Saint George's Club ist der einzige, auf dem die berühmten British Open bereits elfmal gespielt wurden. Und das, obwohl dieser Platz während dreiunddreißig langer Jahre von der Liste verschwunden war. Aus zwei Gründen: Der Parcour erschien vielen Kritikern als zu schwer, mit zu vielen »blinden« Fairways versehen, und vor allem nicht geeignet, mehr als 100 000 Zuschauern Platz zu bieten.

Seit dem Jahre 1975 hat der Kurs des Royal Saint George's ein neues Gesicht; dank einiger Veränderungen durch den Architekten Frank Pennink sind die »blinden« Löcher weitgehend verschwunden. Der Charme, über den der Parcour jedoch zweifellos verfügt, blieb dennoch erhalten. Ebenso wie der Charme der kleinen Stadt Sandwich mit seinen engen Gassen und seiner geheimnisvollen Küste.

Wie alle anderen Links, so verteidigt sich auch diese Anlage mit allen ihr zur Verfügung stehenden Mitteln. Und zwar ohne einen einzigen Baum und ohne zusätzliche Wasserhindernisse. Die Schwierigkeit dieser Anlage resultiert hauptsächlich aus den Wetterbedingungen und den zahlreichen gefürchteten Bunkern. Hinzu kommt noch, daß einige Annäherungsschläge besser gelingen, wenn man sie nur rollen läßt.

Oben: Das 7. Loch, von den Backtees aus gesehen.
Unten links: Das Clubhaus, vom ersten Abschlag aus.
Unten: Das Putting Green; auch Bobby Locke, einer der besten Putter aller Zeiten, hat hier oft trainiert.

Oben: Noch einmal das 7. Loch, vom Abschlag der Herren aus gesehen. Unten: Das Green des 12. Lochs – bestens geschützt, wie es sich gehört.

Der Bunker am Loch 4, einem Par 4, ist so beeindruckend, daß er von einer ganzen Reihe amerikanischer und englischer Journalisten zu den zehn gefürchtetsten Bunkern der Welt gezählt wird – und er gehört ohne Zweifel zur »Spitze«. Wie ein ganzes Sandgebirge versperrt er jedem Unglücklichen, der hier gelandet ist, den Weg – ihm bleibt nichts anders übrig, als zu versuchen, mit einem Sandwedge wieder herauszukommen.

Auf dem Sandwich-Kurs ist ein Eisen 1 unbedingt nötig – nur mit diesem Schläger, der den Ball besonders weit treibt, kann man hoffen, die Distanz zu überbrücken. Die größte Herausforderung stellt sich den Golfern auf den Löchern 13, 14 und 15. Große Leistungen, aber auch viele deprimierende Niederlagen waren hier schon zu sehen. Das 13. Loch ist ein Par 4 über 405 Meter, nur sehr schwer mit zwei Schlägen zu erreichen. Das 14. Loch, ein Par 5 über 465 Meter, mit den Dünen, auf denen schon so mancher Drive gelandet ist, und seinem berühmten »out of bounds« rechts entlang des Greens, ist ganz einfach teuflisch. Vor allem bei Wind, wie auch bei den Open 1985. Bei diesem Loch, das den Beinamen »Suezkanal« trägt, spielte der führende Amerikaner Peter Jacobsen nach einem Schlag »out of bounds« und einem verlorenen Ball eine 9. Das 15. Loch mit seinen vielen Bunkern ist für diesen Parcour besonders charakteristisch.

Alle berühmten Namen des Golfsports haben hier bereits einen Titel geholt. Angefangen von James Taylor 1894 mit einem Score von 326, bis zu dem Südafrikanischen Champion Bobby Locke 1949, der trotz zweier 76er Runden noch gewinnen konnte. Der Sieger mit dem höchsten Ergebnis war Henry Cotton. Er beendete die Open, geschwächt von einer Krankheit, mit einer 79er Runde – und gewann dennoch seinen ersten Titel. Nicht zu vergessen Sandy Lyle, der Schotte, der sein Publikum bei den Meisterschaften 1985 begeisterte, als ihm nach einer unglaublichen Zitterpartie der Sieg doch noch gelang. Und schließlich Jack Nicklaus, dem 1981 nach einer katastrophalen ersten Runde mit 83 Schlägen noch das Kunststück gelang, sich mit einer phantastischen 66er Runde fürs Finale zu qualifizieren.

Auf der Anlage des Royal Saint George's ist ganz einfach alles möglich. Vielleicht, weil es der Namensgeber des Clubs, der Heilige Georg war, der einen Drachen zu Boden warf – Ironie des Schicksals.

Loch	Länge	Par	Loch	Länge	Par
1	407	4	10	365	4
2	344	4	11	198	3
3	196	3	12	331	4
4	430	4	13	405	4
5	386	4	14	465	5
6	143	3	15	427	4
7	484	5	16	151	3
8	379	4	17	389	4
9	354	4	18	419	4
Total	3123	35	Total	3150	35
			Insgesamt	6273	70

Sunningdale

Berkshire
England

Auf den Greens liegt Stille

Es gibt mittlerweile sehr viele Golfanlagen, deren Vegetation hauptsächlich aus Ginster, Kiefern und Farnen besteht.

Sunningdale war einer der ersten, wenn nicht sogar der erste Golfclub überhaupt, der in der Nähe einer Stadt gebaut wurde – bis dahin waren gewöhnlich die berühmten Links an den Küsten als Gelände für die Plätze ausgesucht worden.

Ein Jahr nach Beginn unseres Jahrhunderts, also 1901, gab es in Sunningdale bereits 18 Bahnen, dank dreier einflußreicher Persönlichkeiten: die beiden Brüder Roberts, Grundbesitzern, die auf ihrem Grund und Boden einen Golfplatz erbauen wollten, und Willie Park, der sich sofort mit dieser reizvollen Aufgabe auseinandersetzte. Letzterer, übrigens ein Sohn des ersten Siegers der British Open, verfügte damals bereits über ein fundiertes Wissen und viel Erfahrung in Golfplatz-Architektur. Ihm ist es auch zu verdanken, daß der Kurs im Laufe der Jahre kaum verändert wurde, auch wenn er natürlich von Zeit zu Zeit renovierungsbedürftig war. Inmitten dieser natürlichen und bezaubernden Landschaft erscheint der Golfsport fast als ein ganz harmloser Zeitvertreib.

Und doch ist dieser Kurs von einer alles andere als durchschnittlichen Subtilität. Er ist gar nicht besonders lang (6012 Meter), verlangt durch seine Linie vom Golfer jedoch besondere Präzision, vor allem bei Chips oder Drives. Wem es jedoch im Sommer bei schönem Wetter gelingen sollte, eines der Par 5 – 1, 2, 10 und 14 – mit nur zwei Schlägen zu erreichen, mag es als schade empfinden, nicht den ganzen Charme der Bahn ausgekostet zu haben. Der Platzrekord auf dem »Old« – denn hier gibt es auch einen »New course«, der 1922 entworfen und von H. Colt gebaut wurde – sind 63 Schläge. Ein Rekord, der gemeinsam von dem Australier Norman von Nida und M. Pinero gehalten wird, beide Experten im Putten. Doch auch die 66 von Bobby Jones aus dem Jahre 1976 wird immer noch auf den Listen erwähnt, vielleicht auch ein wenig wegen der Bemerkung, die der amerikanische Star beim Verlassen des letzten Greens machte: »Das ist ein Kurs, den ich am liebsten mit nach Hause nehmen würde.«

Einer der berühmtesten Plätze in Berkshire.

Ein schönes Kompliment! Und es stimmt schon, der Blick vom 4. Green oder vom Abschlag des 10. Lochs ist so schön, so eindrucksvoll, daß man ihn nicht so leicht vergißt. Der New Course ist etwas strenger, etwas schlichter, mit weniger charakteristischen Merkmalen. Seine breiten Fairways sind dennoch eindrucksvoll und schön. Nach wie vor profitiert der Kurs von der Pflege der Familie McLean, die sechzig Jahre lang für die Platzwartung zuständig war.

Und doch haben einige traurige Geister diese Anlage kurz nach der Fertigstellung der ersten 18 Löcher als wenig gelungen bezeichnet ... Man sollte sich nie zu früh festlegen ...

Der »Old Course«: die Löcher 5 und 6 vom Green des 4. Lochs aus gesehen; der kleine Bach auf dem Fairway des 5. Lochs trägt viel zu dem ganz besonderen Charme dieses Kurses bei.

Old Course

Loch	Länge	Par	Loch	Länge	Par
1	451	5	10	436	5
2	442	5	11	297	4
3	270	4	12	412	4
4	147	3	13	169	3
5	374	4	14	465	5
6	379	4	15	206	3
7	367	4	16	400	4
8	175	3	17	384	4
9	244	4	18	394	4
Total	2849	36	Total	3163	36
			Insgesamt	6012	72

Wentworth

Surrey
England

Ein typischer Inlandkurs

So wie Sunningdale auf seinen »Old« und den »New«-Kurs, so ist Wentworth stolz auf seine beiden Kurse »West« und »East«.

Tatsächlich kann man bei diesen beiden Clubs einige Gemeinsamkeiten feststellen. Die erste und augenscheinlichste ist die geographische Lage der beiden: Sie liegen nur etwa 3 Kilometer voneinander entfernt, etwa eine dreiviertel Stunde westlich von London, beide sind fast ausschließlich von Ginster und Farnen bewachsen. Und beide Clubs haben den Vorteil, ihren Mitgliedern das Beste, was man sich nur wünschen kann, bieten zu können, auch wenn Wentworth eher ein Platz für große Meisterschaften ist: phantastisch gepflegte, einwandfreie Greens, spektakuläre, zum Teil leicht erhöhte Abschläge, wie beispielsweise beim 12. Loch, das von den Golfern der Umgebung wegen seiner schweren Drives besonders gefürchtet wird – es stehen drei Bäume im Wege. Doch das für den »West«-Kurs charakteristischste und längste Loch ist das 17., ein Par 5 über 521 Meter, mit seinem »out of bounds« auf der linken Seite und zwar nur einem, dafür aber um so besser plazierten Bunker; der zweite Schlag, der in den meisten Fällen bergauf geschlagen werden muß, sollte gut dosiert und sehr hoch über eine kleine Bodenwelle angesetzt werden, nur dann kann man damit rechnen, anschließend mit einem Pitch das Green zu erreichen. Dieser Kurs geht über eine Distanz von 6338 Meter bei einem Par von 72 Schlägen, mit einer sehr langen Rückrunde über 3271 Meter. Davon sind zwei sehr lange Par 5, eines davon mit einem Dogleg nach links, begrenzt von einem »out of bounds«, das andere ein Dogleg nach rechts, mit der Out-Linie links und einem Wasserhindernis etwa 130 Meter vor dem Green. Es ist wirklich ein typischer Inlandkurs, mit vielen Bäumen und in den meisten Fällen sehr langen zweiten Schlägen – wie auch beim 1. Loch, daß Bobby Locke tatsächlich einmal mit einer 7 verlassen mußte.

Auf diesem von dem Briten Harry S. Colt entworfenen Kurs finden schon seit Jahren die Weltmeisterschaften statt, zu denen sich die großen Champions jeweils am Ende einer Saison treffen, darunter natürlich auch Seve Ballesteros, der dieses Turnier bereits dreimal gewinnen konnte. Auf diesem Kurs liegen die Bahnen alle in einer Richtung, außer der 9., die vom Clubhaus sehr weit entfernt ist. Schon 1956 stritten Ben Hogan und Sam Snead um den Austragungsort des Pro Weltcup auf Kosten der Vereinigten Staaten.

Das Clubhaus, ein imposanter Bau im viktorianischen Stil, mit herrlichen großen Empfangshallen, war übrigens während des Zweiten Weltkriegs der Sitz der Britischen Regierung und ist wirklich einzigartig. Es wird seit der Gründung des Clubs vor sechzig Jahren gerne von der Londoner Society besucht.

Links: Das Clubhaus, während des Zweiten Weltkriegs Sitz der britischen Regierung.
Rechts: Auf der Höhe des zweiten Schlags am 8. Loch des Westkurses – mitten im Ginster...

West Course

Loch	Länge	Par	Loch	Länge	Par
1	430	4	10	170	3
2	141	3	11	343	4
3	413	4	12	441	5
4	457	5	13	403	4
5	174	3	14	163	3
6	314	4	15	425	4
7	364	4	16	347	4
8	363	4	17	521	5
9	411	4	18	458	5
Total	3067	35	Total	3271	37
			Insgesamt	6338	72

Killarney Kerry Irland

Ein kleiner Teil vom Paradies

Für Killarney sollte man sich ein paar Tage Zeit nehmen, nicht nur, um hier Golf zu spielen, sondern vor allem, um die friedliche Atmosphäre, die hier herrscht, zu genießen. Die Umgebung ist einfach idyllisch. Und die Menschen besonders charmant, wie zum Beispiel Luis O'Hara, der Direktor des Hotels Aghadoe, der für Crepes, gefüllt mit Meeresfrüchten, und alten Irish Mist Whisky mit Honig schwärmt, der in Irland so beliebt ist. Doch Killarney verdankt seinen internationalen Ruf in der Hauptsache dem Golf und dem Fischen. Sicherlich, seine 36 Löcher sind nicht unbedingt mit Waterville oder Ballybunion zu vergleichen. Die Herausforderung ist nicht ganz so groß, die klimatischen Bedingungen meist milder und das Gras noch viel grüner und saftiger als irgendwo sonst in Irland. Alles ist zarter und lieblicher. Man könnte sich fast darüber beklagen, denn es ist nicht leicht, sich auf den Kurs von Killarney zu konzentrieren, wenn die Landschaft drumherum so faszinierend, ja berauschend schön ist. Die üppige Vegetation ergänzt das Bild hervorragend. Sie wurde entsprechend einer ausgefallenen Idee von Sir Castlerosse, dem Gründer des Clubs, angelegt, der sich einen Garten wünschte, in dem die Blumen das ganze Jahr über blühen. Tatsächlich machen die riesigen Rhododendronbüsche, das Meer von Fuchsien und viele andere Blüten Killarney fast zu einem kleinen Augusta, dem berühmten Golfkurs in Georgia, auf dem alljährlich das Masters ausgetragen wird. Die Umgebung ist bergig, dazwischen liegen einige Seen.

Sieben Löcher des gelben Kurses – genannt Killeen – und der gesamte grüne Kurs – der Mahoney – grenzen an einen See, den Lough Lane, den größten der vier Seen von Killarney. Der gelbe Kurs mit seinem Par 72 wird als der selektivere geschätzt, doch die schöneren Bahnen findet der Golfer auf dem grünen Kurs vor. Das attraktivste ist zweifellos das 18. Loch, ein Par 3 über 185 Meter, bei dem man nicht umhinkommt, über den See zu schlagen, andernfalls . . . wird es wirklich schwierig. Henry Longhurst hat über diese Stelle einmal gesagt: »Was für ein wundervoller Ort, um zu sterben!«

Der »Killeen«: Zwischen dem Clubhaus im Hintergrund und dem 3. Green liegt ein großer See.

Wer die Gelegenheit hat, in Killarney zu spielen, dem werden sofort die riesigen Greens und die vergleichsweise winzigen Bunker auffallen – und, daß es hier mehr Bäume gibt als irgendwo sonst in Irland. Etwa 25 000 Golfer im Jahr spielen in Killarney, davon sind achthundert Mitglieder für ein Jahr, viele davon Amerikaner. Das Greenfee ist noch relativ bescheiden: Es beträgt etwa 15 Mark pro Tag, sowohl unter der Woche als auch am Wochenende.

Killeen Course

Loch	Länge	Par	Loch	Länge	Par
1	325	4	10	163	3
2	346	4	11	468	5
3	176	3	12	432	4
4	381	4	13	410	4
5	448	5	14	353	4
6	174	3	15	368	4
7	443	4	16	461	5
8	387	4	17	335	4
9	360	4	18	394	4
Total	3040	35	Total	3384	37
			Insgesamt	6424	72

Oben: Das Panorama am 10. Loch des »Killeen« aus der Vogelperspektive.
Rechts: Hier hat es den Anschein, als sei das Gras noch grüner, noch saftiger als anderswo; übrigens liegen in Killarney von den insgesamt 36 Löchern sieben des gelben und des grünen Kurses am Rande eines Sees.

Portmarnock Dublin Irland

Ein Kurs im Wald

Wenn Sie irgendwann einmal nach Dublin, der Hauptstadt von Irland, kommen, sollten Sie unbedingt nach Portmarnock fahren und eine Runde spielen – es liegt nur etwa 12 Kilometer von Dublin entfernt. Sie werden es nicht bereuen, auch wenn es Ihrem Handicap einen kleinen Schlag versetzen sollte. Der Links von Portmarnock ist vielen widrigen Einflüssen ausgesetzt – vor allem dem Wind, bedingt durch seine geographische Lage: Auf der einen Seite liegt die irische See, auf der anderen die Bucht von Portmarnock. Und es ist ein sehr strenger Wind, der die Golfer auf diesem Kurs, der mit fast 6500 Metern zu den längsten in Großbritannien gehört, vor echte Probleme stellen kann. Es gibt so gut wie keinen Schutz vor dem Wind, Bäume gibt es nicht, dafür jedoch erhebliche Bodenwellen, ernstzunehmende Bunker und ein tiefes Rough. Auf diesem natürlichen Par 72 läuft der Ball glücklicherweise recht gut, doch das allein genügt nicht. Bei einigen Bahnen sollten Sie beim zweiten Schlag ein Holz nehmen, so zum Beispiel bei den ersten drei Löchern, alle Par 4 über etwa 350 Meter. Eines der besten Löcher ist das 14. Loch, der Drive sollte genau in Richtung von »Irland's Eye« geschlagen werden, einer kleinen Felseninsel. Henry Cotton hat dieses Loch einmal das schönste der Welt genannt. Und das, obwohl er hier einmal nur eine 7 erzielte und damit die Irish Open verlor. Arnold Palmer dagegen zieht das nächste, das 15. Loch vor, seiner Meinung nach ist es »eines der besten kurzen Löcher der Welt«. Auf seiner rechten Seite ans Meer grenzend, kann es dem Spieler leicht das ganze Score verderben . . .

Ein für Irland ganz besonders typischer Parcour direkt an der irischen See, mit extrem schnellen Greens.

Das Green des 9. Lochs. Auf diesem Kurs fanden bereits mehrmals die Irish Open statt.

Doch damit nicht genug: Die Bahnen 17 und 18 sind nicht weniger schwierig. Vor allem das 17. Loch, ein Par 4 über 432 Meter – hier sind nicht einmal zwei gute Schläge mit dem Holz genug. Severiano Ballesteros ist es bisher noch nie gelungen, das Green mit zwei Schlägen zu erreichen . . . dem südafrikanischen Champion Bobby Locke ebensowenig. Und dennoch hält er von diesem Links sehr viel, das er als das »schönste und fairste in Europa« bezeichnet hat. Schön ist der Kurs sicherlich, allerdings von einer wilden, unberührten Schönheit. Denn Portmarnock ist flacher als alle anderen Parcours in Irland.

Harry Bradshaw, einer der größten Golfer, die Irland je hatte, wird da wohl nicht widersprechen. Er, der hier jahrelang als Pro gearbeitet hat, kann sicherlich jedem Golfer einen Rat geben, der ihm auf diesem Kurs weiterhilft. Und vielleicht wird er ihm auch die unglaubliche Geschichte erzählen, die ihm hier an einem Sommertag 1949 passiert ist, auf der letzten Runde der British Open auf dem Sandwich-Kurs.

Loch	Länge	Par	Loch	Länge	Par
1	358	4	10	342	4
2	344	4	11	395	4
3	350	4	12	138	3
4	404	4	13	514	5
5	362	4	14	355	4
6	545	5	15	170	3
7	157	3	16	472	5
8	365	4	17	432	4
9	401	4	18	385	4
Total	3286	36	Total	3203	36
			Insgesamt	6489	72

Royal County Down

Newcastle
Nordirland

Der Platz im Nebel

Traditionen kann man nicht kaufen, sondern höchstens kultivieren. Im Royal County Down bei Newcastle wird der Golfsport bereits seit fast hundert Jahren gepflegt. Im Jahre 1889 trat die Vorstandschaft des Clubs an Tom Morris heran, den bekanntesten Golfer dieser Epoche, mit der Bitte, einen Golfplatz zu entwerfen – für ein Gehalt von vier Pfund! Was kann man für eine so niedrige Summe erwarten?! Ganz einfach den schönsten Golfplatz der Welt. Und das ist nicht nur meine persönliche Meinung, sondern auch die des großen englischen Journalisten Peter Dobereiner, der den Royal County Down Club an die Spitze seiner fünfzig schönsten Plätze der Welt (ohne die Vereinigten Staaten) stellte. Womit hat sich dieser Kurs so viel Ehre verdient? Schon allein seine Lage, inmitten der Dünen und der Ginsterbüsche, kann den Golfer bezaubern. Stellen Sie sich vor, Ihr Platz würde auf der einen Seite an eine Gebirgskette grenzen – die Berge von Mourne – und auf der anderen Seite ans Meer, an die Bucht von Dundrum. Dazwischen liegen die 18 Fairways des ersten Kurses, in einem Meer von Heidekraut. Es ist ein wirklich faszinierendes Bild, vor allem wenn der Wind über die Dünen fegt und die Dunkelheit hereinbricht.

Dieser Golfplatz, eingebettet in den nordirischen Nebel, wird allgemein zu den zehn attraktivsten der Welt gezählt.

Ganz klar, daß es sich hier um einen irischen Kurs handelt. Er liegt im Herzen Irlands, ganz in der Nähe von Belfast. Und er darf sich seit Beginn dieses Jahrhunderts »Royal« nennen, ein Privileg, das die Königin bisher nur ganz wenigen Golfclubs verliehen hat. Dort eine Runde spielen zu dürfen, ist ganz einfach. Es genügt, Mitglied zu sein und im ersten Jahr die bescheidene Summe von etwa 1500 Mark zu entrichten, in den darauffolgenden etwa 850 Mark. Eine Bagatelle, wenn man bedenkt, daß man für diesen Betrag möglicherweise in den Club aufgenommen wird. Denn die 450 Mitglieder des Clubs sind weitestgehend unter sich. Auch wenn es 1000 oder 2000 wären, würde es sie wenig stören; ihnen kommt es nur darauf an, Freude am Spiel zu haben.

J. Hubbard, der Clubpräsident, eine ziemlich eigenwillige Persönlichkeit, hat für Publicity nichts übrig, sie interessiert ihn ganz einfach nicht. Er wirbt nicht um neue Mitglieder. Und trotzdem werden pro Jahr 40 000 Greenfees verzeichnet. Es dürfte also nicht sonderlich schwierig sein, einmal als Gast eine Runde in Royal County Down zu spielen. In diesem so traditionsbewußten Club sind Damen übrigens zugelassen. Jedenfalls fast: Etwa 300 Ladies spielen auf ihrem eigenen Parcour, der gleich neben dem der Herren liegt. Auf diese Weise ist die Freiheit und Unabhängigkeit aller gesichert . . .

Oben: Ein Clubhaus von eher bescheidenen Ausmaßen, besonders gemütlich und familiär.
Rechts: Im Hintergrund die Berge von Mourne.

Loch	Länge	Par	Loch	Länge	Par
1	463	5	10	183	3
2	388	4	11	402	4
3	433	4	12	458	5
4	198	3	13	407	4
5	402	4	14	195	3
6	362	4	15	407	4
7	133	3	16	242	4
8	390	4	17	366	4
9	444	4	18	498	5
Total	3213	35	Total	3158	36
			Insgesamt	6371	71

Augusta National
Georgia
Vereinigte Staaten

Eine faszinierende Symphonie …

Wie Saint Andrews in Schottland, so fängt auch Augusta mit dem ersten Buchstaben im Alphabet an. Reiner Zufall oder vielleicht ein Augenzwinkern der Golfgeschichte? Eines steht jedenfalls fest – Augusta nimmt in den Herzen der Amerikaner den ersten Platz ein. Und zwar aus mehreren Gründen:

– Augusta wurde im Jahre 1931 von dem großen Bobby Tyre Jones und dessen Freund und Kollegen Alister Mackenzie entworfen und angelegt.
– Der Kurs von Augusta in Georgia ist einzigartig, vor allem im Frühling:ein bezaubernder Garten mit einem Meer von Azaleen, den verschiedensten Obstbäumen, riesigen Kiefern und anderen Nadelbäumen.
– Seit 1934 wird in Augusta Mitte April das berühmte Masters ausgetragen. Es gleicht einem alljährlichen Ritus, an dem Golfer aus aller Welt jedes Jahr von neuem teilnehmen – und ist in der Golfgeschichte einzigartig. Denn schließlich wechseln sogar die British Open jedes Jahr ihren Austragungsort.
– Zum Masters Turnier trifft sich nicht nur die Golfelite der Gegenwart, sondern auch die der Vergangenheit. Im Grunde widerspricht das Einladungssystem beim Masters allen Regeln, dennoch kämpfen die Champions das ganze Jahr über darum, im Frühjahr hier teilnehmen zu dürfen. Diese Veranstaltung ist, entsprechend den Vorstellungen der Organisatoren des Augusta National Golf Clubs, eine der exclusivsten der Welt: Die Zahl der Zuschauer, die pro Tag eingelassen werden, ist auf 40 000 beschränkt.
– Das Fernsehen macht aus dem Masters eines der größten Sportereignisse des Jahres in den Vereinigten Staaten. Sogar Nicht-Golfer begeistern sich für die Übertragungen.
– Was Augusta jedoch letztendlich so einzigartig auf der Welt macht, ist der Kurs selbst. Man kann gar nicht anders, als sich in diesen höchst anspruchsvollen Kurs zu verlieben, der so faszinierend angelegt ist. Mit den eher kahlen schottischen Plätzen kann man ihn selbstverständlich nicht vergleichen, deren besonderer Charme in ihrer extremen Schlichtheit und Ursprünglichkeit begründet ist. Augusta ist ein Symbol des modernen, amerikani-

Links: Die Atmosphäre beim Masters ist einzigartig; hier das 9. Loch, Fairway und Green, direkt am Clubhaus. Unten: Abschlag des 8. Loches, eines 489 Meter langen Par 5.

schen Golfs. Ursprünglich hatte der große Bobby Jones, der schon mit achtundzwanzig seine aktive Laufbahn beendet hatte, geplant, hier in Augusta, etwa 50 Kilometer von seiner Heimatstadt Atlanta entfernt, »seinen« Golfplatz zu bauen, zusammen mit dem ebenso bekannten schottischen Golfarchitekten Alister Mackenzie. »Zur damaligen Zeit war dies noch ein völlig unberührtes Fleckchen Erde«, erzählt der amerikanische Journalist Loran Smith, Autor einiger Bücher über das Masters und enger Freund von Bobby Jones, »ein Grundstück von etwa 175 Hektar, eine ehemalige Plantage von Indigopflanzen. Das ganze Gebiet gehörte einem Belgier. Man sagt, es sei die erste kommerzielle Pflanzung im Süden Amerikas überhaupt gewesen. Bäume und Pflanzen der verschiedensten Arten waren aus aller Herren Länder hierhergebracht worden. Auf diesem idealen Gelände bauten die beiden eine 18-Loch-Anlage – und sie gaben jedem der Löcher den Namen einer Blume, die auf der ehemaligen Pflanzung gewachsen war.«

Der Architekt Mackenzie stimmte bezüglich der Arbeit des großen Champions wahre Lobreden an: »Wenn Augusta, wie ich glaube, einer der schönsten Kurse der Erde werden sollte, so ist das nur den außergewöhnlichen Ideen von Bobby Jones zu verdanken.« Beide stimmten darin überein, daß dieser Platz nicht in erster Linie ein »großer« werden, sondern vor allem so vielen Spielern wie nur irgend möglich gefallen und entsprechen sollte. Er sollte eine Strategie erfordern, überlegtes, »reifes« Spiel und dem durchschnittlichen Golfer eine Chance geben, aber gleichzeitig für den erfahrenen eine echte Herausforderung bedeuten. Und das ist auch heute noch der Fall, auch wenn der Platz im Laufe der Zeit einige Male verändert wurde – ein Resultat des technischen Fortschritts. Die ersten neun Löcher sind mittlerweile die letzten, einige wurden etwas verlängert, wie beispielsweise das 16. Loch, ein Par 3 über 155 Meter; es wurden Bunker eingebaut, und vor allem die Greens wurden in den letzten Jahren verändert, anstelle des »Bermuda«-Grases wurde das »Bent-grass« eingeführt. Zuerst wurde überall ganz empört von einem Skandal geredet, doch schon sehr bald mußte man zugeben, daß das neue Gras eine erhebliche Verbesserung bedeutete.

Robert Tyre Jones, genannt Bobby Jones: ein großer Champion, der seiner Zeit weit voraus war.

Früher beklagten sich die Champions beim Masters über die langsamen Greens – heute flehen sie die Schiedsrichter, was die Plazierung der Fahnen anbetrifft, um Milde an. Die Bodenwellen auf den Greens haben auch ganz großen Spielern schon jede Illusion geraubt. Der Spieler, der nicht mindestens einmal drei Putts auf einem Green in Augusta gebraucht hat, muß wohl erst noch geboren werden! Auch der große Ben Hogan verlor hier 1954 im Stechen gegen seinen Rivalen Sam Snead, weil er drei Putts zum Einlochen benötigte. Dabei sehen die Greens so einladend aus, so flach wie Untertassen. Mit Ausnahme des 2. Lochs kann man alle Löcher in zwei Putts schaffen – allerdings unter der Bedingung, daß man sie hoch und mit viel Gefühl angeht. Wenn nicht, kann es katastrophale Folgen haben. Ebenso wichtig ist es, das Green besonders sorgfältig zu lesen. Natürlich ist jedem ein Putt über 20 Meter, bei dem das Green zum Loch etwas geneigt ist, lieber als ein Putt über nur sechs Meter bei dem gleich mehrere verschiedene Neigungswinkel des Greens zu beachten sind. Und genau das macht die Schwierigkeit dieses Kurses aus, der auf den ersten Blick so einfach und problemlos aussieht, mit seinen breiten Fairways, so gut wie keinen Roughs und nur wenigen Bunkern. Insgesamt sind es 42, davon nur 10 auf den Fairways. Man sollte allerdings nicht vergessen, daß Bobby Jones, die »Seele« von Augusta, einer der besten Putter in der Geschichte des Golfsports war. Daher ist es auch verständlich, daß er einen breiten Kurs ohne allzu viele Hindernisse schuf, der den Clubmitgliedern, für die der Platz ja in erster Linie vorgesehen war, Zuversicht einflößen sollte. Kein einziges Loch, um das sich nicht viele Erinnerungen ranken. 1986 wurde das Masters-Turnier zum 50. Male veranstaltet.

Der berühmteste Schlag war wohl der Albatross, der dem legendären Gene Sarazen gelang, mit einem Holz 4 am 15. Loch, einem Par 5 über 457 Meter, in der letzten Runde des Masters 1935 – er holte damit Graig Wood ein und schlug ihn anschließend im Stechen. Dieses »Wunder« war um so bemerkenswerter, als es ihm bei seiner ersten Teilnahme am Masters überhaupt gelang. Seit diesem denkwürdigen Tag eröffnet der Held von damals, Gene Sarazen, nun seit mehr als achtzig Jahren am Donnerstag das Turnier mit einem anderen Ausnahmegolfer, Byron Nelson, auf einer Neunerrunde. Und alle hoffen, daß das auch noch sehr lange so bleiben wird. Die spannenden Finishes, die hier stattgefunden

Die Hinrunde ist nicht ganz so schwierig wie der zweite Teil des Kurses.

haben, übertrafen oft alle Erwartungen. Sie lassen sich schon gar nicht mehr zählen. Die Spieler schwanken ständig zwischen totaler Begeisterung und tiefster Verzweiflung. Vor allem, wenn sie sich dem berühmt-berüchtigten »Amen Corner« nähern, den drei Bahnen 11, 12 und 13, auf denen schon die tollsten Schläge gelangen. Zum Beispiel Byron Nelson, der Ben Hogan im Stechen bezwang, nachdem ihm auf den Löchern 11, 12 und 13 drei Birdies geglückt waren. Oder auch der Eagle von Arnold Palmer am 13. Loch, der ihm 1958 seinen ersten Masters-Titel einbrachte. Er wiederholte diesen Erfolg 1962, als er Gary Player und Dow Finsterwald schlug. Jack Nicklaus hat mit dem 12. Loch seine größten Probleme. Dieses kurze Par 3 über 142 Meter verlangt besonders große Konzentration. Man kann hier vom Eisen 9 bis zum Eisen 4 alles spielen. Vor dem Grün liegt ein Wasserhindernis, dahinter ein Bunker – die einzige Möglichkeit, die dem Golfer bleibt, ist, genau ins Zentrum des Greens zu spielen. Auf dem 16. Loch, einem Par 3, das von Robert Trent Jones neu gestaltet wurde, konnte wiederum Arnold Palmer bei seinem Kampf gegen Ken Kenturi und Dow Finsterwald mit einer 2 seine Chancen wahren, während 1971 Johnny Miller am letzten Loch den Ball mit einem Eisen 6 in den Bunker setzte, was ihm einen Bogey einbrachte und alle Hoffnung auf den Sieg zerstörte.

Ohne Zweifel ist das Masters mehr als alle anderen Turniere der Welt spezialisiert auf besonders dramatische Finishes. Nicht weniger als acht Playoffs wurden hier zwischen 1934 und 1985 ausgetragen. Gary Player mußte sich diesem Nervenkitzel 1978 allerdings nicht aussetzen: Er holte am Sonntag einen Rückstand von sieben Schlägen auf und spielte eine phantastische 64er Runde, was die Einstellung des Platzrekordes und seinen dritten Masters-Titel bedeutete. Doch es gibt nur ganz wenige Spieler, die so bewundernswert kaltblütig sind wie Player, dafür um so mehr, die ein Risiko eher scheuen und von ihren eigenen Nerven besiegt werden. Was wohl die Geschichte von dem Argentinier Roberto de Vincenzo am besten beweist, dem 1968 der fatale Irrtum unterlief, ein Score über 66 zu unterschreiben – zu seinem erheblichen Nachteil, denn damit verlor er den schon sichergeglaubten Titel. Solche und ähnliche Dinge passieren eben nur beim Masters.

Das Green des 15. Lochs, eines Par 5 über 457 Meter. In der letzten Runde des Masters von 1986 landete hier der Ball von Seve Ballesteros im Wasser. Rechts: Das Emblem des berühmten Clubs.

Loch	Länge	Par	Loch	Länge	Par
1	366	4	10	443	4
2	507	5	11	416	4
3	329	4	12	142	3
4	187	3	13	425	5
5	398	4	14	370	4
6	165	3	15	457	5
7	329	4	16	155	3
8	489	5	17	366	4
9	398	4	18	370	4
Total	3168	36	Total	3144	36
			Insgesamt	6312	72

Baltusrol

New Jersey
Vereinigte Staaten

Jack Nicklaus, ein Idol in dieser Gegend. Bereits viermal konnte er die US Open gewinnen, das letzte Mal 1980 in Baltusrol.

Der Ehrwürdige und Verehrungswürdige

Wer einen wirklichen Eindruck von dem Kurs, auf dem er sich befindet, gewinnen will, braucht in Baltusrol nur das Clubhaus zu betreten. Aber Achtung! Ein Golfer auf der Durchreise, der vielleicht angezogen vom großen Namen »Baltusrol« hierhergekommen ist, darf sich nicht irreführen lassen. Es gibt sehr viele Orte mit Namen Springfield, und man läuft Gefahr, sehr lange nach dem richtigen, in dessen Nähe der Golfplatz liegt, zu suchen. Wer jedoch einmal den richtigen Weg eingeschlagen hat, wird sofort erkennen, daß er sich auf dem Gelände des höchst exclusiven Clubs Baltusrol befindet, auch wenn der Eingang eher bescheiden und diskret ist. Der uniformierte Portier, der vor dem Clubhaus postiert ist, wird Sie allerdings sehr schnell wieder hinauskomplimentieren, sollten Sie unglücklicherweise nicht über eine schriftlich bestätigte Einladung eines Clubmitglieds oder der Direktion verfügen. Wenn sich die Pforten jedoch für Sie öffnen, dann steht Ihnen ein unvergeßliches Erlebnis bevor.

Der Blick auf das Green des 4. Lochs und das des 18. Lochs des Lower Course ist mehr als eindrucksvoll. Die Ausstattung des Clubhauses hat ein ganz eigenes Flair. Es ist ein monumentales Gebäude, im Stil alter französischer Hotels der Jahrhundertwende. Hier beginnen die beiden hervorragenden Anlagen, der Upper und der Lower Course. Auch in den ganz großen Clubs ist es häufig so, daß ein Parcour den anderen übertrifft, ihn in den Schatten stellt. Das ist hier nicht der Fall: Auch wenn sich viele hauptsächlich für den Lower Course interessieren, weil sich hier die ganzen Geschichten um die großen Golfstars abgespielt haben, so ist doch auch der Upper Course oft Schauplatz ganz großer Turniere gewesen, als letztes beispielsweise für die US Damenmeisterschaften. Er ist in dieser Gegend, wo dem Golfer über 50 Clubs mit je mindestens 36 Löchern zur Auswahl stehen, ein wirklich einzigartiges Meisterwerk. Der Upper Course wird übrigens auch von den Mitgliedern des Clubs häufiger gespielt, da sie diese Anlage eher in den Griff bekommen. Auf dem Lower Course wurden während der langen Clubgeschichte insgesamt sechsmal die US Open ausgetragen, also öfter als in Merion oder Oakmont. Baltusrol gehört zu den Golfdenkmälern, die kaum mehr verändert werden. Nur Robert Trent Jones sen., der berühmte amerikanische Architekt, erhielt die Erlaubnis, hier sein Talent zu beweisen und das von A. W. Tillinghast begonnene Meisterwerk zu vollenden, und zwar im Sommer 1953, kurz vor Beginn der US Open. Jones legte acht neue Abschläge an und verlängerte sieben weitere, dadurch wurde der Kurs 600 Meter länger. Die Gesamtlänge der Anlage beträgt 6470 Meter, sie ist also nicht unbedingt eine der allerlängsten, flößt aber doch Respekt ein. Die beiden letzten Löcher sind – wie es der Tradition der großen Kurse der US Open entspricht – geradezu furchterregend: das 17. Loch, ein Par 5 über 576 Meter, und das 18. Loch, ein Par 5 über 496 Meter. Die größten Veränderungen wurden am 4. und 7. Loch vorgenommen, wo Robert Trent Jones die Greens modifizierte. Am 7. Loch – Par 5 für Clubmitglieder, aber Par 4 für die Professionals – verdoppelte er den Durchmesser des Greens und plazierte einen Bunker direkt auf der Fluglinie des Drives. Das 4. Loch, ein Par 3 mit einem Wasserhindernis, wurde von Jones auf 177 Meter verlängert.

Eine berühmte Anekdote erzählt, daß die Clubmitglieder mit dieser skandalösen Veränderung überhaupt nicht zurechtkamen. Ihre Bälle landeten, zur Freude anderer, ausnahmslos im Wasser. Man ließ Robert Trent Jones kommen und forderte ein paar Erklärungen und Tips, wie man diesem jetzt so problematischen Loch beikommen könnte. Dieser ging mit ein paar Clubmitgliedern auf das 4. Loch, teete seinen Ball auf, griff nach dem Eisen 4 und – schlug ein »hole in one«. Dann drehte er sich zu seinen völlig sprachlosen Mitspielern um und meinte: »Also wirklich, das Loch ist doch hervorragend!«

Jack Nicklaus ist in dieser Gegend das Idol aller Golffans – obwohl auch Richard Nixon ein Mitglied des Clubs ist. 1967 wurde Nicklaus allerdings fast von einem völlig unbekannten Mexikaner namens Lee Trevino geschlagen. Der Amerikaner siegte schließlich mit dem Rekordergebnis von 275 Schlägen, die letzte Runde schloß er mit einer 65 ab.

1980 holte er bei den letzten US Open in Baltusrol seinen vierten Titel. Diesmal beendete er das Turnier mit dem Fabelergebnis von 272 Schlägen und einer phantastischen 63 in der letzten Runde, und das, obwohl niemand wirklich ein Gesamtergebnis

Lower Course

Loch	Länge	Par	Loch	Länge	Par
1	425	4	10	415	4
2	345	4	11	391	4
3	401	4	12	176	3
4	177	3	13	359	4
5	355	4	14	374	4
6	430	4	15	393	4
7	430	4	16	198	3
8	342	4	17	576	5
9	187	3	18	496	5
Total	3092	34	Total	3378	36
			Insgesamt	6470	70

unter Par erwartet hatte. Im Clubhaus kann man ein riesiges Foto von Jack Nicklaus bewundern, auf dem er triumphierend mit erhobener Faust seinen letzten Sieg in Baltusrol feiert. Eine wirklich bewegende Aufnahme.

Oben: Blick auf den »Lower«-Kurs; im Hintergrund erkennt man noch einen Teil des gigantischen Clubhauses.
Der Golfclub von Baltusrol ist einer der exklusivsten in den Vereinigten Staaten; zu seinen Mitgliedern zählen auch so bekannte und einflußreiche Persönlichkeiten wie beispielsweise Richard Nixon.

Pine Valley

New Jersey
Vereinigte Staaten

Ein 54 Hektar großer Sandbunker

Dieser im Jahre 1919 eingeweihte Kurs wird von vielen als der schönste des ganzen amerikanischen Kontinents bezeichnet.

Pine Valley wird von den Golfpublikationen regelmäßig zu den zehn schönsten und größten Golfplätzen der Welt gerechnet. Die Mitglieder des Clubs, die übrigens nur nach eingehendster Prüfung aufgenommen werden, würden jede Wette eingehen, daß niemand, aber auch wirklich niemand, auch nicht der beste Amateur in der Lage ist, unter 80 zu bleiben, wenn er diesen hervorragenden Kurs zum ersten Mal spielt. Einer der ganz, ganz wenigen, die dieses Wunder vollbracht haben, war Arnold Palmer, der beste Amateur der Vereinigten Staaten auf seiner ersten Runde im Jahre 1954. »Ich war damals frisch verlobt und ziemlich pleite«, erzählt er. »Ich wollte heiraten und brauchte wirklich dringend Geld. Ich nahm jede Wette an, die man mir bot. Ich weiß nicht, wie ich davongekommen wäre, hätte ich verloren. Doch alles lief bestens – und ich schaffte in der ersten Runde eine wirklich gute 68 auf diesem Par-70-Kurs, ein Rekord in allen Kategorien, der noch sehr lange hielt.«

Heute liegt der Platzrekord der Pros bei 66. Es ist schon richtig, Pine Valley wurde nicht sehr oft als Austragungsort für die Open gewählt. Dieser Kurs, der im Jahre 1919 nach sieben Jahren umfangreichster Bautätigkeiten eingeweiht wurde, ist für die Aufnahme einer großen Zuschauermenge nicht unbedingt geeignet.

Zu der Zeit, als der Platz konstruiert wurde, war Golf auch in den Vereinigten Staaten noch ein Sport, der nur sehr wenig Resonanz in der Öffentlichkeit hervorrief.

Worin bestehen nun die Schwierigkeiten des Pine-Valley-Kurses? Hauptsächlich im Sand, den Bäumen und der Einteilung des Terrains – auf diesem Kurs liegen die Bahnen nirgends parallel, jedes Loch wird durch einen kleinen Kiefernwald, Gebüsch, Gestrüpp, Heidekraut – und vor allem von Dutzenden, ja Hunderten von Bunkern »bewacht«, von riesigen Sandflächen, die überall verteilt sind, 54 Hektar Sandbunker . . .

Ein Blick auf ein Foto von Pine Valley genügt, um es sich vorstellen zu können – und zu schaudern. Die beste Beschreibung dieser »Hölle« fiel einem der Pros der Umgebung ein: »Pine Valley ist einzigartig, denn kein Fairway, kein Rough, kein Bunker entspricht dem, was man sich vorgestellt hatte.« Der ganze Kurs ist im Grunde ein 54 Hektar großer Bunker in ziemlich wildem Zustand. Auch wenn man die ganze chinesische Armee engagieren würde, um ihn zu harken, sie würde es nicht schaffen –, ihn wirklich zu glätten, schon gar nicht. Also geht alles nach dem Motto, »überlassen wir es . . . der Natur«.

Pine Valley hat 18 perfekte Abschläge und Greens. Zwischen diesen 36 Polen des Kurses liegen ein paar wenige, gut gemähte grüne Inseln, auf die man den Ball unbedingt setzen muß, um für den nächsten Schlag eine einigermaßen aussichtsreiche Position zu haben. Wenn das nicht gelingt, gleicht alles andere einer Katastrophe, der Sahara, einem Dschungel oder einem undurchdringlichen Wald – hier ist jeder Versuch, den Ball wiederzufinden, vergebliche Liebesmüh'. Die Par-3-Löcher wurden noch einfacher konstruiert: Zwischen Abschlag und Green ist nichts als Sand, Steine und Wasser. Um dem Ganzen noch etwas »Würze« zu geben, sind um die Greens, die man nur mit einem langen Pitch erreichen kann, zum Beispiel über 207 Meter, wie beim 5. Loch, oder über 169 Meter, wie beim 3., ganz besonders tiefe Sandlöcher gelegt worden, aus denen man nur entgegengesetzt der normalen Linie des Kurses wieder herauskommt. Wie bei einem Spiel, bei dem man immer wieder zum Ausgangspunkt zurückgeschickt wird. Ein Versuch, aus diesen Bunkern direkt zur Fahne spielen zu wollen, wäre Irrsinn. Woody Platt, ein sehr bekannter ehemaliger Golfer, ist hier nie wieder zu einer Runde angetreten, er traute es sich nicht zu, sich mit diesem »Monster« ein zweites Mal zu messen – er war der Meinung, daß er beim ersten Mal schon zu viel Glück gehabt habe.

Unzählige Geschichten dieser Art erzählt man sich in der berühmten kleinen Stadt Clementon, wo Pine Valley ausgedacht wurde. Eine der bemerkenswertesten ist sicherlich die eines bekannten New Yorker Chirurgen. Die Scores dieses Arztes waren zwar nicht hervorragend, aber doch respektabel – bis zum 14. Loch, einem kurzen Par 3 über 169 Meter, dessen Green am Rande eines entzückenden kleinen Sees liegt, an der einen Seite ein kleiner »Strand«, respektive ein enormer Bunker. Unser Mediziner, von unzäh-

Das 10. Loch, eines der Par 3 – der Schrecken dieses Kurses.

ligen Versuchen ziemlich frustriert, hatte es nie geschafft, das Green mit dem ersten Schlag zu erreichen. Da er jedoch nicht nachtragend war, entschloß er sich, an diesem »unmöglichen Loch« ein kleines Denkmal zu errichten. Das Clubkomitee wies das Projekt jedoch mit der Bemerkung zurück, daß, wenn man einmal die Erlaubnis zu einem solchen »Denkmal« geben würde, der Kurs innerhalb kürzester Zeit von ähnlichen Gedenktafeln geradezu bepflastert sein würde.

Der Chirurg fügte sich. Doch ein paar Jahre später wurde die Asche des New Yorkers am Abschlag dieses Loches, das ihn sein Leben lang verfolgt hatte, begraben.

Pine Valley kann eine ganze Anzahl solch furchterregender Bahnen vorweisen. Ganz besonders die Par 3, vor allem das 3. Loch, ein Par 3 über 169 Meter, auf dem Peter Allen, ein bekannter amerikanischer Golfjournalist, eine 11 eintragen mußte – danach mißlang ihm fast kein Schlag mehr. Dieser Abschlag ist wirklich »erschlagend«. Das 7. Loch, ein Par 5 über 535 Meter, vom Gründer des Pine-Valley-Kurses, George Crump, selbst entworfen, ist der Inbegriff der furchterregenden Bahnen dieses Parcours. Nur zwei kleine Raseninseln liegen im Sand, die eine, etwa 180 Meter vom Tee entfernt, sollte man mit dem Drive treffen, die zweite, weitere 150 Meter entfernt, die selbstverständlich wieder mitten in einer völlig ungepflegten Sandfläche liegt und an deren Rand einige Kiefern stehen, mit dem zweiten Schlag. Auch das Green ist gut »bewacht«, so wie es den Vorstellungen George Crumps entsprach, der sich beim Entwurf des Kurses übrigens von einigen englischen Architekten beraten ließ.

Er hatte das brachliegende Terrain eines Tages durch Zufall bei Clementon entdeckt und sich sofort entschlossen, hier einen Golfplatz zu bauen. Er gewann ein paar Freunde für seinen Plan und gründete eine kleine Finanzierungsgesellschaft. Sieben Jahre Bauzeit und eine große Summe Geldes waren nötig, bis sein Traum sich verwirklicht hatte. George Crump kann auf sein Werk wahrhaftig stolz sein, auf dieses wahre »Golfparadies«. Die 18 Löcher von Pine Valley sind auf Dutzenden von anderen Golfplätzen auf der ganzen Welt immer wieder kopiert worden. In Japan natürlich, in den Vereinigten Staaten, in England und, was am erstaunlichsten ist, sogar in der Wiege des Golfsports selbst – in Schottland.

Loch	Länge	Par	Loch	Länge	Par
1	390	4	10	133	3
2	336	4	11	365	4
3	169	3	12	349	4
4	422	4	13	408	4
5	207	3	14	169	3
6	356	4	15	551	5
7	535	5	16	399	4
8	299	4	17	315	4
9	395	4	18	388	4
Total	3109	35	Total	3077	35
			Insgesamt	6186	70

Merion

Pennsylvania
Vereinigte Staaten

Ein moderner Klassiker

Merion hat mehr noch als alle anderen amerikanischen Plätze Golfgeschichte geschrieben. Nicht weniger als fünfzehn international bedeutende Turniere haben auf diesem Kurs stattgefunden, außerdem viermal die US Open, und das will schon etwas heißen. All diese großen Ereignisse hätten die Kritiker von Merion eigentlich zum Schweigen bringen müssen. Während die einen diesen Kurs lieben, wird er von den anderen gehaßt – kalt läßt Merion wohl keinen Golfer. Der große Star Tom Weiskopf gehört eher zu den Kritikern des Platzes: »Ich habe oft auf dem Ostkurs gespielt, auf dem auch die großen Turniere stattfinden, bin jedoch nie unter 66 geblieben. Bei den US Open dort ist alles anders als sonstwo – ein Golfer mit langem Abschlag wird regelrecht bestraft, denn die Fairways sind auf ein Minimum verkleinert.« Sam Snead geht mit dem Kurs noch strenger ins Gericht: »Für mich gehört der Platz noch nicht einmal zu den zweihundert besten Anlagen Amerikas.« Snead konnte die US Open übrigens nie gewinnen – vielleicht erklärt das seine negative Einstellung ein wenig . . . Im Gegensatz zu diesen beiden haben andere Champions, wie beispielsweise Ben Hogan, Bobby Jones oder Ben Crenshaw die relativ kurze Distanz des Kurses nie kritisiert. Diese drei Spieler, besonders die beiden ersteren, waren bekannt für ihre unwahrscheinlich präzisen Schläge und ihr exzellentes Putting. 1916 bestritt in Merion Bobby Tyre Jones – als 14jähriger – das erstemal die US Open, 1930 feierte er seinen ersten Titelgewinn auf diesem Platz. 1950, ein Jahr nach seinem fürchterlichen Autounfall, gewann Ben Hogan hier ebenfalls die US Open. Und spielte, seiner Meinung nach, »das Spiel seines Lebens«. Nicht zu vergessen das legendäre Play-Off zwischen Jack Nicklaus und Lee Trevino bei den Open 1971, das Trevino für sich entscheiden konnte. Doch Nicklaus hatte sich bereits früher in die Siegerliste von Merion eingetragen – ihm gelang als erstem und bisher einzigem Golfer bei den Weltmeisterschaften 1960 auf diesem hervorragenden Kurs ein Gesamtergebnis von 269 Schlägen. Bis auf wenige geringfügige Ergänzungen hat sich auf dem Ostkurs – es gibt in Merion noch einen zweiten – so gut wie nichts geändert. Ein wahres Wunder, wenn man bedenkt, daß in den letzten Jahren so viele technische Neuheiten entwickelt wurden – dieser Platz wird den hohen Anforderungen der Professionals von heute nach wie vor gerecht. Wie das möglich ist, weiß sicherlich nur der Architekt Hugh Wilson zu beantworten. Dieser ehemalige Versicherungskaufmann war damals im Jahre 1910 das jüngste Mitglied des Kommitees, das sich mit dem Bau der Anlage befaßte. Der intelligente und kultivierte junge Mann, der offensichtlich über seine Zeit weitgehend frei verfügen konnte, verbrachte sieben Monate in Schottland, wo der Golfsport schon seit langem ganz andere Dimensionen erreicht hatte als in den Vereinigten Staaten. Das Resultat war die Verwandlung eines hügeligen Parks am Rande von Philadelphia in einen Golfplatz, der für Meisterschaften geradezu prädestiniert ist – und das auf einem über 54 Hektar großen Gelände. Auch wenn ein typischer schottischer Links mit dem in Merion entstandenen Kurs kaum etwas gemein hat, so ist doch unbestreitbar festzustellen, daß Hugh Wilson schon mit diesem, seinem ersten Werk bewiesen hat, daß er die Grundprinzipien der Golfarchitektur erfaßt hatte und umsetzen konnte.

Der extrem komplexe Kurs ist nur 5925 Meter lang. Da die Plätze zur damaligen Zeit meist bedeutend länger waren, kam einem Merion im Vergleich fast winzig vor. Man sollte jedoch nicht vergessen, daß auch andere berühmte Plätze, wie beispielsweise Cypress Point oder Seminole relativ kurz sind, nämlich nicht länger als 6000 Meter. Auch noch eine weitere Gemeinsamkeit mit diesen Kursen fällt ins Auge: die perfekte Linie der Anlage und der Schwierigkeitsgrad – es sind alles Par-70-Plätze und dieses Score ist auf keinem von ihnen leicht zu erreichen. Die Schwierigkeit Merions, vor allem bei den US Open, liegt in den dichten Roughs, den kleinen, aber sehr schnellen Greens, den engen Fairways, auf denen Spieler und Caddie manchmal gezwungen sind, im Gänsemarsch hintereinander her zu laufen, und die gigantischen Bunker, die man passenderweise »die bleichen Gesichter von Merion« genannt hat.

Ein weiteres charakteristisches Merkmal des Ostkurses: Nach einem langen Loch folgt unweigerlich ein kurzes, fast akribisch hat man sich an diese »Ordnung« gehalten.

Das 1. Loch ist vielleicht das schönste Eröffnungsloch, das man sich vorstellen kann. Es ist ziemlich kurz, ca. 300 Meter lang, hat ein Dogleg nach rechts und ist eine perfekte Vorbereitung auf das, was auf einen zukommt. Die beiden einzigen Par-5-Löcher liegen hier, das 2. Loch über 490 Meter und das 4. Loch über 549 Meter. Das darauffolgende 5. Loch wird auf der Score-Karte als das erste wirklich schwierige angegeben. Nach der Absolvierung des 1. Lochs hat man jedoch schon eine gute Vorstellung dessen, was einen erwartet: neun strategisch perfekt plazierte Bunker, die auch den kleinsten Fehler sofort rächen. Insgesamt gibt es auf den 18 Löchern 120 – und keiner ist ohne Hintergedanken angelegt worden.

David Graham: Der Kurs von Merion liegt ihm – hier gewann er 1981 die US Open.

Das 16. Loch, auch »quarry hole« genannt.

Vom 7. bis 13. Loch verändert sich das Bild: Die meisten Bahnen sind relativ kurz – hier ist es unbedingt nötig, daß man mit dem Pitching Wedge gut umgehen kann. Besonders in dieser Hinsicht hat Merion seine Tücken; auch Jack Nicklaus machte 1971 hier schmerzliche Erfahrungen. Ihm mißlang am 10. Loch sein zweiter Schlag über 30 Meter und er mußte sich daraufhin mit einem Bogey abfinden. Einige Löcher vor ihm verzeichnete Tom Weiskopf, zu diesem Zeitpunkt noch zweiter im Classement, eine 8 am 7. Loch, einem Par 4 über 320 Meter, nach einem schlechten Drive und einem mißlungenen Versuch, aus dem Rough herauszukommen. Manchmal erweisen sich eben gerade als relativ leicht eingeschätzte Bahnen als heimtückische Fallen. Das 11. Loch ist besonders »geschichtsträchtig«: Bobby Jones vollendete hier beispielsweise seinen Grand-Slam-Sieg. Ihm zu Ehren wurde hier eine kleine Gedenktafel aufgestellt. Auch wenn Merion im allgemeinen für Spieler mit einem nicht sonderlich weiten Abschlag vorteilhaft ist, so belohnt es doch auch diejenigen, die mit Köpfchen spielen. Dieser Kurs ist einem Golfer wie Ben Hogan wie auf den Leib geschnitten, auch wenn er mit einigen Löchern, die weniger als 400 Meter lang sind, so seine Probleme hatte. Der letzte Teil des Kurses besteht aus langen, sehr schwierigen Bahnen. Die drei letzten, 16, 17 und 18, sind so ziemlich das furchterregendste »Trio«, das man sich vorstellen kann. Am 16. Loch, das auch den Beinamen »quarry hole« hat, ist ein absolut perfekter zweiter Schlag nötig, will man das Green in zwei Schlägen erreichen. Da es 391 Meter lang ist, sollte man gleich mit dem ersten Schlag voll attakkieren. Das 17. Loch, ein Par 3 über 201 Meter, hat schon so mancher Golfer mit einem Grab verglichen. Das 18. Loch ist ein wunderschöner Abschluß dieses Parcours. Ben Hogan gelang hier in der vierten Runde der US Open ein perfekter Schlag mit dem Eisen 1, damit konnte er seine Spitzenposition verteidigen.

Wenn Merion nicht schon existierte, müßte man es erfinden. Der Club, der nun schon seit 72 Jahren die aus Großbritannien übernommenen Traditionen pflegt, wie beispielsweise Gras in den Bunkern und Weidenkörbe anstelle der Fahnen, wird sich nie ändern. Auch die Einteilung des Platzes, wie sie auf der Score-Karte angegeben ist, hat sich seit über dreißig Jahren nicht verändert. Und es käme einem Verbrechen gleich, wollte man es versuchen. Ob man die Auslegeware im Clubhaus erneuert, wenn es unbedingt nötig ist? Man tauscht sie aus, das ist alles. Neue Farben oder anderes Material kämen nie in Frage.

East Course

Loch	Länge	Par	Loch	Länge	Par
1	331	4	10	283	4
2	490	5	11	337	4
3	166	3	12	339	4
4	549	5	13	116	3
5	382	4	14	373	4
6	384	4	15	335	4
7	320	4	16	391	4
8	329	4	17	201	3
9	176	3	18	423	4
Total	3127	36	Total	2798	34
			Insgesamt	5925	70

Cherry Hills Colorado Vereinigte Staaten

Auf den Spuren Arnold Palmers

Nach einem Ausflug in den Grand Canyon sollten Sie unbedingt nach Norden fahren und eine Runde in Cherry Hills spielen, ob Sie nun im Urlaub sind oder auf Geschäftsreise. Der 1923 eingeweihte Gold Course wird Sie wahrhaftig das Fürchten lehren. Arnold Palmer gewann hier mit viel Glück 1960 dank eines hervorragenden Drives. Die Höhenlage des Parcours (1600 Meter) ist »berauschend«. Die Felsmassive im Hintergrund nehmen dem Betrachter fast den Atem, doch nicht nur sie: Vieles an diesem Kurs macht einen sprachlos vor Staunen und Begeisterung – bis hin zum 18. Loch, einem der schönsten Finishing-holes in den Vereinigten Staaten. Hier gelang Hubert Green der Sieg bei den USPGA, dem letzten der Grand Slam Turniere. Damals war Cherry Hills zum fünften Mal als Austragungsort für eine offene Meisterschaft von so großer Bedeutung ausgewählt worden.

Vorsicht vor den zahlreichen Wasserhindernissen: Seinen Drive oder den zweiten Schlag ins Wasser zu setzen, ist genau das, was man sich nicht leisten kann, will man sein gutes Score bis ins Clubhaus retten. Der kleine Bach, den man am 12. Loch kreuzt, ist nicht der Rede wert – doch am 17. und 18. Loch sieht es schon ganz anders aus. Das 17. Loch ist ein Par 5 über sage und schreibe 507 Meter. 1985: Arnold Palmer hielt nach wie vor den Platzrekord von 65, der ihm bei den US Open zwei Schläge Vorsprung und damit den Sieg vor einem Studenten sicherte, einem Amateur mit rasiertem Kopf, einem gewissen Jack Nicklaus; in diesem Sommer gelang dem 35jährigen Amerikaner Doug Tewell in der ersten Runde der USPGA durch einen wundervollen Schlag auf das 17. Green mit dem Eisen 2 ein Eagle, er blieb damit 8 unter Par. Trotz eines Bogeys am 18. Loch fiel der Platzrekord von Arnold Palmer um einen Schlag (64). Wenn es in Cherry Hills um Wasserhindernisse geht, ist meist die Rede vom 18. Loch – so, wie es angelegt ist, könnte man es fast »Schatzinsel« nennen.

Links: Das 17. Loch mit seinem Wasserhindernis, in dem unweigerlich sämtliche zu kurzen Drives landen. Unten: Das 6. Loch, ein Par 3 über 156 Meter.

Der See ist wirklich eine Augenweide. Er reicht bis zum Green des 18. Loches, das auf der linken Seite außerdem noch von einem prächtigen Bunker »bewacht« wird.

Doug Sanders, der hier einmal beim Ausholen von einem aus dem Wasser springenden Fisch gestört wurde, konnte seine Wut kaum noch zügeln, als er seinen Ball ins Wasser klatschen sah. Er warf seinen Driver dem Ball und dem Fisch gleich hinterher. Das Ganze spielte sich während der US Open im Jahre 1960 ab. Nur etwa 500 Meter weiter stand Arnold Palmer in der Garderobe und versuchte, seinen Ärger herunterzuschlucken. Er glaubte immer noch an eine Chance, in den Kampf um den Titel bei diesen Open eingreifen zu können, obwohl er relativ schlecht plaziert war. »Ich liege an fünfzehnter Stelle, sieben Schläge hinter dem führenden Mike Souchak. Was meinst Du, Bob?« – »Du hast keine Chance mehr«, war alles, was er als Antwort bekam. Palmer war allein in der Garderobe. Seine wirklich heroische Aufholjagd begann hier, auf dieser Bank. Von diesem Moment an, in dem Arnold Palmer sich sagte, »Ich werde das Green des 1. Lochs mit einem Drive erreichen, sonst habe ich keine Chance auf einen Eagle«, spielte er einen unglaublich aggressiven Stil. Damit sollte eine neue Golf-Ära beginnen, Arnold Palmer war sozusagen der Erfinder des spektakulären Golfs. Von 1960 bis 1963 gewann Arnold Palmer nicht weniger als 32 Turniere. Und diese phantastische Siegerserie nahm an diesem Sonntag in Cherry Hills ihren Anfang, wo Palmer sich entschloß, vom 1. Loch an auf Angriff zu gehen und alles zu riskieren. Das 1. Loch in Cherry Hills ist 367 Meter lang und wird auf der rechten Seite von einem Bach, auf der linken von einer Reihe Bäume begrenzt. Das Tee liegt etwas erhöht, das Green ist nicht besonders groß. Als er dort eintraf, überlegte er sich kurz, daß die Schläge bei dieser Höhe 6 Prozent weiter fliegen würden, daß das Fairway sich etwas neigte und daß es seit mehr als zehn Tagen nicht geregnet hatte. Und auf seinem bisherigen Konto stand der Doppel-Bogey, den er hier in der ersten Runde hatte aufschreiben müssen, nachdem er mit seinem Drive im Rough gelandet war. Er schlug vorher noch zwanzig Bälle zur Übung, wählte einen ein paar Gramm schwereren Driver und ging dann am 1. Loch zum Angriff über. Sein Drive stieg unglaublich hoch – und blieb tatsächlich nur 6 Meter von der Fahne entfernt liegen. Zwei Putts – und der erste Birdie war geschafft. Nichts konnte ihn mehr aufhalten. »Ich habe gewonnen, weil ich einfach keine Angst davor hatte, zu verlieren«, erklärte er später überglücklich.

Achtzehn Jahre danach, 1987, begingen die Vorstandsmitglieder des Cherry-Hills-Clubs den unglaublichen Affront, ihn zu bitten, einige Änderungen am Kurs vorzunehmen, vor allem neue Abschläge zu entwerfen, unter anderem auch am 1. Loch. Weitere sieben Jahre später wurde Arnold Pal-

mer als Ehrenmitglied des Clubs auf Lebenszeit erklärt, »sein« Abschlag am 1. Loch wurde wieder hergestellt und zu Ehren seiner phantastischen Leistung von damals eine kleine Gedenktafel aufgestellt. Palmer war's zufrieden – doch seine Berater lassen ihn seine Drives nicht mehr wie die anderen Spieler mit einem Eisen 3 oder 4 schlagen.

Die andere illustre Persönlichkeit, die für immer und ewig mit der Geschichte von Cherry Hills verbunden sein wird, ist der ehemalige Präsident der Vereinigten Staaten, Dwight Eisenhower. Cherry Hills war der einzige Kurs, auf dem er in Ruhe und Abgeschiedenheit spielen konnte. Auf diese jüngste Vergangenheit angesprochen, erzählen die Clubmitglieder: »An den Sonntagen, an denen Dwight D. Eisenhower hier ein Foursome spielte, gingen kaum Bälle verloren. Hinter jedem Baum stand ein Mann vom Secret Service . . .«

Oben: Das 18. Loch, das Doug Sanders einmal schier zur Weißglut brachte.
Unten: Arnold Palmer, Ehrenmitglied auf Lebenszeit, aufgrund seiner Verdienste um den Golfsport.

Loch	Länge	Par	Loch	Länge	Par
1	367	4	10	401	4
2	385	4	11	528	5
3	300	4	12	189	3
4	400	4	13	354	4
5	497	5	14	442	4
6	156	3	15	197	3
7	360	4	16	396	4
8	214	3	17	507	5
9	401	4	18	449	5
Total	3080	35	Total	3463	37
			Insgesamt	6543	72

Cypress Point

Kalifornien
Vereinigte Staaten

Das schönste Schmuckstück?

Wenn von großen Golfplätzen die Rede ist, sagt man oft, man würde sie als ein anderer Mensch wieder verlassen. Wenn das auf irgendeinen Kurs zutrifft, dann auf Cypress Point, dieses ruhmreiche »Golf-Denkmal«. Was das Chateau Lafite-Rothschild für den Wein, die Signatur von Dior für die Mode, der Rolls Royce in der Welt des Automobils, ist Cypress Point für den Golfsport. Das sagt eigentlich alles. Und doch wurde in Cypress Point noch keines der »Major-Tournaments« ausgetragen. Nur das Bing-Crosby-Tournament findet hier alljährlich auf ausdrücklichen Wunsch seines Namensgebers statt, des berühmten Schauspielers Bing Crosby, selbst ein exzellenter Golfer, für den vielleicht das schönste Geschenk seines Lebens das »hole in one« war, das ihm auf dem berühmtesten Loch der Welt gelang, dem 16. Loch, einem Par 3 über 213 Meter. Dieses Loch ist schon von Tausenden von Golfkommentatoren gerühmt worden, doch es ist so phantastisch, daß auch wir unbedingt noch einmal darauf zurückkommen müssen. Stellen Sie sich – sofern Sie es nicht schon einmal gesehen haben – den Abschlag auf einem Felsvorsprung vor, das Green gegenüber auf einer anderen Anhöhe; dazwischen eine Meeresbucht, übersäht von Felsbrocken, der Ozean vom Wind aufgewühlt. Hier werden Sie, wie auch bei einigen anderen Bahnen, vom Wind wie eine der Zypressen ständig durchgeschüttelt, ja manchmal sogar umgeworfen. Und das überwältigende Schauspiel, der unbeschreibliche Blick, wird Sie treffen wie ein Schock. Der Architekt, der Amerikaner Alister Mackenzie, der den Kurs Anfang des Jahrhunderts baute, benötigte keine großen Entwürfe – er paßte sich nur den natürlichen Gegebenheiten des Geländes an. Es entstand ein echtes Meisterwerk. Cypress Point liegt in Kalifornien, auf der Halbinsel Monterey am Pazifischen Ozean. Der erste Teil dieses Par-72-Kurses (37-35) zwischen den Bergen und dem Meer ist um zwei Schläge länger als der zweite, die Rückrunde. Drei der ersten neun Bahnen sind Par-5-Löcher. Trotz der relativ kurzen Distanz des Kurses, ist dieser Platz extrem abwechslungsreich und vielseitig. Diese »kalifornische Perle« verfügt über alle Eigenschaften, die einen wirklich großen Platz ausmachen.

Jedem, der vor allem für typische Inlandplätze schwärmt, werden die Bahnen 8, 9 und 12 ganz besonders gefallen, ein Anhänger bewaldeter Kurse wird sich am 5., 6., 7. und 10. Loch besonders wohl fühlen; Wasserhindernisse gibt es am 1., 13. und 14. Loch und das Brausen des Ozeans erfüllt den Golfer vor allem am 15., 16. und 17. Loch, einem der berühmtesten »Dreigestirne« in der Welt des Golfsports. Was das 19. Loch betrifft, so ist es so gut wie unerreichbar, außer für diejenigen, die »es schon früher einmal gespielt haben«. Dem ehemaligen Champion Lawson Little, zweifacher Gewinner der US Open, wurde hier schon der Eintritt verweigert – weil er Professional geworden war. Dazu muß man wissen, daß dieser Club nach wie vor einer der exclusivsten der Vereinigten Staaten ist, etwa vergleichbar mit Augusta. Was der Freude, hier eine Runde zu spielen, allerdings keinen Abbruch tut.

Blick auf das Fairway des 4. Lochs.

Oben: Das berühmte 15. Loch, ein Par 3 über 127 Meter – und gleich anschließend das nicht weniger bekannte 16. Loch, wo man über eine Bucht des Ozeans schlagen muß, um aufs Green zu kommen.
Rechts: Das 15. Loch, vom Green aus gesehen.

Loch	Länge	Par	Loch	Länge	Par
1	382	4	10	449	5
2	504	5	11	397	4
3	147	3	12	374	4
4	352	4	13	331	4
5	449	5	14	350	4
6	477	5	15	127	3
7	149	3	16	213	3
8	325	4	17	344	4
9	266	4	18	313	4
Total	3051	37	Total	2898	35
			Insgesamt	5949	72

Oakland Hills
Michigan
Vereinigte Staaten

Ein gewaltiger Kurs

Es ist jetzt genau fünfunddreißig Jahre her, daß der große Ben Hogan »dieses Monster in die Knie zwang«, wie er es selbst formulierte. Oakland Hills war also schließlich von einem, auf dessen Konto im Lauf seiner Karriere die Kleinigkeit von vier US-Open-Titeln ging, besiegt worden. Eine phantastische 67er Runde, die übrigens bisher nie wieder erreicht wurde, hatte genügt, um Oakland Hills, den anerkanntermaßen schwersten Kurs der US Open, auf ein »menschliches Niveau« zu bringen, wie man später sagte. Schöpfer dieses Meisterstücks war Robert Trent Jones sen., den man gebeten hatte, den Entwurf des genialen Donald Ross zu aktualisieren. Zwei Genies an einem Projekt – das konnte nur einen extrem schwierigen Kurs ergeben.

Ein Journalist der damaligen Zeit amüsierte sich über dieses Monsterprojekt: »Auf diesem Platz kann es passieren, daß man seine Schuhe im Rough verliert, so hoch ist es.« Man schrieb das Jahr 1951. Über den berühmten amerikanischen Architekten, der für seine manchmal fast sadistischen Einfälle berüchtigt war, wurde viel diskutiert. Andererseits wollten die ehrgeizigen Clubmitglieder von Oakland Hills unbedingt vermeiden, daß »ihr« Kurs den Pros gänzlich ausgehändigt wurde und damit seine Unberührtheit verlor – man wollte mit allen Mitteln verhindern, daß der Platzrekord gleich im ersten Turnier unterspielt würde. Wenn aber die Pros 1937 schon ein Score von 281 erreicht hatten, was würde dann 1951 erst möglich sein? Man entschloß sich also in völliger Übereinstimmung, den Kurs so schwierig zu gestalten, daß die Open ganz offiziell als das schwerste Turnier der Welt angesehen würden.

Und Robert Trent Jones machte sich an die Arbeit. Er entfernte 80 von Donald Ross gebaute Bunker, fügte aber an anderer Stelle 60 neue hinzu, die er zum Teil mitten ins Fairway bauen ließ. Damit zwang er die Spieler, links oder rechts daran vorbeizuspielen. Ein Schlag durch die Mitte kam einer Katastrophe gleich. Letztendlich waren manche Fairways nicht breiter als 20 Meter. Auch die Greens wurden neu angelegt, mit einer »schlechten« Seite, ganz im Stil von Robert Trent Jones. Ihre Schnelligkeit wurde erheblich erhöht und, um dem Ganzen die Krone aufzusetzen, das Par von 72 auf 70 verringert. Die reinste Strafe!

Das 16. Loch mit seinem riesigen Wasserhindernis entlang des Greens auf der rechten Seite.

Um hier gewinnen zu können – das erwies sich schon bald – muß der Spieler schon zwei Bedingungen erfüllen: Er muß alle Schläge beherrschen und – Glück haben. Präzision und Ballgefühl sind für einen Erfolg hier unbedingte Voraussetzung. Andy North, ein »US-Open-Spezialist«, errang 1985 hier den Titel in ebenso imponierender Manier wie schon 1978 auf einem anderen Kurs. Vor ihm hatten schon vier andere hier gewonnen, darunter Cyril Walker mit neun über Par, drei Schläge vor Bobby Jones. Das Qualifikations-System wurde eingeführt, der Putter mit Stahlgriff zugelassen. 1937 brach Ralph Gudahl den US Open Rekord mit 281 Schlägen, sieben unter Par. Sam Snead wurde mit zwei Schlägen Rückstand Zweiter. 1951 war die Reihe an Ben Hogan. Und zehn Jahre später blieb Gene Littler, ein Spieler mit besonders perfektem Schwung, als Erster in zwei Runden unter Par. Wie man sieht, haben die Amerikaner »ihr« Turnier lange Zeit beherrscht, auch wenn es 1985 so aussah, als könnte ein gewisser M. Tchen die Fortdauer ihrer Vorherrschaft in Frage stellen. Ebenso wie zu Beginn des Jahrhunderts andere ausländische Spieler, die die vorderen Plätze unter sich verteilten. Das war allerdings bevor der Golfsport auch jenseits des Atlantik populär wurde. An diesem Tag wurde die amerikanische »Golfehre« noch einmal gerettet, auch wenn die Golfer aus den Staaten weder bei den British Open noch bei den Masters sonderlich brillieren konnten. In Oakland Hills hatte außer Andy North nach den ersten beiden Runden keiner der großen Amerikaner den Cut geschafft. Der Kurs hatte wieder einmal seine eigene Auslese getroffen. Nicklaus, Watson, Stadler und Crenshaw hatte es erwischt – bis auf Seve Ballesteros waren alle Großen ausgeschieden. Nur ein paar Unbekannte wie Tchen waren dem Kurs nicht zum Opfer gefallen.

Und das, obwohl der Platz anläßlich der Open 1961 – nachdem sich die Kritiken zahlreicher wütender Pros gehäuft hatten – etwas vereinfacht worden war. Die Anforderungen waren nicht mehr ganz so hoch, einige strategisch wichtige Bunker waren verschwunden, das Rough jetzt, im späten Frühling, nicht mehr so hoch wie gewohnt – kurz, Oakland Hills hatte sein Gesicht verändert. Der Sieg war daraufhin einem anderen Weltstar, dem Südafrikaner Gary Player, nicht mehr zu nehmen, dem am 16. Loch ein wahrhaft überragender Schlag gelungen war. Gemeinsam mit Jim Jamieson in Führung liegend, setzte er auf diesem Par 4 über 365 Meter einen mißlungenen Drive ins Rough auf der rechten Seite. Eine normalerweise ziemlich aussichtslose Situation, doch glücklicherweise war das Gras größtenteils von den Zuschauern plattgetreten worden. Wenn das nicht gewesen wäre, hätte alles gegen ihn gesprochen. Die einzige Lösung: mit einem Eisen 9 alles riskieren und das Unmögliche versuchen, nämlich den Ball aus den Bäumen über 135 Meter herausschlagen; bei einem zu kurzen Schlag würde er unweigerlich im Wasser landen und alle Hoffnungen auf den Sieg wären begraben. Und hier, wo viele andere Spieler gezögert und verloren hätten, behielt Gary Player die Nerven und – gewann. Dieser Schlag wird immer zu den phantastischsten in der Geschichte des Golfs zählen. Stellen Sie sich das nur einmal vor: unter Druck so einen Schlag zu spielen, und unter was für einem Druck!

Trotz aller unbestreitbarer technischer Fortschritte der letzten Jahre erging es den Spielern 1985, mit Ausnahme von Andy North, nicht besser, kaum einer blieb unter Par. Robert Trent Jones kann sich also weiterhin auf seinen Lorbeeren ausruhen. Denn einen Golfer wie Ben Hogan gibt es nicht alle Tage. Eine 67 zu spielen, als der Durchschnitt bei einem Score von 75 lag, also 8 unter Par zu bleiben, das bedarf wirklich keines Kommentars.

South Course

Loch	Länge	Par	Loch	Länge	Par
1	399	4	10	415	4
2	482	5	11	376	4
3	182	3	12	512	5
4	396	4	13	157	3
5	418	4	14	425	4
6	328	4	15	365	4
7	370	4	16	374	4
8	401	4	17	184	3
9	198	3	18	414	4
Total	3174	35	Total	3222	35
			Insgesamt	6396	70

Auch wenn hier sehr viel von Robert Trent Jones die Rede war, sollte Donald Ross doch keinesfalls ungenannt bleiben. Schon 1916 hatte er an dem Entwurf dieses Kurses gearbeitet, der im Grunde kaum verändert auch jetzt noch besteht. Als er das Gelände zum ersten Mal sah, soll er ausgerufen haben: »Gott hat gewollt, daß hier einmal ein Golfplatz entsteht!« Dieser Satz ist in die Geschichte eingegangen . . .

Oben: Das 9. Loch, ein langes Par 3, das am Clubhaus endet.
Rechts: Gary Player, Held der US Open von 1961, die er dank eines phantastischen Schlages am 16. Loch für sich entscheiden konnte.

Oakmont Pennsylvania Vereinigte Staaten

Eine echte Strafe

Immer wieder wird die Frage gestellt, welcher Kurs eigentlich der schwerste, der anspruchsvollste der Welt ist. Eine eindeutige Antwort gibt es allerdings nicht, dafür gehen die Meinungen der Golfexperten zu weit auseinander. Der Oakmont-Kurs gehört jedoch, darin ist man sich einig, zu den allerschwersten. Seit dem Jahre 1903 wurden hier zahlreiche Meisterschaften ausgetragen, die meisten großen Golfstars haben hier gespielt. Sechs US Open, mehrmals die USPGA und die US-Amateur-Meisterschaften haben hier stattgefunden – dieser Kurs hat seine Prüfung durch die Großen des Golfsports schon vor langer Zeit bestanden. Und die ganze »Golfwelt« kennt die Geschichten von den 180 Bunkern von Oakmont – früher waren es sogar 220 –, von den riesigen Sandflächen am 3. und 4. Loch, vom berühmten Church Pews Bunker, 55 Meter lang und 35 Meter breit, in dem alle Hooks unweigerlich landen.

Und jeder – oder wenigstens fast jeder – hat schon einmal von den superschnellen Greens gehört, die so glatt sind, daß sogar ein Geldstück darübergleitet, so erzählt man sich jedenfalls. Und jeder kennt die riesigen, harmlos aussehenden Bahnen 9 und 10. In Oakmont werden bei der Vorbereitung auf ein Turnier nicht einfach die normalen Rasenmäher eingesetzt. Man schneidet das Gras mit der Hand, ja man rasiert die Greens förmlich. Kein Wunder, daß bei der USPGA manchmal sogar die Turnierveranstalter selbst diese extrem schnellen, kaum millimeterhohen Greens fürchten. Ob Henry Fownes, der erste Clubpräsident von Oakmont, der den Originalentwurf des Kurses genehmigt hat, sich wohl darüber im Klaren war, wie schwierig dieser Platz wirklich sein

Links: Das Green des 5. Lochs, mit nur einem Bunker. Insgesamt gibt es auf diesem Kurs nicht weniger als 180 Sandhindernisse, darunter auch der berühmt-berüchtigte Church Pews Bunker.
Rechts oben: Greens, so glatt und hart wie ein Spiegel – hier gleitet, so sagt man, auch ein Geldstück über das Gras.
Rechts unten: Johnny Miller, ruhmreicher Sieger des Jahres 1973, dank eines phantastischen Scores von 63 Schlägen am letzten Tag.

würde? Höchstwahrscheinlich nicht. Manche großen Golfstars bezeichnen Oakmont als hinterhältig, als heimtükkisch oder »tricky«, wie es im Englischen heißt. Nicht alle Experten stimmen dem zwar zu, die Statistiken jedoch geben dieser Ansicht recht. Bobby Jones schaffte bei den Open 1927 keine Runde unter 76, auch der Sieger Tommy Armour blieb bei diesem Turnier nicht unter Par. Im Jahre 1953 – im gleichen Jahr gelang ihm auch der Grand-Slam-Sieg – gewann Ben Hogan die US Open mit einem Endergebnis von einem Schlag unter Par, in der letzten Runde mit einer 71 – und das trotz brillanten Spiels, vor allem auf den letzten vier Bahnen, die als besonders gefährlich gelten.

1983 entging nur Johnny Miller dem allgemeinen Untergang der anderen »Großen«, als ihm eine einmalige 63er Runde glückte, »the finest round of golf ever played«. Miller hatte auf den Greens unglaublich viel Glück – was seine hervorragende Leistung allerdings in keiner Weise schmälern soll. An diesem Tag waren die Greens etwas langsamer als gewöhnlich, da es am Abend vorher stark geregnet hatte. Die Bunker lagen jedoch immer noch an der gleichen Stelle und auch die Fairways waren so schmal wie immer . . .

Der vom Pennsylvania Turnpike in zwei Hälften geteilte Platz – sieben Bahnen auf der einen Seite, elf auf der anderen – am Rande der Stadt Pittsburgh, hat noch eine Besonderheit: Es gibt dort keine Wasserhindernisse! Glücklicherweise, denn wenn auf diesem Platz auch noch Wasserlöcher zu überwinden wären – nicht auszudenken . . .

Loch	Länge	Par	Loch	Länge	Par
1	429	4	10	422	4
2	314	4	11	339	4
3	389	4	12	551	5
4	513	5	13	169	3
5	347	4	14	329	4
6	184	3	15	414	4
7	397	4	16	210	3
8	233	3	17	294	4
9	439	5	18	417	4
Total	3245	36	Total	3145	35
			Insgesamt	6390	71

Olympic

Kalifornien
Vereinigte Staaten

Kiefern, Zedern, Eukalyptusbäume und Zypressen ...

Obwohl dieser Kurs wie ein schottischer Links am Meer liegt, entspricht er doch einem typischen Inlandkurs. Und statt Ben Hogan und Arnold Palmer heißen die Sieger auf diesem Kurs Jack Fleck und Billy Casper. Der Olympic ist wirklich kein Platz wie jeder andere ...

Obwohl es zwei Kurse gibt, den »Lakeside« und den »Ocean«, soll hier nur von ersterem die Rede sein. Und das mit gutem Grund. Kaum ein anderer Platz hat die Chronisten so beschäftigt wie dieser. Auch wenn die Sache schon relativ lange her ist, so wird wohl kaum einer der älteren Golffreunde das packende »mano a mano« zwischen Ben Hogan und Jack Fleck beziehungsweise Arnold Palmer und Billy Casper bei den US Open von 1955 und 1966 vergessen haben. Vor allem deshalb wartet man schon ungeduldig auf die Open 1987, die nach einundzwanzigjähriger Unterbrechung endlich wieder einmal auf dem Lakeside-Kurs ausgetragen werden sollen. Der Olympic existiert schon seit mehr als einem Jahrhundert. Der an der Westküste von San Francisco gelegene Club ist der angesehenste in Nordkalifornien.

Der Lakeside-Kurs wurde erst im Jahre 1922 gekauft; das Gelände liegt parallel zur Pazifikküste, ganz in der Nähe des Merced-Sees, vom Meer nur durch ein paar Sanddünen getrennt. Und trotzdem, auch wenn man es eigentlich erwarten sollte, hat dieser Kurs nichts mit einem Links gemein. Ein Wald von mehr als 30000 Bäumen liegt entlang der schmalen Fairways, die Greens sind relativ klein und nicht übermäßig schnell. Das absolute Gegenteil eines Links, wie man sieht.

Auf den ersten Blick erscheint der Kurs mit seiner eher bescheidenen Gesamtlänge von 6164 Metern und den offenliegenden Abschlägen ziemlich einfach zu sein. Doch die Länge des Parcours ist hier nicht entscheidend. Das Wichtigste ist, den Ball absolut gerade zu schlagen – alles andere käme einer Katastrophe gleich. Auch Arnold Palmer bekam das einmal zu spüren. Sein Ball landete am 6. Loch im Rough – was ihn »die schönste 6 seiner Karriere« kostete, wie er dazu bemerkte. Soll das nun bedeuten, daß Spieler, die ein Risiko eingehen und angreifen, prompt bestraft werden für ihren Wagemut? Eigentlich nicht, aber es ist nicht zu leugnen, daß das Wort »Strategie« hier eine ganz besondere Bedeutung bekommt. Die kleinste Abweichung des Balls von der Ideallinie kann auf das Score verheerende Folgen haben. Man könnte annehmen, daß manche Doglegs keine sonderlich großen Schwierigkeiten bereiten dürften. Ein großer Irrtum! Die Höhe der Bäume macht jeden Versuch, den Weg abzuschneiden, von vornherein unmöglich, vor allem am 16. Loch, dem mit 552 Metern längsten des gesamten Kurses. Nur Bobby Jones hätte es vielleicht geschafft, sagt man; damals waren die Bäume auch noch jünger und dementsprechend kleiner als heute. Auch wenn einige der Par 4 relativ kurz sind, wie das 7. Loch (263 Meter) und das 18. (309 Meter), so sollte man sie doch nicht unterschätzen – wie schwierig sie tatsächlich sind, erkennt man nicht auf den ersten Blick. Es ist wirklich nicht übertrieben, wenn man alle Spieler mit besonders langen Abschlägen oder einem Hook vor diesem Platz warnt.

Das Green des 18. Lochs des Lakeside-Kurses. Dieses Finishing-hole ist von besonderer Schwierigkeit, daher fallen gerade hier immer wieder die Entscheidungen bei großen Turnieren.
Nach einundzwanzig Jahren Unterbrechung fanden hier, auf diesem Kurs von San Francisco, im Jahre 1987 erstmals wieder die US Open statt – zur Freude der Kalifornier.

Sie werden hier kaum große Erfolge erzielen. Die Länge der Bahnen ist nicht von so großer Bedeutung, die Präzision der Schläge dafür um so mehr. Ein Spieler wie Calvin Peete, der über die präzisesten Schläge des American Circuits verfügt, dürfte auf diesem Kurs mit Sicherheit brillieren. Das 17. Loch, 473 Meter lang und leicht ansteigend, ist ohne Zweifel das spannendste, kritischste des ganzen Parcours. Auch wenn Jack Fleck nach seinem Sieg eingestand, daß er schon am 3. Loch, einem Par 3, bei seinem Stechen gegen Ben Hogan wieder an den Sieg zu denken wagte, so spielten sich die spannendsten Momente bei den Turnieren doch zwischen dem 15. und 18. Loch ab. Fleck konnte hier dank zweier Birdies auf diesen vier Löchern wieder mit Hogan gleichziehen. Und was Casper betrifft, so holte er gegenüber Palmer zwischen dem 15. und 16. Loch vier Schläge auf...

Bei den US Open wird aus dem Par 71 ein Par 70, da das 17. Loch auf ein Par 4 reduziert wird – was aus dem Lakeside-Kurs eine spannende Angelegenheit macht. Aus diesem Grund sollte man vor diesem Kurs großen Respekt haben, auch wenn er nicht ganz den Kriterien der modernen Plätze entspricht, schon wegen seiner etwas langsameren Greens. Doch ist das nicht auch bei Merion der Fall, das ebenfalls nicht so lang ist, wie es der Norm entspricht? Und doch wagt niemand Merion, ebenso wie Olympic, wirklich zu kritisieren und in Frage zu stellen. Wegen ihres »hohen Alters« – doch eben nicht nur deswegen...

Lakeside Course

Loch	Länge	Par	Loch	Länge	Par
1	485	5	10	377	4
2	361	4	11	390	4
3	201	3	12	353	4
4	391	4	13	169	3
5	417	4	14	381	4
6	397	4	15	134	3
7	263	4	16	552	5
8	123	3	17	473	5
9	388	4	18	309	4
Total	3026	35	Total	3138	36
			Insgesamt	6164	71

Pebble Beach
Kalifornien
Vereinigte Staaten

Der wunderschöne Alptraum

Obwohl in der näheren Umgebung von Pebble Beach viele Plätze mit internationalem Renommee liegen, so ist dieser Kurs doch der bekannteste und am meisten gespielte. Ganz anders als Cypress Point, der ebenfalls in der Nähe liegt und äußerst exclusiv und für Nichtmitglieder kaum zugänglich ist.

Ein Besuch in Pebble Beach lohnt sich wirklich, man wird Sie mit viel Gastfreundlichkeit aufnehmen und, nach der Entrichtung des Greenfees von etwa 120 Dollar inklusive Cart, können Sie die 18-Loch-Anlage in aller Ruhe begutachten. 1985 spielten mehr als 60000 Golfer auf dem Kurs von Pebble Beach. Auch ein Rekord. Unter ihnen viele Japaner, die mit ungläubigen Augen vor diesem faszinierenden Kurs standen – sie selbst finden in ihrem Heimatland kein freies Fleckchen Erde mehr, auf dem sie so frei und vor allem so oft golfen können wie hier.

Zutritt zum Platz zu bekommen, ist nicht weiter schwer. Auch Nicht-Golfer – es gibt in den Vereinigten Staaten tatsächlich noch ein paar – können diese traumhafte Anlage genießen. Für sie wurde ein langer Spazierweg angelegt, den man »17 miles Drive« nennt. Dieser Touristenweg, für dessen Nutzung man allerdings ebenfalls etwas zahlen muß, führt quer durch den Wald zum Ozean und dann an der Küste – und insgesamt drei Golfplätzen entlang: Pebble Beach, Cypress Point und Spyglass. Entlang der grünen Anlage kann man riesige Villen entdekken, hinter Hecken versteckt, mit langen, chromblitzenden Limousinen vor der Tür. Hier verbringen die Stars ihren Sommerurlaub . . . Soweit ich weiß, sind die Grundstückspreise hier astronomisch, absolut unbezahlbar – außer für die Stars, selbstverständlich.

Doch genug der Träume, konzentrieren wir uns wieder auf Pebble Beach. Eigentlich genügt ein Wort, ihn

Links: Das »Finale« von Pebble Beach – ein beeindruckend schöner Anblick. Hier, auf diesem Loch, fand 1982 bei den US Open das berühmte Duell zwischen Jack Nicklaus und Tom Watson statt, das in die Golfgeschichte einging.
Unten: Mehrere Löcher liegen direkt an der Meeresküste, so auch das 10. Loch. So schön sie sind, bei den Golfern sind diese Bahnen gefürchtet.

Das Green des 8. Lochs, eines Par 4 über 394 Meter.

zu beschreiben: First-Class! Jedem Golfenthusiasten dürfte angesichts dieses Kurses die Luft wegbleiben; dieser öffentliche Platz ist wirklich mit keinem anderen zu vergleichen. Der typische Links – acht Bahnen liegen direkt am Pazifischen Ozean – ist ein echter Genuß für den Betrachter. Doch unter seiner schönen »Oberfläche« verbergen sich die schlimmsten Fallen, aus denen man nur sehr schwer mit heiler Haut wieder herauskommt. Ich habe die Entwicklung der besten Golfer der Welt mitverfolgt und kann bezeugen, daß sie alle vor diesem Kurs mehr Respekt haben als vor allen anderen. Man braucht nur Severiano Ballesteros zu fragen, wie er darüber denkt. Er hat auf diesem Kurs bei den US Open eine der größten Niederlagen seiner noch jungen Karriere hinnehmen müssen – er beendete das Turnier mit zwei Scores von 79 beziehungsweise 81 Schlägen, was für ihn wirklich mehr als ungewöhnlich ist. Ein Alptraum für einen Golfer wie ihn. Haben wir armseligen Amateure dann überhaupt eine Chance, auf diesem Kurs unser Handicap zu erreichen? Im Grunde nicht, darüber sollten wir uns klar sein. Sicher, die Bilanz wird nicht allzu schlimm sein und manche Löcher, vor allem die im Landesinneren, sind nicht ganz so problematisch, wie man annimmt. Was man von den Bahnen am Meer nicht behaupten kann. Fünf von ihnen sind ganz besonders gefährlich: die Löcher 6, 7, 8, 9 und 18.

Das 6. Loch: Es ist das erste einer ganzen Serie. Dieses Par 5 über 472 Meter ist ein wahres Wunderwerk. In der Reichweite des Drives liegt ein riesiger Bunker, ab dem zweiten Schlag steigt das Fairway an. Die Fahne ist direkt auf dem höchsten Punkt. Ein nicht sehr erfahrener Spieler sollte sich darauf gefaßt machen, seinen dritten Schlag bergauf schlagen zu müssen.
Das 7. Loch: ohne Zweifel das berühmteste Par 3 in den Vereinigten Staaten – vielleicht sogar der ganzen Welt. Diese nur etwa 100 Meter lange, oder besser kurze Bahn ist ebenso schwierig wie attraktiv. Das Loch ist ausgesprochen spektakulär, direkt am Pazifik gelegen, dessen Wellen manchmal sogar bis an die Greens herankommen. Man sollte es mit Bedacht angehen. Wenn Wind geht, was in diesem Teil von Kalifornien alles andere als selten der Fall ist, empfiehlt es sich, dort ein Eisen 7 zu wählen, wo normalerweise, bei schönem Wetter, ein Sandwedge genügt.

Das 8. Loch: ein Par 4 über 394 Meter. Ein weiteres Loch, bei dem die Natur perfekt in die Anlage integriert wurde. Ein langes Par 4, das glücklicherweise relativ offen und übersichtlich angelegt ist.

Das 9. Loch: Nach Meinung fast aller Experten ist dies das schwerste Par 4 von Pebble Beach – und damit auch aller Golfplätze der Welt. Der zweite Schlag ist besonders »delikat«, da das Fairway hier sehr abschüssig ist. Das etwas erhöht liegende Green ist nur schwer zu erreichen. Vorsicht: Eine falsche Entscheidung bei der Wahl des Schlägers kann fatale Folgen haben, da zwischen Green und dem Rough dahinter nur ein Abstand von etwa zwanzig Metern liegt.
Das 10. Loch mit seiner Steilküste und dem Strand, von dem aus es fast unmöglich ist, wieder aufs Fairway zu kommen, wollen wir einmal beiseite lassen . . .

Jack Nicklaus in den Anfangszeiten seiner Karriere; dieser Kurs lag ihm ganz besonders.

Der Pazifische Ozean, ständiger »Partner« des Golfers auf diesem Kurs. Ebenso omnipräsent – die Sandbunker...

Das 18. Loch: Dieses letzte Loch ist – nach einigen Bahnen, auf denen man, um möglichst gut abzuschneiden, wenigstens einige Pars erzielt haben sollte – ein echtes Schmuckstück. Man kann es ohne Zweifel zu den attraktivsten Finishing-holes der Welt zählen – jedenfalls ist es das am häufigsten fotografierte. Lassen wir doch Robert Trent Jones selbst etwas über dieses Loch erzählen: »Es verfügt über alle charakteristischen Merkmale, die eine große Golfbahn ausmachen. Der Blick auf den Pazifik, und die Bucht von Carmel ist phantastisch, doch auch ganz große Golfer werden das Green kaum mit zwei Schlägen erreichen.« Jack Nicklaus, der Pebble Beach einmal als seinen Lieblingsplatz bezeichnet hat, gab nach den US Open von 1982 zu, daß er hier auf Sicherheit gespielt hatte, da ihm das Risiko, im Wasser zu landen, zu groß war. Und das obwohl er vor diesem Loch einen Schlag hinter Tom Watson zurücklag.

Das sind – nur kurz zusammengefaßt – die Hauptschwierigkeiten dieses Parcours, der zu Beginn des Jahrhunderts von einem Architekten namens Jack Neville entworfen wurde, einem der besten Amateurgolfer seiner Zeit. Und er wird als einer der genialsten des 20. Jahrhunderts in die Golfgeschichte eingehen, weil er den Golfern dieses Planeten ein so unbeschreiblich schönes Geschenk wie Pebble Beach gemacht hat. Sein größtes Verdienst: Er ließ das Gelände in seiner natürlichen Form und verband die Erde und das Meer zu einer faszinierenden »Komposition«. Im guten und im, für das Score, schlechten Sinne...

Loch	Länge	Par	Loch	Länge	Par
1	341	4	10	390	4
2	459	5	11	351	4
3	355	4	12	185	3
4	299	4	13	358	4
5	152	3	14	517	5
6	472	5	15	363	4
7	98	3	16	368	4
8	394	4	17	191	3
9	424	4	18	501	5
Total	2994	36	Total	3224	36
			Insgesamt	6218	72

Winged Foot
New York
Vereinigte Staaten

Ein »entschärftes« Monstrum

Man kann sagen, was man will: Auch wenn ein Kurs aufgrund seiner Konzeption und geographischen Lage bestimmte vorgegebene »Kanten« hat, so liegt es doch in der Hand des Menschen, ihn etwas weniger schwierig zu machen, ihn zu »entschärfen«. So haben auch die Mitglieder dieses angesehenen Clubs gedacht, der im Norden von New York liegt, wo die reichen New Yorker ihre Villen haben, in einem Hafen der Ruhe und Abgeschiedenheit. Sie wandten sich Ende der siebziger Jahre an den Architekten A. W. Tillinghast: »Bitte entschärfen Sie unseren Kurs, machen Sie ihn etwas humaner!« Das Resultat: Sowohl der Ostkurs als auch ganz besonders der Westkurs entsprechen dem üblichen Standard – falls nicht ein etwas übereifriger Platz-»Coiffeur« alles wieder auf den Kopf stellt, indem er spaßeshalber die Greens zu kurz schneidet, das Rough 80 Zentimeter hoch wachsen läßt und die Fairways noch enger macht – kurz, den Platz unspielbar hinterläßt. Die Verantwortlichen der USPGA, die auch die US Open organisieren, waren 1974 weit davon entfernt, das zu realisieren, was sie beabsichtigt hatten, nämlich den Golfern die Voraussetzungen für einen harten, aber fairen Wettkampf zu bieten. Man hätte dem Ansehen des Kurses fast einen irreparablen Schaden zugefügt. Kein Wunder, daß die Journalisten bei den letzten US Open auf diesem Kurs, 1984, schrieben: »Rückkehr zu dem Ort eines Massakers.«

Schon 1929, bei den ersten auf dem Kurs von Winged Foot ausgetragenen US Open, war das Finish des Turniers höchst dramatisch. Der große Bobby Jones, mit einem bequemen Vorsprung von drei Schlägen in die letzte Runde gegangen, mußte sich zweimal mit einer 7 abfinden, auf den beiden Par-4-Bahnen 8 und 15. Sein Vorsprung schmolz wie Schnee in der Sonne, und am 18. Green blieb Jones keine andere Alternative, als einen Putt aus vier Metern einzulochen, wenn er die 79 halten und überhaupt noch eine Chance haben wollte, in einem Stechen um den Sieg zu kämpfen. Dieser Putt war wohl einer der entscheidendsten in der ganzen Karriere des amerikanischen Golfstars. Am nächsten Tag, so sagt man, schaffte Jones zwei Runden mit 72 und 69 Schlägen und siegte damit vor Al Espinosa – mit 33 Schlägen Abstand.

Das Clubhaus, von wunderschönen alten Bäumen geschützt vor neugierigen Blicken.

Erst dreißig Jahre später wurden die Open wieder auf dem Kurs von Winged Foot ausgetragen. Der große Star Billy Casper, ein exzellenter Putter, benötigte für seinen Sieg insgesamt nur 114 Putts. Doch die oben erwähnten »Massaker«-Open waren die aus dem Jahre 1974. Von diesem Turnier ist in den Chroniken am häufigsten die Rede. Der Parcour war damals um 80 Meter verlängert worden, vor allem einige Par 4, die vorher schon eine passable Länge gehabt hatten. Wessen Drive einmal im Rough endete, konnte die Hoffnung, das Par zu erreichen, gleich aufgeben. Die Kritiken an dem wirklich grausamen Kurs wurden so zahlreich, daß sich die Verantwortlichen der USPGA zu einer Milderung des Parcours entschlossen. Zehn Jahre später war der Kurs um einiges entschärft worden. Sicher, die Greens waren immer noch genauso schnell, genauso klein und oft abschüssig, die tiefen Bunker lagen nach wie vor an der gleichen Stelle, doch das Gesamtbild des Kurses hatte sich ein wenig den Bedingungen angeglichen, die die Clubmitglieder normalerweise am Wochenende vorfinden. Die Open 1984 bewiesen allen, daß es auf dem Westkurs von Winged Foot zwar nach wie vor auf einen sehr langen zweiten Schlag ankommt, man hier dennoch auch mit brillantem technischem Spiel hervorragende Erfolge erzielen kann. Der spätere Sieger des Turniers, Fuzzy Zoeller, schaffte eine phantastische 66er Runde, mit vier Birdies und vierzehn Pars. Man konnte sich jetzt nicht mehr beklagen, wie vorher eines der Mitglieder des amerikanischen Golfverbandes mit der Bemerkung »the rough was too rough«.

Wenn man vor dem großen Gebäude aus rotem Granit, dem Clubhaus, steht, einer Art englischem College, nur doppelt so groß und mit amerikanischem Komfort, macht man sich noch keine Vorstellung davon, wie schwer der Kurs ist, der einen erwartet. Auf den ersten Blick sind die beiden Kurse nur relativ flach, ohne groß hervorstechende Merkmale. Aber die Greens sind bestens gepflegt, die Fairways sehr kurz geschnitten. Die Realität entspricht nicht dem äußeren Eindruck. Die etwa 450 Clubmitglieder, nach strengen Kriterien ausgewählt, würden auch nicht die kleinste Veränderung mehr genehmigen, sei sie noch so phantasievoll. Seit 1923, seit die beiden neuen Kurse eingeweiht wurden, wird »Mittelmäßigkeit« hier einfach nicht mehr geduldet. Der Entwurf beider Kurse war von Anfang an sehr anspruchsvoll. Allein für die Anlegung der Greens mußten mehr als 30000 Kubikmeter Erde verlagert werden. Außerdem wurden Hunderte von Felsbrocken mit Bulldozern beiseite geräumt. 7800 Bäume wurden gefällt, ohne daß der Kurs jedoch seinen Waldcharakter verlor. Im Clubhaus herrscht eine etwas einseitige, altmodische Atmosphäre. Hier unterhält man sich hauptsächlich über das Wettspiel des kommenden Wochenendes, vielleicht auch über das Anderson Invitational, eines der vier größten Turniere in ganz Amerika, an dem zahlreiche große Golfer teilnehmen, oder den Doppel-Bogey am 10. oder 17. Loch auf dem Westkurs, und so weiter, und so weiter... Auch wenn die ersten neun Löcher relativ leicht erscheinen mögen, sollte man sich doch vor einigen sehr in acht nehmen, vor allem vor dem 3. Loch, einem langen Par 3. Nach dem 10. Loch folgen einige gefährliche Par 4, und bei den Open, als Epilog, das 18. Loch, mit seinem engen Fairway und dem sehr welligen Green. Diese Par 4 sind wirklich furchterregend, kaum eines von ihnen dürfte mit einer 3 zu schaffen sein. Die beiden berüchtigtsten Löcher sind das 10. und das 17. Das 10. Loch ist ein langes Par 3, dessen Abschlag auf der linken Seite des Clubhauses liegt. Er scheint auf den ersten Blick leicht zu sein, man sollte jedoch unbedingt versuchen, das Green mit dem ersten Schlag zu erreichen, sonst ist das Par kaum zu schaffen. Am wegen seiner verschiedenen Neigungswinkel schwer zu lesenden Green liegen gleich zwei Bunker. Man muß höllisch aufpassen, daß man nicht von einem Hindernis im nächsten landet, vor allem weil die Fahne nicht genau im Zentrum des Greens plaziert ist. Wenn das Loch beispielsweise vom Ball aus gesehen im Hintergrund liegt, sollte man sich vorsehen, daß man nicht im out landet. Das 17. Loch bezeichnet Jack Nicklaus als eine echte Bewährungsprobe für alle Golfer. Wegen seines leichten Doglegs nach rechts gilt es hier, sowohl den Drive als auch den zweiten Schlag besonders präzise anzugehen. Um das Green zu erreichen, empfiehlt sich die Wahl eines langen Eisens.

Alles in allem besteht Winged Foot aus einer Menge optischer Täuschungen. Nur ein Beispiel: Etwa fünfzig Meter vor dem Green des 1. Lochs liegt ein Bunker – von weitem glaubt man jedoch, er sei nur halb so weit davon entfernt...

Der Winged Foot, was soviel wie »geflügelter Fuß« heißt, war früher das Emblem des New York Athletic Club, aus dem der Winged Foot Club entstanden ist. Wenn man in der Geschichte dieser Gegend noch weiter zurückgeht, entdeckt man, daß die 261 Hektar einmal ein bevorzugtes Jagdgebiet der hier ansässigen Indianer waren. Womit verständlich wird, warum man für die Bewältigung des Par eines der Winged-Foot-Kurse schon die Unerschrockenheit und die Nerven eines Sioux-Indianers haben muß.

Fuzzy Zoeller, der Gentleman-Sieger vor Greg Norman bei den US Open von 1984.

West Course

Loch	Länge	Par	Loch	Länge	Par
1	408	4	10	174	3
2	376	4	11	353	4
3	198	3	12	489	5
4	414	4	13	194	3
5	471	5	14	382	4
6	296	4	15	381	4
7	152	3	16	418	5
8	404	4	17	411	4
9	431	5	18	410	4
Total	3150	36	Total	3212	36
			Insgesamt	6362	72

Das 10. Loch, ein gefürchtetes Par 3 über 174 Meter.

Shinnecock Hills

New York
Vereinigte Staaten

Der Links der Indianer

Auch wenn es die meisten Franzosen nicht wissen – indirekt haben sie dazu beigetragen, daß der Golfsport in den Staaten so populär geworden ist.

Die Geschichte begann Ende des letzten Jahrhunderts, im Jahre 1890. Drei Amerikaner, auf Sommerurlaub im damals besonders chicen Badeort Biarritz an der baskischen Küste, trafen eines Tages mit einem Schotten namens Willie Dunn zusammen, der dort gerade den ersten Golfplatz der Stadt anlegte. Die drei unterhielten sich mit ihm und überredeten ihn, mit in ihre Heimatstadt New York zu kommen. Er wurde der erste einer langen Reihe von schottischen Architekten, die in die Staaten gingen. Man wählte ein Gelände in der Nähe des Indianer-Reservats von Shinnecock, am Ende der Halbinsel von Long Island. Die Indianer hatten damals seit einiger Zeit die Gegend verlassen und sich mit anderen Stämmen zusammengeschlossen. Handwerker waren dennoch schnell gefunden: 150 Indianer kamen und machten sich, mit ihren Macheten »bewaffnet«, sofort an die Arbeit. Ein Jahr später wurde der Club bereits eingeweiht – er hatte schon 70 Mitglieder, zwölf Löcher waren bespielbar, und es gab sogar eine Warteliste von ungeduldigen Golfinteressierten. Aus diesem Grund hatte Shinnecock Hills seine Konkurrenten schon bald überflügelt – eigentlich war es nur ein Konkurrent, denn damals gab es noch keinen wirklich einflußreichen Club – außer Saint Andrews. Zwischen diesen beiden Clubs herrschte lange eine große Rivalität, obwohl einmal ein Wettspiel veranstaltet wurde, mit dem man das Mißtrauen ausräumen wollte. Die Damen des Clubs waren damals ebenfalls schon sehr aktiv, sie konnten bereits auf ihrer eigenen 9-Loch-Anlage spielen. Diese wurde allerdings später mit den zwölf Bahnen zusammengelegt, daraus entstand dann der eigentliche 18-Loch-Kurs. Dieser Parcour blieb für die amerikanischen Golfer lange Zeit der einzige. Man kam von weit her, um ihn sich anzusehen und sich von ihm für neue Anlagen inspirieren zu lassen. Doch der Krieg, die Depression und der anschließende enorme wirtschaftliche Rückschlag trafen die New Yorker ganz besonders hart. Der Club selbst geriet glücklicherweise nie in Gefahr. Alle VIP's des modernen New York waren mittlerweile Mitglieder, von dem Friedens-Nobelpreisträger Elihu Root bis zu den großen Wirtschaftsbossen und bekannten Juristen. Doch alles in allem waren es viel weniger als zu Beginn. Vor allem die finanziellen Schwierigkeiten wurden bald unerträglich. Keine großen Dinners mehr, keine Bälle im Clubhaus – nach all den Festlichkeiten der vergangenen Jahre folgte die Ernüchterung. Die zu ruhige, langweilige Zeit dauerte jedoch nicht lange. Die Turniere, die schon in den ersten Jahren nach der Gründung des Clubs große Erfolge gewesen waren und sogar eine Erweiterung des Kurses notwendig gemacht hatten, konnten schon bald wieder ausgetragen werden. Allerdings waren die großen Persönlichkeiten des Clubs von einst nicht so leicht zu ersetzen. John Shippen zum Beispiel, dem noch Willie Dunn die Grundbegriffe des Spiels beigebracht hatte. Der Indianer, unter dessen Vorfahren auch Schwarze gewesen waren, war der erste farbige Golfer, der an einem Golfturnier in den USA teilgenommen hatte.

Das Fairway des 18. Lochs, mit der Fahne im Hintergrund.

Der zweite große Star der damaligen Zeit war eine gewisse Miss Hoyt. Sie ging in die Geschichte des Golfs als jüngste Teilnehmerin der US Open für Frauen ein. Damals war sie erst siebzehn Jahre alt. Nach drei Siegen hintereinander entschloß sie sich, vom aktiven Sport zurückzutreten – mit Zwanzig! Ende der zwanziger Jahre veränderte sich der Club gezwungenermaßen, da eine Autobahn durch einen Teil des Geländes gebaut wurde. Auf diese Weise entstand nach den Entwürfen des Architekten Dick Wilson ein neuer Kurs, der von seiner Nähe zum Pazifik profitierte – es wurde ein echter Links. Kleine, hochgelegene Greens, ein von Natur aus welliges Gelände, ein starker Wind, der die Schläge oft beeinflußt, tiefe, dichte Roughs, vor allem hinter den Greens – dieses Par 70 (35, 35) war wirklich anspruchsvoll, trotz seiner eher bescheidenen Länge von 6165 Metern.

Der Platzrekord liegt bei 68 Schlägen, auf diesem Kurs ohne »out of bounds«, ohne Wasserhindernisse und mit nur ganz wenigen, dafür aber um so unbequemeren Doglegs, die man fast nicht »abschneiden« kann. Alle Bahnen haben ihren ganz eigenen Reiz, doch vor allem die Par 3, die zwar kurz, dafür aber um so tückischer

sind. Das beste Beispiel dafür ist das 11. Loch, nur 144 Meter lang, das jedoch besonders präzise Schläge verlangt. Wenn der Schlag sehr weit links angesetzt ist, hat man nur noch die Möglichkeit, aus dem Rough direkt auf das äußerst schnelle Green zu schlagen. Par 5 gibt es nur zwei, das 5. und das 16. Loch. Am 5. Loch ist es nicht übermäßig schwer, einen Birdie zu erzielen, doch am 16. mit zwei Schlägen das Green zu erreichen, ist schon erheblich problematischer. Das 6. Loch wird allgemein als das schwerste bezeichnet, wegen seines tiefen Roughs auf beiden Seiten des Fairways. Für den zweiten Schlag empfiehlt sich unbedingt ein langes Eisen. Das recht kleine Green liegt etwas höher, auf der linken Seite ein Bunker, auf der rechten ein weiteres Rough.

Die US Open fanden in Shinnecock Hills zum letzten Mal im Sommer 1986 statt. Kein Zweifel, alle Golfstars waren begeistert, daß sie wieder einmal auf diesem schönen Kurs spielen konnten. Das letzte große Turnier dieser Größenordnung war hier 1898 ausgetragen worden! Es ist wirklich bedauerlich, daß man so lange warten mußte, bis hier, auf einem der wenigen Links der Vereinigten Staaten, wieder ein »Major-Turnier« gespielt wurde. Andererseits blieb auf diese Weise die Exclusivität des Clubs erhalten, es wurde auch nur sehr wenig verändert, was die alten Fotografien, die in der Eingangshalle des Clubhauses hängen, beweisen.

Oben links: Raymond Floyd, der 1986 im Alter von 42 Jahren dank seiner großen Erfahrung seine ersten US Open gewann.
Oben: Die Fahne im Vordergrund gehört zum 9. Loch. Der altehrwürdige Privatclub, der so weit abseits der großen Städte liegt, hat bis heute keine Anstrengungen unternommen, seinen Kurs dem modernen Standard anzupassen.

Loch	Länge	Par	Loch	Länge	Par
1	358	4	10	377	4
2	202	3	11	144	3
3	417	4	12	429	4
4	349	4	13	335	4
5	468	5	14	409	4
6	417	4	15	366	4
7	168	3	16	475	5
8	330	4	17	155	3
9	376	4	18	390	4
Total	3085	35	Total	3080	35
			Insgesamt	6165	70

Pinehurst North Carolina Vereinigte Staaten

126 Löcher

Die Sandhills, eine Golfregion par excellence, auf der einen Seite das Gebirgsmassiv der Appalachen, auf der anderen der Atlanik, haben auf einer Länge von 25 Kilometern 27 Golfplätze anzubieten. Im Zentrum dieses Gebiets liegt ein »Mekka« des Golfsports: Pinehurst. Man könnte diesen Platz inmitten eines regelrechten Golfstaats als die »Hauptstadt des Golfs« bezeichnen. Sicher, Golf wird in Pinehurst erst seit 25 Jahren gespielt. Und was ist das im Vergleich zu Saint Andrews oder den anderen schottischen Links?

Die oft übertriebenen üblichen Bezeichnungen der Plätze in diesem Teil von North Carolina oder eigentlich überall in den Vereinigten Staaten, wie der Schönste, der Längste »of the world«, sollte man den Golffans verzeihen. Häufig wollen sie damit nur neue »Kunden« anlocken. Trotz dieser kleinen Einschränkung kann man ohne weiteres sagen, daß Pinehurst, etwa auf halbem Weg zwischen New York und Miami gelegen, auch den kritischsten unter den Pros und Amateuren etwas zu bieten hat. So trocken und nüchtern wie sie sind, sprechen doch die Statistiken dieses Kurses für sich selbst. Pinehurst, das sind sieben Kurse oder 126 Löcher, mehrere Driving Ranges, Clinics für das Training von Bewegungsabläufen, zwölf Pros, ein Golfmuseum, eine »Hall of Fame« – aber auch 24 Tennisplätze, Schwimmbäder, Bogenschießen, Tontaubenschießen, Reiten, ein See von 200 Morgen, der dem Besucher die Möglichkeit gibt, zu segeln, zu surfen, zu tauchen und sogar zu fischen. Pinehurst bietet seinen Gästen auch – man mag es begrüßen oder auch bedauern – insgesamt 300 Betten, in Hotels im Kolonialstil, aber auch in ganz modernen. Man hat die Qual der Wahl, was Preis und Stil anbetrifft. Man ist in Pinehurst nie allein – diese Unmenge von Villen, Hotels und Wohnhäusern hat manchmal fast etwas beängstigendes. Doch glücklicherweise ist das Gelände, auf dem die ersten Gebäude und Einrichtungen bereits zu Beginn des Jahrhunderts entstanden, groß und weitläufig genug, so daß sich die Menge weitestgehend verliert. Auf diesem Golfarreal, diesem »Play-ground«,

Links: Das 13. Loch des viertes Kurses. Unten: Das 15. Loch des fünften Parcours – insgesamt gibt es in Pinehurst 126 Löcher. Es ist einer der wichtigsten und imposantesten Golfkomplexe der Welt.

geht es also bei weitem nicht so eng zu wie beispielsweise in Disneyland in Kalifornien oder Disneyworld in Florida – oder gar in Orlando, wo sich der unglückliche Golfer auf einem unerträglichen »Jahrmarkt« wiederfindet.

Pinehurst entwickelte sich aus der Idee eines sehr wohlhabenden Philantropen aus Boston. In der Geschichte (oder besser Legende) heißt es, daß James Walker Tufts im Jahre 1895 in North Carolina 5000 Hektar Wald mit Sandboden aufkaufte. Er hatte vom zu heißen Florida genug und wollte sich in diesem Staat, dessen Klima viel belebender, frischer ist, wirklich erholen können. Und schon bald kam er auf die Idee, ein paar Freunde ebenfalls davon profitieren zu lassen und hier ein Zentrum für Sommerurlauber zu bauen.

Zuerst errichtete man die Tennisanlage und das Baseballfeld, doch schon bald schlug man Tafts vor, doch auch einen Golfplatz anzulegen. Damals kam Golf gerade in Mode, vor allem oben in Boston. Im Jahre 1898 gab der Mäzen einem Architekten seiner Eltern den Auftrag für den Entwurf einer 9-Loch-Anlage. Der junge schottische Emigrant, dem er diese Aufgabe anvertraute, hieß Donald J. Ross – er sollte bis zu seinem Tode nicht weniger als 400 Golfplätze bauen, überall in den Vereinigten Staaten. Und Donald Ross verlor nicht viel Zeit: Schon im Jahre 1901 fanden auf dem Kurs von Pinehurst die ersten North-South Amateur-Meisterschaften statt. Seit damals haben viele Golfer auf den verschiedenen Links, die sich durch die Pinienwälder und die zweihundert verschiedenen Azaleenarten hindurchwinden, Berühmtheit erlangt. Nur ein paar Namen und Daten: Walter Hagen, Byron Nelson, Sam Snead, Cary Middlecoff und nicht zu vergessen, der besonders populäre Ben Hogan, der hier schon 1940 seinen ersten Pro-Sieg bei den North-South-Open feiern konnte. 1930 baute Donald Ross den zweiten Kurs, »sein Lieblingskind«, wie er es nannte. Und löste damit eine Art Revolution aus: Zum erstenmal sähte ein Architekt auf den Greens und den Fairways Bermuda-Gras an. Dieser zweite Kurs ist nach Meinung der Experten ein echtes Monstrum. Er ist 6420 Meter lang, ein Par 72 für Männer und ein Par 74 für Frauen. Vor allem wegen seiner 83 Bunker wird dieser Kurs als einer der schwersten der Welt bezeichnet, was die letzten 50 Meter bis zur Fahne betrifft. Die Greens sind endlos und sehr wellig, die verschiedenen Neigungswinkel verlangen ein besonders sorgfältiges Lesen. Sollte man den Ehrgeiz entwikkeln, ausgerechnet hier sein Handicap verbessern zu wollen – mache man sich auf äußerst enge Fairways, einige Par 4 über mehr als 400 Meter und ein 395 Meter langes Finishing-hole, das ständig bergauf geht, gefaßt – das nimmt schnell falsche Illusionen.

Dieser Kurs zählt für alle Experten zu den zwanzig attraktivsten in den Vereinigten Staaten. Zwischen den Schlägen bleibt genügend Zeit, ein wenig zu meditieren und sich zu fragen, wie Tom Watson und Hale Irwin es geschafft haben könnten, auf diesem Monstrum bei einem Turnier ein Score von 62 zu erzielen. Der erste Kurs ähnelt heute dem Original kaum noch. Er ist mit seinen 5242 Metern relativ kurz, verlangt aber eine gute, saubere Technik. Die Schläge müssen präzise geschlagen und gut plaziert werden, sonst ist ein Desaster kaum zu verhindern. Die sieben verschiedenen Kurse stehen übrigens jedem offen, gesetzt den Fall, er trägt sich rechtzeitig ein, nämlich drei Tage vorher. Auch der vierte Kurs ist ein Modellbeispiel dieses Genres. Der Originalentwurf aus dem Jahre 1918 stammt von Donald Ross, er wurde jedoch 1973 von Robert Trent Jones neu überarbeitet und ergänzt. Auf diesem Par 72 über 6300 Meter ist es noch keinem der großen Stars gelungen, unter 66 Schlägen zu bleiben – dieser Platzrekord stammt von Don Iverson, aufgestellt im Jahre 1974. Man sagt – aber was wird nicht alles über Plätze gesagt –, dieser vierte Kurs sei der attraktivste, der faszinierendste der Anlage von Pinehurst. Er verläuft zwischen einem Eichen- und einem Kiefernwald.

Wenn Sie Ihre Runde beendet, Ihre Lehrstunde absolviert, auf einer der zwölf Driving Ranges trainiert haben, sollten Sie zur »Hall of Fame« gehen, einem Golfmuseum. Nach einem Blick auf die Score-Karte von Dwight Eisenhower oder das Eisen 10 von Gerald Ford, werden Sie sich in Gedanken vor all denen verbeugen, deren Namen hier eingraviert wurden, die auf dieser Anlage, wie es scheint, den »siebten Golfhimmel« für immer erreicht haben . . .

Harry Vardon: Er war einer der ersten Golfer, die den ersten Kurs im Jahre 1900 einweihten.

Rechts: Das 18. Loch des dritten Kurses, eine der Lieblingsbahnen von Donald Ross, dem renommiertesten Architekten der Vorkriegszeit.

Number 2

Loch	Länge	Par	Loch	Länge	Par
1	362	4	10	529	5
2	403	4	11	396	4
3	306	4	12	379	4
4	500	5	13	342	4
5	407	4	14	399	4
6	194	3	15	184	3
7	367	4	16	486	5
8	445	5	17	174	3
9	152	3	18	395	4
Total	3136	36	Total	3284	36
			Insgesamt	6420	72

Feldafing München Deutschland

Zwischen See und Gebirge . . .

In Bayern gibt es viele romantische Wälder, herrliche Seen – und hervorragend angelegte Golfplätze. Der »jüngste« von ihnen ist Margarethenhof. Doch die Nummer Eins ist nach wie vor der Golfclub Feldafing, aufgrund seiner langen Tradition und seiner attraktiven Anlage.

In diesen schönen Winkel südlich der bayerischen Landeshauptstadt, wo es so viele bezaubernde Seen gibt, kommen viele Münchner in ihrer Freizeit. Auch der Kurs von Feldafing, dessen 3. und 11. Loch bis auf wenige Meter an den Starnberger See heranreichen, kreuzen einige Wege, die jedes Wochenende schon im Frühjahr von unzähligen Spaziergängern frequentiert werden. Hier, auf diesem dennoch so ruhigen, erholsamen und attraktiven Kurs treffen sich die Golfer, vor allem natürlich Münchner, jeden Tag (außer Montag) von April bis November und versuchen, unter dem Par 71 zu bleiben. Oder, etwas bescheidener, ihr Handicap zu verbessern.

Feldafing ist kein »Golf-Monstrum« in der Art des Clubs zur Vahr bei Bremen. Mit seinen 5708 Metern ist er eher kurz, zwischen Hin- und Rückrunde sind einige Unterschiede – die ersten neun Löcher haben ein Par von 37, die neun der Rückrunde von 34 Schlägen. Ein Blick auf die Score-Karte besagt, daß es auf der Hinrunde drei Par 5 von wirklich nicht gerade furchterregender Länge gibt. Was die Par 4 betrifft, so sind sie alle kürzer als 400 Meter. Das Gelände ist alles andere als flach, das war es nie, auch nicht im Jahre 1929, als man das erste Clubhaus erbaute. Nach dem Krieg wurde der Kurs verändert, teilweise erneuert, was nur dank der generösen Unterstützung einiger Amerikaner möglich war. Ein besonderer Dank gilt dem General Albert Wilson, der aktiv an der Wiederherstellung einiger Löcher beteiligt war, unter Mithilfe des Architekten des Kurses, Bernhard von Limburger.

Im Vordergrund der Abschlag des 2. Lochs, im Hintergrund das Green. Dieses Loch, ein Par 3 über 158 Meter, führt direkt nach Süden zum See.

Wenn man noch weiter in der Geschichte des Clubs zurückgeht, erfährt man, daß das Gelände einmal im Besitz der Familie des Kaisers Maximilian II. war. Eines seiner Schlösser stand damals etwa an der Stelle, wo jetzt das 11. Loch liegt, direkt am See.

Dieser Platz wäre es wert gewesen, das Prädikat »königlich« zu tragen, schon allein deswegen, weil auch heute noch der bayerische Hochadel zu seinen Mitgliedern zählt. Dieser typische Inlandkurs zwischen dem Starnberger See und den Ausläufern der bayerischen Alpen ist fraglos einer der schönsten, wenn auch nicht unbedingt schwersten der Bundesrepublik Deutschland.

Das Wasserhindernis auf dem Fairway des 12. Lochs, eines Par 4.

Loch	Länge	Par	Loch	Länge	Par
1	340	4	10	290	4
2	158	3	11	112	3
3	459	5	12	352	4
4	368	4	13	382	4
5	362	4	14	196	3
6	458	5	15	380	4
7	304	4	16	161	3
8	129	3	17	340	4
9	461	5	18	456	5
Total	3039	37	Total	2669	34
			Insgesamt	5708	71

Club zur Vahr

Bremen
Deutschland

Das Clubhaus von Bremen.

Ein langer und intelligenter Kurs

Ich weiß nicht, ob manche Plätze mit den Golfern »sprechen«, doch es besteht kein Zweifel, sie rufen Emotionen hervor, kaum einer läßt die Golfenthusiasten unberührt. Jeder hängt an »seinem« Platz und hat seine ganz eigene Beziehung zu dem Kurs aufgebaut. Beim Club zur Vahr in Bremen braucht niemand zu befürchten, daß hier etwas verändert wird. Schon seit langer Zeit kennt man seine Qualitäten, weiß man diesen wirklich attraktiven, »großen« Kurs zu schätzen. Dies bestätigte auch der schottische Star Brian Huggett, der vor einigen Jahren die Offenen Deutschen Meisterschaften auf dem Kurs zur Vahr gewann.

Ein anderer Champion, der Argentinier Roberto de Vincenzo, hatte noch eine andere Bemerkung zu diesem Kurs parat: Auf die Frage, ob er nicht einen Caddie mitnehmen wolle, der gegebenenfalls für ihn den Ball suchen könne, antwortete er: »Ich fürchte, er würde sich verirren ...«

Heißt das, daß die 18 Löcher, von den Backtees 6640 Meter, von den normalen aus gerechnet 6435 Meter lang, mit einem Par von 74 (37, 37) wirklich so furchterregend sind? Haben der ehemalige Clubpräsident A. K. Weyhausen, der das Gelände ausgesucht hat, und der Architekt Bernhard von Limburger diesen Kurs tatsächlich absichtlich so tückisch, so »sadistisch« angelegt? Kaum – sie haben nur die Quintessenz aus dem herrlichen Gelände gezogen, sich der natürlichen Landschaft angepaßt: einem ausgedehnten Waldgebiet, das etwa 20 Kilometer von Bremen entfernt liegt, mit der Autobahn oder über Landstraße gut zu erreichen. Man nützte die Schneisen und Lichtungen des fast 100 Hektar großen Kiefernwalds. Anfang der sechziger Jahre wurde mit den Bauarbeiten begonnen, die ersten neun Löcher konnten 1962 eingeweiht werden, der gesamte Kurs ein Jahr später. Den Club selbst gab es allerdings schon lange vorher, er wurde schon Ende des letzten Jahrhunderts gegründet, allerdings als allgemeiner Sportverein. Erst später kam auch eine Golfsektion dazu – und eine kleine 9-Loch-Anlage, die es auch heute noch gibt, auf dem Grund eines ehemaligen Gutshofs. Der Club zur Vahr verfügt also heute über insgesamt 27 Löcher. Das Ziel war von Beginn an klar definiert: Man wollte qualitativ möglichst nahe an die großen schottischen und englischen Vorbilder herankommen. Was ohne Zweifel auch die geringe Anzahl von Bunkern erklärt, insgesamt sind es nur 24. Besonders attraktiv und interessant sind die gleichmäßig auf dem Kurs verteilten sechs Par 5. Das schwerste ist zweifellos das 10. Loch, wo ein fast rechtwinkliges Dogleg erhebliche Probleme bereitet. Hier empfiehlt es sich wirklich, nichts zu riskieren, denn der größte Teil des Parcours liegt schließlich noch vor einem. Auch die beiden Bahnen 2 und 6 sind hervorragend angelegt, sie verlangen einiges an taktischem Kalkül, da man sich beim zweiten Schlag zwischen zwei sich anbietenden Richtungen entscheiden muß. Besonders schmal ist der Grad zwischen Erfolg und Untergang am 15. Loch. Hier sollte der Drive so weit wie möglich auf der linken Seite entlanggeschlagen werden.

Hier in Bremen ein gutes Score erzielen zu wollen, kommt fast einer Gradwanderung gleich, jedenfalls für nicht ganz perfekte Golfer. Auch die drei »Finishing-holes« stellen den Spieler auf eine harte Probe. Das 16. Loch gilt als das anspruchsvollste des Parcours, vor allem wegen des sehr engen Zugangs zum Green. Das 17. Loch ist das längste Par 3 und das 18., mit einem Dogleg nach rechts, ist ebenfalls nur sehr schwer mit zwei Schlägen zu bewältigen. Man kann Neil Coles, der den Kurs vom Club zur Vahr mit dem von Augusta vergleicht, nur zustimmen. Er ist ebenso zauberhaft angelegt, allerdings nicht ganz so überladen wie der berühmte Master-Kurs. Auch Bernhard Langer schätzt den Bremer Platz sehr, trotz der hier oft recht widrigen Witterungsbedingungen, wie beispielsweise bei den German Open von 1985. Damals mußten die Abschläge wegen des heftigen Regens vorverlegt werden (Par 66), was das Gesamter-

Loch	Länge	Par	Loch	Länge	Par
1	325	4	10	500	5
2	490	5	11	175	3
3	190	3	12	465	5
4	520	5	13	385	4
5	305	4	14	325	4
6	525	5	15	510	5
7	375	4	16	415	4
8	155	3	17	210	3
9	390	4	18	380	4
Total	3275	37	Total	3365	37
			Insgesamt	6640	74

gebnis des Turniers doch etwas verfälschte. Vielleicht könnte man das als die Achillesferse dieses Platzes bezeichnen: Auf manchen Bahnen versickert das Wasser einfach zu schlecht, zu langsam. Was auch Uwe Hollweg, der jetzige Präsident der Golfsektion des Clubs zur Vahr, sehr wohl weiß. »Wir werden in dieser Beziehung nicht untätig bleiben, da können Sie sicher sein«, versprach er mir kürzlich.

Oben: Auf diesem Kurs gibt es nur sehr wenige Bunker und Wasserhindernisse, vor allem auf den Par-3-Bahnen. Unten: Die Par 5 sind hier teilweise über 500 Meter lang – und ausgesprochen schwer zu spielen!

Falkenstein Hamburg Deutschland

Heide, Wald und Fallen aller Art

Rund um Hamburg liegen gleich sechs Golfplätze – der anerkanntermaßen interessanteste von ihnen ist der Hamburger Golf Club, der zusammen mit Bremen, Köln-Refrath und dem Frankfurter Golfclub zu den größten und schönsten Golfanlagen der Bundesrepublik gehört. Zumindest, wenn man etwas für die traditionellen Kurse übrig hat, die authentischen, wie wir sie nennen.
Der Club Falkenstein, der seinen Namen von dem Stadtviertel hat, in dem er sich befindet, wurde im Jahre 1906 gegründet. Allerdings nur der Club selbst, denn, ebenso wie in Bremen, konnten die Falkensteiner Clubmitglieder erst dreißig Jahre später auf einer eigenen Golfanlage spielen. Man entdeckte im Südwesten von Hamburg, ganz in der Nähe der Elbe, ein hervorragend geeignetes Gelände, mit viel Wald, genau wie man es sich vorgestellt hatte. Und, was den Ausschlag gab, die Qualität des sandigen Bodens war exzellent. Ohne sie wirklich vergleichen zu wollen, kann man doch sagen, daß die beiden Plätze, der Bremer und der Hamburger, sich gänzlich unterscheiden – bis auf einen Punkt, den Wald auf dem Gelände. Ansonsten ist der Hamburger Platz, im Gegensatz zu dem langen Bremer Kurs, gemessen am Standard moderner Golfplätze, relativ kurz: von den Backtees etwa 6000 Meter; außerdem hat er nur drei Par 5, im Vergleich dazu sechs in Bremen. In Falkenstein kann man das ganze Jahr über spielen, Bremen hat in dieser Hinsicht bedeutend mehr Probleme. Der Hamburger Club ist noch exclusiver, er hat nur 1400 Mitglieder, davon 650 Golfer. Er ist, da er ganz in der Nähe vom Zentrum von Hamburg liegt, allerdings oft überlaufen. Das moderne und komfortable Clubhaus liegt am Rand des Waldes. Im Golf Club Bremen geht es meist ruhiger zu, er ist vom Lärm der großen Stadt viel weiter entfernt.

Das Gelände ist sehr hügelig, tausende von Bäumen stehen hier. Überall wächst Heidekraut, was dem Kurs einen ganz eigenen Charme verleiht. Manche Löcher, wie auch das 15., 160 Meter lang, liegen mitten in einem Meer von Heidekraut. Weiteres charakteristisches Merkmal: die zahlreichen Doglegs. Insgesamt gibt es hier zehn, gleichmäßig über den ganzen Kurs verteilt, manche nur angedeutet, wie am 1. Loch, andere sehr ausgeprägt, wie am 5., 13. und 16. Loch. Nur das 2. Loch ist mehr als 500 Meter lang. Es hat einen leichten Dogleg nach links und einen enormen Bunker direkt neben dem Green. Der erste Teil des Kurses ist der schwerste, da unter den ersten fünf Bahnen gleich zwei Par 5 zu absolvieren sind. Das Par der Hinrunde liegt bei 36, das der Rück-

Das stark ondulierte Green des 18. Lochs, mit dem Clubhaus von Falkenstein im Hintergrund.

runde bei 35, insgesamt also 71. Den Platzrekord hält Sam Torrance, der bei den German Open 1981 das wirklich imponierende Score von 63 schaffte, mit 30 Schlägen auf der Hin- und 33 auf der Rückrunde – ihm gelang die Kleinigkeit von fünf Birdies und sogar einem Eagle am 4. Loch. Seine Scorekarte hat jetzt im Salon des Clubhauses einen Ehrenplatz . . . Bereits dreimal wurden die German Open im Laufe der letzten zwanzig Jahre auf dem Falkensteiner Kurs ausgetragen, 1965, 1981 und 1984. Doch auch andere große Turniere finden hier jedes Jahr wieder statt. Ob die beiden Architekten Charles Alison und John S. Morrison, die diesen Kurs entwarfen, wohl je bezweifelt haben, daß ihr Kurs eines Tages zu den »Unsterblichen« gehören würde? Sicher nicht. Im Gegenteil, auch Bernhard von Limburger, der hier vor einigen Jahren ein paar Änderungen vornahm, war sich darüber im Klaren, daß der Falkensteiner Kurs zu den schönsten des Landes gehört. Auch wenn er ein ganz klein wenig ungleichmäßig und etwas kurz ist.

Das 17. Loch: Im Hintergrund das Fairway, links im Schatten das Green.

Loch	Länge	Par	Loch	Länge	Par
1	305	4	10	180	3
2	515	5	11	410	4
3	200	3	12	380	4
4	440	5	13	340	4
5	375	4	14	320	4
6	390	4	15	160	3
7	325	4	16	330	4
8	155	3	17	440	5
9	395	4	18	350	4
Total	3100	36	Total	2910	35
			Insgesamt	6010	71

Royal Waterloo Brüssel Belgien

Die 45 Löcher von Belgien

Man sagt oft, Golf sei ein Sport der Prinzen und Fürsten. In Belgien geht es sogar noch vornehmer zu, denn hier wird er traditionell von den Königen des Landes ausgeübt. König Leopold II. war selbst ein ausgezeichneter Spieler – mit Handicap 0! Leider hat dieses Vorbild, das doch eigentlich das geeignetste sein sollte, was man sich vorstellen kann, bis heute nicht sehr viele ernsthaft engagierte Nachahmer gefunden. Erst seit kurzer Zeit ist in diesem kleinen Land ein gesteigertes Interesse am Golfsport zu spüren, so daß vielleicht in den kommenden Jahren neue zusätzliche Einrichtungen und Plätze zu erwarten sein dürften. Im Moment repräsentieren der Royal Waterloo Golf Club zusammen mit dem anderen großen Club in Brüssel, dem Royal Belgique, den Golfsport in diesem Land.

Seit 1985 gibt es hier 45 Löcher für die insgesamt 1400 spielenden Clubmitglieder. Außerdem ist hier der Sitz des Königlichen Belgischen Golfverbands. Wer hier auf der Warteliste steht, kann erst nach fünf Jahren damit rechnen, in den Club aufgenommen zu werden. Die Verantwortlichen können, wie es scheint, wirklich zufrieden sein, den Ausbau der Anlage veranlaßt zu haben, die sich über 135 Hektar erstreckt. Die letzten 18 Löcher wurden am 15. September 1985 ihrer Bestimmung übergeben. 1960 gab es hier schon 27 Löcher, entworfen und gebaut von dem englischen Architekten Hawtree; 1962 kamen noch neun hinzu, neun weitere wurden 1984 umgestaltet und schließlich die letzten neun 1985 eingeweiht.

Donald Swaelens, gemeinsam mit Flory van Donck der beste belgische Golfer der sechziger Jahre, hätte sich über die neuen Entwicklungen in Waterloo sicher sehr gefreut. Doch leider verstarb er ziemlich früh. Die Familie Swaelens jedoch, die schon seit langem im belgischen Golf einen großen Namen hat, nimmt immer noch Anteil an den Entwicklungen von heute. Das gilt auch für Henri Swaelens, einen Onkel von Donald, der trotz seiner 73 Jahre immer noch als einer der Pros des Waterloo Clubs fungiert. Bis jetzt wurden die großen Meisterschaften auf dem »alten« Kurs, dem »La Marache«, ausgetragen. Viele vermuten jedoch, daß »Le Lion« bald diese Funktion übernehmen wird. Wahrscheinlich werden die großen Turniere in Zukunft auf beiden stattfinden – vielleicht sogar irgendwann die Belgian Open, die es allerdings bisher noch nicht gibt.

Das Gelände des Waterloo Clubs, der übrigens im Jahre 1923 gegründet wurde, liegt im größten Buchenwald Europas, dem »Forêt de Soignes«. Eigentlich hatte man sich ursprünglich für ein Grundstück bei Rhode-Saint-Genèse entschieden, zog jedoch 1960 nach Ohain um. Hier entstand dann »La Marache«, ein typischer Inlandkurs, sehr hügelig und mit vielen Birken. Die ersten neun Löcher liegen relativ frei und übersichtlich, die letzten neun dagegen hauptsächlich im Wald. Die beiden anspruchsvollsten Löcher sind das 6., ein langes, ansteigendes Par 4 mit einem besonders schweren Drive, und das 13., ebenfalls ein Par 4. »Le Lion« entspricht eher dem amerikanischen Stil, auch wenn es keine Wasserhindernisse gibt. Die Greens liegen mitten im Sand, die Bunker sind breit und leer, das Gelände ist offen und gut einzusehen, die vielen Bäume, die man hier gepflanzt hat, sind eigentlich zur Zeit eher noch als Gebüsch zu bezeichnen. Die schwierigsten Löcher sind das 2. und 15., die leichtesten das 3. und das 4. Das ganze Gelände ist eher flach. Im Grunde hat dieser neue Kurs noch keine ernsthafte Prüfung bestehen müssen, im Gegensatz zu seinem »älteren Bruder«, auf dem schon ganz große nationale und internationale Turniere stattgefunden haben.

Das Doppel-Green 9–18 des neuen Kurses »Lion«, entworfen von dem belgischen Architekten Paul Rolin.

Das moderne Clubhaus wurde von Pierre Guillisen gebaut, doch die Attraktion der Anlage überhaupt ist der Bauernhof auf dem »La Marache«-Kurs, der den preußischen Truppen während des Napoleon-Kriegs als Stützpunkt und Unterkunft diente.

Rechts: Der Kurs von La Marache, auf der Höhe des zweiten Schlages auf dem Fairway des 11. Lochs.
Unten: Das Clubhaus von Waterloo, Rahmen zahlreicher Europäischer Amateurmeisterschaften.

Parcours La Marache

Loch	Länge	Par	Loch	Länge	Par
1	370	4	10	368	4
2	330	4	11	388	4
3	489	5	12	176	3
4	173	3	13	373	4
5	470	5	14	358	4
6	381	4	15	147	3
7	147	3	16	439	5
8	328	4	17	482	5
9	396	4	18	444	5
Total	3085	36	Total	3175	37
			Insgesamt	6260	73

Chantilly
Vineuil
Frankreich

Ein perfekter Kurs

Die Mitglieder des traditionsbewußten Golfclubs Grand Chantilly legen, im Gegensatz zu denen des nur wenige Kilometer entfernten Nachbarn, des International Club du Lys, besonders großen Wert auf Ruhe und Abgeschiedenheit. Ihnen genügt die Tatsache, daß ihr Kurs erstklassig ist und zu den schönsten Europas gehört, daß sie ein altehrwürdiges Clubhaus haben, in dem sie sich weit entfernt vom Lärm der Großstadt entspannen und erholen können. Der Golfclub von Chantilly war der zweite, der in der Umgebung von Paris entstand, nach dem von La Boulie. Schon im Jahre 1908 konnten die etwa 200 französischen, englischen und russischen Mitglieder den von dem Engländer Tom Simpson gestalteten Kurs zum ersten Mal testen – es war damals ein bahnbrechendes modernes Meisterwerk. Bevor hier der Golfplatz entstand, war dieses Gelände im Park von Apremont, im Gebiet von Vineuil, ein Trainingsplatz für Springpferde gewesen. Es gehörte damals zu den Ländereien des Herzogs d'Aumale.

Ein ausgesprochen traditionsbewußter Club, ganz im typisch britischen Stil geführt.

Im Gegensatz zu vielen anderen Golfplätzen fehlt es hier nicht an Raum. Die Bahnen liegen nicht so dicht nebeneinander, insgesamt gehört der Kurs zu den längsten Europas, vor allem, wenn man die Backtees, die bei den großen Turnieren gelten, mitrechnet. Der Unterschied zu den normalen Abschlägen ist erheblich, nämlich insgesamt 435 Meter, das entspricht einem sehr langen Par 4. Schon am 1. Loch, einem Par 4 über 418 Meter mit einem Dutzend Bunkern, wird es ernst. Man hat keine Zeit, keine Möglichkeit, sich erst einmal langsam mit dem Kurs vertraut zu machen. Viele Amateure sind der Meinung, es wäre eigentlich ein Par 5. Auch das 5. Loch, 397 Meter lang, und das 7., 401 Meter, sind kein reines Vergnügen, was die Problematik der Bahnen

wirklich selektiver Parcour, dessen relativ niedriges Par ideal festgelegt wurde. Bei den French Open von 1974, die übrigens zum zweiten Mal in Folge von Peter Oosterhuis gewonnen wurden, erreichten nur drei Spieler ein Score von 68 und nur 49 von 440 das Par. Nicht anders verlief es auch bei den sechs vorherigen Ausgaben der French Open. Die Meisterleistung des Amateurs Peter McEnvoy bei den Europameisterschaften, als ihm unter idealen Bedingungen das phantastische Score von 63 gelang, wird wohl noch lange am »schwarzen Brett« im Clubhaus hängen . . .

Um sich der Ausdrucksweise der Reiter zu bedienen – und Chantilly ist auch ein Zentrum der Reiterei: Dieser Parcour ist »komplett«, vielseitig und hervorragend konzipiert. Und das, obwohl es hier kein einziges Wasserhindernis gibt. Er ähnelt viel mehr einem schottischen Kurs als einem der amerikanischen Golfplätze.

Das 14. Loch, ein besonders schönes, tief gelegenes Par 3 – etwas zum Atemholen vor dem berühmt-berüchtigten Finale, den Löchern 16, 17 und 18.

betrifft, vor allem wegen des sehr dichten Roughs – der Clubpräsident Jean-Louis Dupont hat verfügt, man solle das Gras dort einfach wachsen lassen . . .

Die Bahnen 10 bis 13 sind alle Par 4: das 10. Loch, mit einem leichten Dogleg nach links, einem sehr langen zweiten Schlag und einem höher gelegenen Green, das von einem sehr unbequemen Bunker verteidigt wird; das 13. Loch, mit einem sehr ausgeprägten Dogleg nach links, wo es gilt, den ersten Schlag unbedingt sehr weit zu ziehen, mindestens an der Baumreihe auf der linken Seite vorbei. Nur so hat man eine Chance, mit dem zweiten Schlag über den tiefen Bach zu kommen. Auch die Par 3 sind alles andere als leicht, vor allem das 6. Loch, 198 Meter lang, das wirklich spektakuläre 14., 199 Meter lang, und das 16., 193 Meter, dessen Abschlag gleich neben dem Clubhaus liegt. Viele Löcher beginnen oder enden übrigens am Clubhaus: das 1., 13., 14., 15., 16. und das 18. Ein echter Vorteil, vor allem bei Wettspielen, an denen es in diesem sehr sportlichen, ambitionierten Club nie mangelt. Das 18. Loch, 545 Meter lang, ist ein würdiges Finishing-hole. Hier empfiehlt es sich, den Drive rechts vom Bunker vorbeizuziehen – wenn man sich eine Chance auf das Par bewahren will – und auch den zweiten Schlag rechts zu halten, so läuft man nicht Gefahr, im Rough auf der linken Seite zu landen.

Nur ganz geringfügige Änderungen wurden bisher an diesem Inlandkurs vorgenommen, er entspricht nach wie vor weitestgehend dem Original. Ein

Loch	Länge	Par	Loch	Länge	Par
1	418	4	10	434	4
2	362	4	11	389	4
3	158	3	12	368	4
4	358	4	13	418	4
5	397	4	14	199	3
6	198	3	15	381	4
7	401	4	16	193	3
8	527	5	17	392	4
9	459	5	18	545	5
Total	3278	36	Total	3319	35
			Insgesamt	6597	71

Le Touquet
Côte d'Opale
Frankreich

Ein »englischer« Kurs

Für die Franzosen, die gern einmal nach Großbritannien fahren möchten, um dort zu spielen, ist der Platz von Le Touquet eine perfekte »Übergangslösung«. Hier bekommen sie einen Vorgeschmack dessen, was sie auf der anderen Seite des Kanals erwartet. Und die Engländer, die sich ein schönes Wochenende gönnen wollen, mit ein paar Runden Golf und einem guten, preiswerten Wein, sollten hierherkommen und sich auf ein Glas ins Manoir setzen, wo sich die Golfer nach dem Spiel treffen.

Der Club Le Touquet ist einer der renommiertesten Frankreichs. Die 1908 entstandene Anlage, die von dem Architekten Harry Colt stammt, der unter anderem auch Sunningdale und Wentworth baute, umfaßt 45 Löcher: einen Kurs am Meer, einen im Wald und noch einen weiteren über neun Löcher. Nur noch ein anderer Club in Frankreich, der Racing Club von La Boulie, hat eine Anlage über ebenfalls 45 Löcher.

Die wichtigsten Meisterschaftsturniere werden auf dem Kurs »La Mer« ausgetragen, wie beispielsweise schon seit langem die French Open. 1977 gewann hier der Spanier Severiano Ballesteros den Titel. Der Kurs ist ein echter Links – was in Frankreich nur sehr selten zu finden ist – mit allen typischen Attributen: Er liegt direkt am Meer, mit sandigem Boden, vielen wunderschönen Dünen – und häufig sehr starkem Wind. Nach dem Krieg mußte die ursprüngliche Anlage etwas verändert werden, doch sie blieb typisch britisch: 6140 Meter lang, Par 72 (37, 35). Den Platzrekord hält übrigens der Brite Sam Torrence, dem bei den French Open 1976 ein sensationelles Score von 63 gelang.

Die Seele des Platzes war der mittlerweile verstorbene Charles Lafontan, der das Gelände, das während des Krieges fast in den Sanddünen verschwunden war, geradezu ausgraben mußte. Er gab dem Kurs ein ganz neues Gesicht. Auch das Clubhaus hat eine Katastrophe hinter sich, es wurde bei einem Brand fast gänzlich zerstört. Das neue wurde 1985 eingeweiht; leider entspricht das Resultat noch nicht ganz den Erwartungen. Der moderne rote Ziegelbau liegt gleich neben dem Abschlag des 10. Lochs des Waldkurses. Leider ist es zu klein und entspricht eigentlich nicht dem, was man vom Clubhaus eines der renommiertesten Clubs Frankreichs erwartet.

Der Kurs »La Mer« beginnt mit drei Par-5-Löchern. Während der ersten sechs Bahnen hat man allerdings nicht den Eindruck eines typischen Links. Die Löcher 2 und 5 sind schöne, nicht übermäßig lange Par 4, und erst am 7. Loch beginnt der »Slalom« zwischen den Dünen. Am 10. Loch erwartet den Spieler ein überwältigendes Panorama. Das ganze Fairway dieses über 400 Meter langen Par 4 liegt vor dem Betrachter, im Hintergrund der Ärmelkanal, hinter einer Reihe von riesigen Dünen, die auch einem Royal Birkdale alle Ehre machen würden. Dasselbe gilt für das 11. Loch, hier grenzt eine der Dünen zum Teil direkt ans Fairway. Das allein kann manche Golfer schon in Angst und Schrecken versetzen. Das 14. Loch ist das einzige Par 5 der Rückrunde. Es scheint wegen seines breiten Fairways relativ einfach zu sein, hat jedoch ein tiefes Rough, mehrere tiefe Bunker und ein zwar flaches, breites Green, das jedoch bei entsprechendem Wetter sehr schnell sein kann. Der Kurs »Le Forêt« ist zwar nicht ganz so renommiert wie der »La Mer«, jedoch technisch ebenfalls sehr interessant. Charakteristisches Merkmal des 5850 Meter langen Parcours ist der große Kiefernwald, der beim Drive oder auch beim Pitch zum Verhängnis werden kann.

Oben: Das 14. Loch das »La Mer«, mit seinem extrem dichten Rough.
Rechts oben: Das 10. Loch des »La Mer«, vom Abschlag aus gesehen.
Unten: Das 8. Loch des »La Mer«, ein langes und sehr schwieriges Par 4 über 410 Meter.

Le Touquet legt sehr viel Wert darauf, nicht nur dem Zeitvertreib von Milliardären zu dienen. Auch wenn es hier oft betont »chic« zugeht, so hat sich der Club doch in erster Linie in sportlicher Hinsicht weiterentwickelt. Die Golfer kommen nicht mehr nur aus England, auch wenn am Wochenende viele über den Kanal fahren, um eine Runde zu spielen, vor allem im Winter. Es sind mittlerweile auch sehr viele Franzosen darunter; das Interesse am Golf ist auch in Frankreich in der letzten Zeit sehr gestiegen, sowohl im Norden als auch im Süden.

Parcours de la Mer

Loch	Länge	Par	Loch	Länge	Par
1	470	5	10	415	4
2	299	4	11	384	4
3	464	5	12	327	4
4	459	5	13	410	4
5	323	4	14	457	5
6	151	3	15	208	3
7	348	4	16	360	4
8	410	4	17	172	3
9	120	3	18	363	4
Total	3044	37	Total	3096	35
			Insgesamt	6140	72

Morfontaine Frankreich

Das Clubhaus, ein ausgesprochen schönes Gebäude, vom Abschlag des 9. Lochs aus gesehen.

Die Freude am gemeinsamen Spiel

»Die Freude am gemeinsamen Spiel« – dieser Ausspruch ist für Edouard Dulout, den Clubpräsidenten von Monfontaine in der Nähe von Paris, gleichsam das Leitmotiv für seine Arbeit, was er auch immer wieder betont. Morfontaine ist noch ein wirklicher Club im ursprünglichen Sinne, dessen Mitglieder sich gerne treffen und zusammensetzen – so, als wären sie in ihrem eigenen Haus auf dem Lande. Viele sagen deshalb, dieser Club sei der unzugänglichste von ganz Frankreich. Wer einen Freizeitspieler danach fragt, auf welchem französischen Platz er seiner Meinung nach die geringsten Chancen habe, eine Runde zu spielen, wird in den meisten Fällen die Antwort bekommen, »in Morfontaine«.

Monsieur Dulout weiß sich zu rechtfertigen: »Einerseits ist es uns gemäß den Statuten des Clubs nicht möglich, mehr als 400 Mitglieder aufzunehmen, andererseits scheint es uns auch unmöglich,eine gewisse Clubtradition aufrechtzuerhalten, wenn wir eine vernünftige Grenze überschreiten. Wenn wir über 500 Mitglieder zulassen würden, wäre Morfontaine nicht mehr dasselbe. Und dieser Preis wäre uns zu hoch – wir wollen unseren Mitgliedern einen, wie ich meine, schönen und gut angelegten Kurs bieten, uns einen eigenen Platzwart leisten und ein einfaches, aber gutes Essen.« Und um noch ein Argument draufzusetzen: »Hier kann man noch alle 18 Löcher wirklich genießen, kann seinen Kurs in Ruhe in zweieinhalb Stunden abgehen und eine beschauliche Runde mit Freunden spielen.« Eine Tatsache, die diejenigen, die hier gern Mitglied werden wollen und nicht dürfen, natürlich noch mehr reizt. Kann ein durchschnittlicher Golfer überhaupt davon träumen, in diesen so ruhigen Club mitten im Wald von Senlis bei Paris aufgenommen zu werden?

»Er kann es gern versuchen«, so Monsieur Dulout, »die soziale Stellung ist dabei nicht ausschlaggebend, auch das Geld spielt nicht, wie in vielen anderen Clubs, die wichtigste Rolle. Der einzige Gesichtspunkt ist, ob er zu uns paßt. Hier kennt und mag jeder jeden, wir sind so etwas wie eine große Familie. Jedes neue Mitglied braucht eine Art Paten, ein Mitglied, das ihn empfiehlt, das ist alles. Vergleichen Sie doch einmal unsere Beiträge mit denen, die in anderen großen Clubs in der Pariser Umgebung verlangt werden, wie beispielsweise dem Racing Club oder Le Prieure – unsere Tarife liegen bedeutend niedriger. Im Gegenteil, unser Clubvorstand hat noch nie irgendwelche Sonderbedingungen für bekannte Persönlichkeiten oder Golf-Champions genehmigt. Vielleicht erklärt das, warum wir nicht zu den besten Clubmannschaften gehören. Wir nehmen aber an allen wichtigen Turnieren teil. Allerdings können wir es uns nicht leisten, eine ganze Mannschaft auf Reisen zu schicken, das wäre für uns zu teuer. Und, um es noch einmal zu betonen, das entspräche auch nicht den Wünschen und Erwartungen unserer Mitglieder.«

Klarer kann man es kaum noch formulieren. Auf dem Parkplatz vor dem Clubhaus werden Sie hier keinen Ferrari entdecken, auch wenn viele bekannte und erfolgreiche Persönlichkeiten zu den Mitgliedern zählen. Und das Durchschnittsalter ist nicht so hoch, wie man vielleicht erwartet. Nur etwa ein Drittel der Clubmitglieder ist über sechzig, das zweite Drittel etwa zwischen vierzig und sechzig, das letzte Drittel unter vierzig.

Diese kleine geschlossene Gesellschaft, der es so sehr auf sozialen Kontakt ankommt, hat für falsches Imponiergehabe und Effekthascherei nichts übrig. Für mehr Prestige wird hier kein Geld und keine Zeit investiert. Man ißt auf Papiersets, Krawatten sind absolut kein Zwang, es gibt keinen Starter, denn jeder trägt sich selbständig ein;

alle Aufwendungen und Anstrengungen drehen sich ausschließlich um Ausstattung und Pflege des Kurses. »Ich freue mich jedesmal«, erzählte uns Monsieur Dulout, »wenn ein guter Golfer nach seiner Runde zu mir kommt und mir erzählt, in welch gutem Zustand er den Kurs vorgefunden hat und wieviel Spaß es ihm bereitet, hier zu spielen«.

Es ist häufig der Fall, daß ein Kurs denjenigen ähnelt, die dort ständig spielen. Wer es lebhaft und eher »laut« mag, ist hier an der falschen Adresse. Man hört das Rauschen der Bäume, die überall auf der Anlage stehen (für manche klingt das wie eine Sonate von Satie), man ist auf einem Gelände von ganz eigener Stimmung. Der Herbst ist die schönste Jahreszeit für diesen Platz, wenn die Farben, das Grün des Rasens und das Rot des Heidekrauts, besonders intensiv sind. Dieser Kurs ist etwas ganz Außergewöhnliches: niemand hinter einem, keiner vor einem – phantastisch. Vielleicht entdeckt man gerade den Baron Bich, der eben seinen Ball sucht . . . Es stimmt tatsächlich: In Morfontaine sind alle (Golfer) gleich . . .

Loch	Länge	Par	Loch	Länge	Par
1	434	4	10	342	4
2	201	3	11	153	3
3	437	5	12	477	5
4	178	3	13	148	3
5	330	4	14	350	4
6	370	4	15	420	4
7	402	4	16	434	4
8	400	4	17	168	3
9	356	4	18	463	5
Total	3108	35	Total	2955	35
			Insgesamt	6063	70

Das Green des 13. Lochs, eines Par 3 über 148 Meter. Dieser Club ist mit Sicherheit der exklusivste von ganz Frankreich – und ein wunderschönes Erlebnis für jeden Golfer, der die Möglichkeit hat, hier eine Runde zu spielen.

Kennemer

Zandvoort
Niederlande

Erster Teil einer Trilogie

Stammt der Golfsport aus den Niederlanden? Diese Frage stellen sich die Golfexperten schon seit langer Zeit. Und zwar ohne je eine definitive Antwort gefunden zu haben, man hat nur ein paar Indizien, die darauf hinweisen, von denen sind manche allerdings auch eher zweifelhaft. Steven van Hengel ist einer derjenigen, die sich am intensivsten mit dieser Frage beschäftigt haben. Seiner Meinung nach entwickelte sich der Golfsport in seiner jetzt üblichen, endgültigen Form im 13. Jahrhundert in den Niederlanden. Man nannte ihn damals »colf«. Und eine Geschichte scheint van Hengels Ansicht zu bestätigen: die von dem beliebten Grafen Floris V., der 1296 in der Nähe von Schloß Muijden getötet wurde, seine beiden Mörder wurden kurz darauf gefaßt. Als Erinnerung an diesen Tag wurde ab dem Jahre 1330 alljährlich an dieser Stelle ein Spiel ausgetragen, das mit Golf gewisse Ähnlichkeiten hatte. Es gibt noch ein weiteres Zeugnis, das die Theorie von Steven van Hengel belegen könnte: die berühmten Bilder Van de Veldes. Die Haltung des dort dargestellten Spielers weist zum Teil eine verblüffende Ähnlichkeit mit der eines Golfers auf. Möglicherweise waren es holländische Kaufleute, die diesen Sport in Schottland entdeckten und in ihr Heimatland brachten – möglicherweise war es allerdings auch umgekehrt. Niemand weiß das so genau. Sicher ist allerdings, daß Federball – feather ball – aus Holland stammt. Es ist wahrscheinlich, daß Golf in Holland Anfang des 18. Jahrhunderts wieder aus der Mode kam und verschwand, da man kein qualitativ hochwertiges Holz für die Schläger zur Verfügung hatte.

Ob man wohl die verlorene Zeit wieder aufholen kann? Es scheint so, auch wenn der Raum für neue Anlagen relativ begrenzt ist. Zur Zeit sieht es in den Niederlanden folgendermaßen aus: Es gibt 35 Plätze für insgesamt 15 000 Golfer, etwa 25 neue Anlagen sind in Planung oder bereits im Bau. Es gibt nur zwölf 18-Loch-Plätze, die allerdings sind von hervorragender Qualität. Man kann die Niederlande getrost als das Schottland des Europäischen Kontinents bezeichnen, repräsentiert von einem erstklassigen Trio: Kennemer, Noordwijk und La Haye.

Der Golfplatz von Kennemer ist der renommierteste in Holland, doch auch einige andere Anlagen, wie La Haye und Noordwijk genießen einen sehr guten Ruf. Der etwa eine halbe Stunde von Amsterdam entfernte Platz inmitten von Sanddünen ist ein Links mit allen typischen Merkmalen. Der englische Architekt H. S. Colt, der auch schon so attraktive Plätze wie den Eden-Kurs von Saint Andrews und Portrush entworfen hatte, wurde Ende der zwanziger Jahre mit der Aufgabe betraut, hier einen anspruchsvollen 18-Loch-Kurs zu bauen. Wie so oft, war auch dieser Club ursprünglich woanders gegründet worden, in der Nähe der Stadt Santpoort im Norden von Haarlem. Dort standen den Mitgliedern neun Löcher zur Verfügung, doch man entschloß sich schon bald, ein neues, größeres Gelände zu suchen. Schon nach kurzer Zeit entdeckte man dieses faszinierende Ter-

Die Fairways sind so breit wie Autobahnen – man sollte sich jedoch vor dem Wind in acht nehmen.

rain, das bis heute nichts von seiner Attraktivität eingebüßt hat. Der Kurs stellt den Golfer nicht unbedingt vor unlösbare Aufgaben; die Fairways sind ziemlich breit, für Meisterschaften und internationale Turniere vielleicht sogar etwas zu breit. Die ersten neun Löcher liegen direkt am Meer, die letzten neun dagegen entsprechen genau einem typischen Inlandkurs. Fast die Hälfte der Fairways haben ein Dogleg, das ausgeprägteste ist am 10. Loch, hier muß der Golfer den Drive »blind« schlagen.

Die Tees liegen häufig etwas erhöht, wie beispielsweise am 1. und 3. Loch, das Rough besteht an vielen Stellen aus stacheligen Büschen und der Wind, der meist aus Norden oder Südwesten kommt, spielt ebenfalls eine nicht unerhebliche Rolle. Zum Beispiel am 6. Loch, einem Par 5 über 439 Meter – hier kann der Ball bei starkem Wind extrem lang werden. Glücklicherweise sind die Greens breit und relativ eben. Die Löcher 11 und 12 sind beide Par 5, was zur Folge hat, daß die Rückrunde (Par 37) länger ist als die Hinrunde.

Die Dutch Open wurden bereits mehrmals in Kennemer ausgetragen – dennoch liegt der Platzrekord auf dem »Orange Course« nach wie vor bei 65 Schlägen, aufgestellt von Sid Brews im Jahre . . . 1935! Einige Golfstars haben diesen Rekord zwar schon egalisiert, besser war jedoch bisher noch keiner.

Insgesamt stehen den Clubmitgliedern 27 Löcher zur Verfügung, 18 auf dem »Orange Course«, 9 auf dem »White Course«, der 1938 begonnen und 1985 von Frank Pennink in hervorragender Weise vollendet wurde.

Ein echter Links, ganz nach schottischem Vorbild. Im Hintergrund: das Clubhaus des renommiertesten Clubs der Niederlande.

Orange Course

Loch	Länge	Par	Loch	Länge	Par
1	389	4	10	297	4
2	137	3	11	436	5
3	367	4	12	452	5
4	327	4	13	297	4
5	303	4	14	354	4
6	439	5	15	142	3
7	325	4	16	462	5
8	161	3	17	145	3
9	388	4	18	336	4
Total	2836	35	Total	2921	37
			Insgesamt	5757	72

Falsterbo Malmö Schweden

Die Nummer Eins der skandinavischen Links

Der repräsentativste und renommierteste schwedische Golfclub ist zweifellos Falsterbo, ganz am Ende der Halbinsel Falsterbo in der Provinz Skane im Süden des Landes.

Der Platz wurde entlang der Küste angelegt, in einer kaum besiedelten Gegend. Der größte Teil des Geländes wurde in seiner ursprünglichen, natürlichen Form belassen. Tausende von Vögeln machen auf ihrem Weg in den Süden auf diesem Links Station, auf diesem letzten Zipfel Land zwischen dem Baltischen Meer auf der einen und einer Meerenge auf der anderen Seite. 1985 feierte der Club sein 85jähriges Bestehen.

Dieser typische Links, der im Sommer so ruhig, fast verschlafen wirkt, kann einen Spieler aber auch zur Weißglut treiben – wenn der Wind aus Südwesten kommt. Dann werden manche Bahnen zu einem echten Alptraum, vor allem das Loch 11, ein Par 3, bei dem einem manchmal nichts anderes übrigbleibt, als mit einem Holz zu versuchen, an den beiden Wasserhindernissen, die vor dem Green und auf seiner rechten Seite liegen, vorbeizukommen. Auf zehn Bahnen gibt es Wasserhindernisse, alle strategisch bestens plaziert. Die Greens sind sehr schnell, wie so häufig auf den echten Links, was die großen Golfstars, die oft und zahlreich nach Falsterbo kommen, sehr zu schätzen wissen. Auch die Bunker – manche sind die reinsten Krater – entsprechen ihren schottischen »Vorbildern«. Seit über zehn Jahren baut übrigens ein »Oyster Catcher«, der Wappenvogel von Island, im Bunker am 10. Loch sein Nest – niemand würde auch nur im Traum daran denken, ihn umzuquartieren oder gar zu vertreiben.

Auf diesem erstklassigen Platz, der hauptsächlich von Jugendlichen aus den reichen Familien Malmös bespielt wird, herrscht eine äußerst gesittete, »wohlerzogene« Atmosphäre, die viele Golfer erst einmal überrascht. Allerdings haben die Schweden einen Horror vor jeder Art von Protokoll. Ein Wanderweg, der von vielen Touristen, die am Strand die Tausende von Vögel beobachten wollen, frequentiert wird, kreuzt übrigens das Fairway des 1. Lochs. Davon läßt sich aber niemand stören.

Einige der besten Golfer und Golferinnen, wie beispielsweise Liv Wollin oder Charlotte Montgomery, haben sich hier ihre Sporen verdient. Die nicht nur in Schweden sehr populäre Liv Wollin ist hier übrigens seit 1984 Pro.

Unten: Die Anlage ist typisch für einen skandinavischen Golfplatz: ein Clubhaus aus Holz, das Meer in unmittelbarer Nähe.

In Falsterbo paßt einfach alles zusammen: Die Preise sind beispielsweise erstaunlich niedrig. Für etwa 500 Mark konnte man noch 1985 Mitglied werden; das gehört allerdings der Vergangenheit an, da der Club mittlerweile nur noch sehr wenige neue Mitglieder aufnimmt. Doch das Greenfee ist nach wie vor erschwinglich.

Blick aus der Vogelperspektive auf mehrere Löcher: das Green des 4., die Brücke über den Bach am 11. Loch, das 12. und der Abschlag des 13. Lochs.

Loch	Länge	Par	Loch	Länge	Par
1	410	4	10	360	4
2	160	3	11	140	3
3	485	5	12	370	4
4	390	4	13	525	5
5	365	4	14	220	3
6	170	3	15	480	5
7	290	4	16	355	4
8	175	3	17	345	4
9	390	4	18	455	5
Total	2835	34	Total	3250	37
			Insgesamt	6085	71

Royal Johannesburg

Transvaal
Südafrika

Das Schmuckstück im Osten ...

Dies war der erste große Golfplatz Südafrikas. Auch wenn der Royal Cape Town der ältere ist, der Royal Johannesburg wurde nur wenig später, im Jahre 1890, erbaut. Die beiden Kurse, auf denen man heute spielt, stammen allerdings aus dem Jahr 1933. Angelegt wurden der »Old« und der »New«, wie man sie damals nannte, vom Pro des Clubs, Robert Etrinsdell. Heute bezeichnet man sie als den »West-« beziehungsweise »Ostkurs«.

Doch was geschah zwischen 1890 und 1933? Der Club wechselte mehrmals den Standort, hauptsächlich wegen der rasanten Entwicklung Johannesburgs und dem Goldrausch der damaligen Zeit. Man mußte sich gezwungenermaßen nach einem anderen, besseren Gelände umsehen. Dazu muß man allerdings wissen, daß das ursprüngliche Terrain alles andere als einladend und leicht zu pflegen war, wegen seines felsigen Untergrunds. Damals mußte man sogar zeitweilig befürchten, daß der Club sich ganz auflösen würde. Doch im Jahre 1893 nahm ein neuer Clubpräsident die Angelegenheit in die Hand und ließ eine neue 9-Loch-Anlage bauen. Etwas später kamen noch neun weitere hinzu, in der Nähe der Wemmer Gold Mining Company. Damit allerdings hatte man sich doch übernommen – die 18 Löcher mußten bald wieder auf neun reduziert werden. Und ein Unglück kommt selten allein: Im Jahre 1896 wurden sowohl der Clubpräsident als auch der Sportwart verhaftet und wegen ihrer Teilnahme an der »Jamison Raid«, einem Aufstand, zum Tode verurteilt.

Später war man erneut gezwungen, ein neues Gelände zu suchen. Doch von nun an ging's bergauf: 1925 spielte der Prinz von Wales, der spätere Edward VIII. hier mehrere Runden, was dem Club kurz darauf den Beinamen »Royal« einbrachte.

Gary Player in Aktion – der »Mann in Schwarz«, das Idol der Südafrikaner auf seinem Heimatkurs.

Bis heute hat der Royal Johannisburg Golf Club, den man getrost als »old fashioned« bezeichnen kann, nichts von seiner Qualität, von seiner Faszination verloren. Dabei schätzt man allgemein den »Ostkurs« höher ein als den »Westkurs«. Nach einigen »zu guten« Ergebnissen einiger Champions, wie beispielsweise das von Harold Hennings, wurden die Anforderungen des Kurses zum Teil noch verschärft. Vor allem die Drives sind teilweise problematisch, bei der kleinsten Abweichung landen sie im »out of bounds«, wie am 3. Loch, im Wasser oder in den Weiden am Rande des Greens, wie am 6., einem Par 5, über 500 Meter lang, einem der Lieblingslöcher von Gary Player. Das anspruchsvollste ist wohl das 11. Loch, vor allem, weil es als Par 4 deklariert ist – trotz seiner Länge von 467 Metern (vom Backtee). Es ist leicht abschüssig – beim zweiten Schlag gilt es, sich vor der Wasserrinne in acht zu nehmen, ebenso vor dem breiten Bunker auf der linken Seite – dieses Loch ist wirklich nicht besonders amüsant . . . Es hat schon bei zahlreichen offenen nationalen Meisterschaften seine Tücken bewiesen – und schon so manche Hoffnung auf den Sieg zunichte gemacht.

Der relativ lange Kurs profitiert übrigens sehr von seiner hohen Lage, etwa 1600 Meter über dem Meeresspiegel. Die Bälle fliegen hier zweifellos um einiges weiter. Die schwierigsten Drives sind am 4. und 8. Loch zu schlagen. Vor allem die zahlreichen Bäume stehen bedrohlich nahe, die Bunker sind strategisch gut plaziert.

Auf diesen beiden hochgelegenen Kursen fliegen die Bälle um einiges weiter als gewohnt – ein echter Test für die Drives ist vor allem der Ostkurs.

East Course

Loch	Länge	Par	Loch	Länge	Par
1	473	5	10	469	4
2	228	3	11	467	4
3	418	4	12	186	3
4	444	4	13	359	4
5	145	3	14	398	4
6	530	5	15	199	3
7	384	4	16	448	4
8	489	5	17	354	4
9	366	4	18	468	5
Total	3477	37	Total	3348	35
			Insgesamt	6825	72

Royal Montreal
Quebec
Kanada

Der älteste Club des amerikanischen Kontinents

Schon aufgrund seiner langen Tradition – der Club konnte 1973 sein hundertjähriges Bestehen feiern – ist der Royal Montreal Colf Club es wert, in diesem Buch erwähnt zu werden. Doch neben seinem mehr als respektablen Alter hat sich dieser Platz auch noch ein anderes Verdienst erworben: Man hat sich selbst immer im richtigen Moment in Frage gestellt und neue Errungenschaften des modernen Golfs übernommen. Sicherlich, der RMGC ist nicht der einzige, der den Titel des größten und angesehensten Clubs Kanadas für sich beansprucht. Auch andere haben ein gewisses Prestige – daran kann angesichts von 1,2 Millionen kanadischen Golfern kein Zweifel bestehen. Es würde zu weit führen, hier alle aufzuzählen; vielleicht nur ein paar der wichtigsten, die mir gerade einfallen: der Club Capilano in der Nähe von Vancouver beispielsweise, oder Banf in den Bergen von Alberta, ein sehr spektakulärer Kurs, oder auch noch einige weitere in der Provinz Quebec.

Schließlich spielt man in Kanada nicht erst seit gestern Golf. Noch bevor die nordamerikanischen Plätze geplant wurden, konnte man auf den Links von Montreal oder Toronto einputten, und der berühmte amerikanische Saint-Andrews-Kurs entstand erst fünfzehn Jahre nach dem Royal de Montreal. Schon im Jahre 1884 verlieh Queen Viktoria dem Club das Prädikat »Royal«, und die vielen schottischen Emigranten, an ihrer Spitze der legendäre Alexander Dennistoun, der »Vater« des amerikanischen Golfs, konnten hier voller Begeisterung mit ihren handgefertigten Schlägern ihre Runden spielen. Das »Goldene Golfzeitalter« Kanadas . . .

Anfangs war der »Royal« in Fletcherfield ansässig, auf einem Hügel des Mont Royal, als Teil eines Parks. Da sich die Stadt ständig vergrößerte, sah man sich 1896 gezwungen, ein neues Gelände zu suchen, weiter im Westen der Stadt, in Dixie. Damit war man allerdings für die Golfer, die weder mit der Bahn noch mit einem Automobil zu ihrem Platz fahren konnten, unerreichbar geworden. Übrigens kreuzten die Eisenbahnschienen den Kurs, der – von Willie Dunn entworfen – damals nur aus 12 Löchern bestand. Dennoch wurden schon größere Turniere auf dem Platz ausgetragen. Insgesamt fanden hier später fünf Canadian Open statt, an denen unter anderen auch so bekannte Golfer wie Harry Vardon teilnahmen.

Trotz seines schönen und imposanten Clubhauses war dieses Gelände wegen der zu kurzen Gesamtlänge des Kurses – weniger als 5000 Meter – langfristig gesehen ungeeignet. Dennoch: Erst sechzig Jahre später fand der Royal Montreal Golf Club seine (wie man wohl annehmen darf) endgültige Heimat: die Insel Bizard im See Deux Montagnes. Dieses 7 Kilometer lange und 3 Kilometer breite Fleckchen Erde war für einen Golfplatz wie geschaffen. Innerhalb von zwei Jahren sollte dieses bis dahin völlig unberührte Inselchen aus seinem Dornröschenschlaf erwachen – so lange dauerten die Arbeiten an der 45-Loch-Anlage. Es war wirklich ein äußerst ehrgeiziges Projekt. Eigentlich wollte man Robert Trent Jones mit dem Bau des Platzes beauftragen, doch da man wußte, wieviel Zeit der berühmte Architekt für seine Projekte meist benötigt und die Frist, die der Clubvorstand für den Bau angesetzt hatte, ziemlich kurz bemessen war, entschied man sich letztendlich für die »Antithese« des RTJ, für Dick Wilson. Ob das auf die geschichtliche Bedeutung des Clubs einen entscheidenden Einfluß gehabt hat? Bezüglich dieser Frage scheiden sich die Geister, es ist nicht leicht, hier ein Urteil zu fällen. Das Werk von Dick Wilson ist zweifellos eine ausgezeichnete Arbeit, intelligent und von bewundernswerter Ästhetik. Der gelernte Ingenieur, der auch schon in Merion und Shinnecock Hills Verbesserungen durchgeführt und Doral und Pine Tree in Florida entworfen und gebaut hatte, wollte die beiden Kurse selektiv gestalten, und zwar so, daß sie auch noch nach langer Zeit attraktiv sein würden.

Der »Bleu«, ein echter Meisterschaftskurs, 5882 Meter lang, Par 70, und der »Rouge« haben beide ihren eigenen Charme, doch wirklich charakteristisch und bemerkenswert sind vor allem die vier letzten Löcher des blauen Kurses. Sie sind vor allem wegen ihrer zahlreichen Wasserhindernisse und ihrer modernen und sehr schweren Konzeption berühmt-berüchtigt. Das 16. Loch des »Bleu« gilt als das anspruchsvollste Par 4 von ganz Kanada. Mit der besonderen Eigenheit, daß die hier überall verteilten Wasserhindernisse den Golfer leicht zwei Schläge kosten können.

Das 18. Loch des »roten« Kurses, im Hintergrund das Clubhaus.

Man kann getrost sagen, daß dieses Loch zu den größten Katastrophen führen kann, die man sich als Golfer so ausmalt . . . Alles in allem wurden hier die drei Elemente, die zu einem großen Platz gehören – Sand, Bäume und Wasser – hervorragend eingesetzt und integriert. Die Greens sind meist sehr breit, in manchen Fällen sind Putts über 40 Meter möglich. Viele liegen etwas erhöht, und da der Zugang häufig sehr eng ist, sollte man sie möglichst mit langen Schlägen anspielen.

Die Fairways sind wegen ihrer Enge sehr gefürchtet, vor allem bei Meisterschaften, wenn sie noch zusätzlich verengt werden. Glücklicherweise ist die Umgebung zauberhaft, ebenso wie das Clubhaus, vor allem an einem späten Nachmittag im Herbst, wenn die Sonne den Platz in die herrlichsten Farben taucht. Ein weiterer Beweis für das Talent des Architekten: Er hat daran gedacht, den Platz so anzulegen, daß die Sonne den Golfer bei den letzten Löchern nicht blendet, wie es leider so oft der Fall ist, sondern ihm den Rükken wärmt.

Oben: Die Löcher 15 und 16 des alten, »blauen« Kurses.
Unten: Das besonders schön angelegte 15. Loch des »blauen« Kurses.

Red Course

Loch	Länge	Par	Loch	Länge	Par
1	358	4	10	197	3
2	502	5	11	478	5
3	128	3	12	346	4
4	373	4	13	343	4
5	395	4	14	529	5
6	347	4	15	425	4
7	131	3	16	156	3
8	372	4	17	313	4
9	393	4	18	349	4
Total	2999	35	Total	3136	36
			Insgesamt	6135	71

Royal Melbourne

Victoria
Australien

Der König und seine Untertanen

Es mag in manchen Ländern nicht ganz einfach sein, den besten Platz, die Nummer Eins des Landes zu bestimmen – auf Australien trifft das jedenfalls nicht zu. Dieses riesige Land, in dem es mehr als 1500 Golfplätze gibt, hat einen unbestrittenen »König«, den Royal Melbourne Golf Club. 36 traumhafte Löcher, im Süden der Hauptstadt des Staates Victoria, die inmitten anderer erstklassiger Kurse »thronen«. Auf dem berühmten »Sand Belt«, einem riesigen Gebiet, reiht sich ein erstklassiger Kurs an den anderen – insgesamt sind es sieben, ein einzigartiges Golfparadies. Beispielsweise der Kingston Heath Golf Club, eine Art Halbbruder des Royal, mit glänzenden Greens, der Metropolitan Golf Club mit seinen langen Par 4, und der Victoria Golf Club, der nur wenige Meter vom Royal entfernt liegt.
Der Club hat heute 1830 Mitglieder, was für den Platz noch nicht zuviel ist und die sich auch an den hier häufig stattfindenden Turnieren nicht stören. Man ist stolz auf die beiden Kurse, den »West« und den »Ost«, die international einen hervorragenden Ruf genießen. Besonders dankbar sind die Clubmitglieder den Greenkeepern Claude Crokford und Mr. Williams, die beide mit unwahrscheinlichem Einsatz und sehr eifersüchtig über »ihren« Kurs wachen, jeder auf seine Weise. Vielleicht ist die Bewässerungsanlage deshalb nicht unbedingt auf dem neuesten Stand, eine elektronische Steuerung gibt es nicht. Die Fairways werden im Sommer überhaupt nicht bewässert. Man hat dennoch keine Angst vor verbrannten Fairways – sie werden zwar meist gelb von der Hitze, bleiben aber gut bespielbar. Die Greens sind wegen ihrer Schnelligkeit und Festigkeit in der ganzen »Golfwelt« berühmt. Vor allem bei großen Turnieren wie den Australian Open sind sie grundsätzlich in perfekter Verfassung. Bei seinem Open-Sieg 1984 hatte Tom Watson, ein echter Putting-Experte, mehr als einmal die Gelegenheit, sich von ihrer Schnelligkeit zu überzeugen. Lee Trevino dagegen verschätzte sich in seiner Beurteilung vollkommen, was bei ihm nun wirklich selten vorkommt: Er beklagte sich bitter über die Greens, die seiner Meinung nach »der größte

Links: Das 17. Loch, ein Par 5, des Ostkurses, auf dem die großen Turniere ausgetragen werden.
Unten: Der Westkurs, der bekannteste des Royal Melbourne, ist wegen seiner enormen Bunker gefürchtet.

Betrug seit der Watergate-Affäre sind«. Vier Bahnen des Westkurses, die auf der anderen Seite eines Durchgangswegs liegen, werden bei großen Turnieren zum Ostkurs gerechnet. Gleichzeitig gehören sechs Löcher des Ostkurses zu dem berühmten »Composite Course«, die übrigen zwölf sind ein Teil des Westkurses.

Wenn von dem großen Melbourner Kurs die Rede ist, handelt es sich grundsätzlich um diesen »Composite Course«. Selbstverständlich spielen die Clubmitglieder und Besucher normalerweise auf einem der beiden eigentlichen Kurse, die ebenfalls anspruchsvoll und interessant sind, doch der »Composite Course« gehört eben zum Besten, was man sich wünschen kann. Eine perfekte Kombination der Werke zweier Genies: des »inspirativen« Dr. Alister Mackenzie, der nicht nur Augusta (gemeinsam mit Bobby Jones) entworfen hat, sondern auch Cypress Point und viele andere bekannte amerikanische Plätze, und des eher pragmatischen Champions Alex Russel. Mackenzie konzipierte den Westkurs mit seinen gigantischen Bunkern, Russel den Ostkurs. Anfangs wußte man das Meisterwerk der beiden allerdings nicht so zu würdigen, man schlug den Architekten sogar vor, das 7. Loch noch etwas abzuändern, dessen leicht erhöht liegendes Green schlecht einzusehen ist, was man für die Clubmitglieder für zu schwer hielt.

Die Hinrunde des Meisterschaftskurses mißt 2905 Meter mit einem Par von nur 35 Schlägen, die Rückrunde ist dagegen 3475 Meter lang, ein Par 37. Auf der Hinrunde gibt es nur ein Par 5, das 2. Loch. Hier empfiehlt sich ein Carry über 230 Meter, wenn man der ersten Bunkerreihe entgehen will. Ein Birdie ist möglich, wenn man um alle Bunker unbeschadet herumkommt. Das 3. Loch, das dem ersten des Ostkurses entspricht, ist zwar kurz, dafür aber ebenfalls mit einigen strategisch gut plazierten Bunkern versehen, in der Mitte und auf der rechten Seite des Fairways, im Bereich des Drives. Vorsicht beim zweiten Schlag, die Büsche auf der linken Seite sind gefährlich. Das 5. Loch ist das erste der drei Par 3, alle sehr attraktiv, aber schwer zu spielen. Das darauffolgende Loch ist ein echtes Meisterwerk: Das Fairway mit einem Dogleg nach rechts wird auf der rechten Seite von mehreren Bunkern begrenzt; der zweite Schlag mit einem langen Eisen sollte besonders präzise, aber nicht zu lang geschlagen werden. Das Green ist eines der gefährlichsten des ganzen Parcours. Am 8. Loch, dem 10. des Westkurses, kann alles glücken – aber genauso alles völlig danebengehen. Mitten auf diesem nur 279 Meter langen Loch mit einem Dogleg nach links und einer leichten Steigung liegt ein riesiger Sandkrater, in dem jeder allzu wagemutige Golfer, der versucht, den Weg abzuschneiden und direkt aufs Green zu schlagen, unweigerlich landet. Eine echte Strafe. Doch genau das ist typisch für den Kurs. Die Bahnen sind zwar nicht unbedingt übermäßig lang, dafür aber um so schwerer zu spielen.

Die Löcher 9 bis 12 sind alle vier relativ lange Par 4, die letzten beiden entsprechen den »Finishing Holes« des Westkurses. Das 11. Loch gehört zweifellos zu den schwierigsten. Das Green ist trotz seiner Länge von 416 Metern

Auf dem Weg zum Clubhaus: auch hier riesige, strategisch hervorragend plazierte Bunker.

Lee Trevino: Nicht nur er hat einen Horror vor den Greens des »Royal« . . .

wegen eines schier undurchdringlichen, unspielbaren Roughs auf der rechten Seite nur schwer zugänglich. Beim 12. Loch liegt das Problem ähnlich wie beim 8.: Man hat die Alternative, entweder den Weg abzuschneiden, was mit einem großen Risiko verbunden ist, oder auf Sicherheit zu gehen. Letzteres scheint angesichts der Bunker mitten im Fairway eher angebracht. Der zweite Schlag sollte in jedem Fall mit einem langen Eisen gespielt werden, da man mit Gegenwind rechnen muß.

Am 13. Loch, einem Par 4, kann man sich kurz erholen, allerdings nur unter der Bedingung, daß man den Drive rechts halten kann und sich so eine gute Ausgangsposition für den zweiten Schlag schafft. Das zweite Par 5 des »Composite Course« ist das 14. Loch. Wer hier an den zahlreichen Bunkern nicht heil vorbeikommt . . . Das 15. Loch entspricht dem 3. des Ostkurses – ein echter Geniestreich, der den Golfern erhebliches Kopfzerbrechen bereitet. Das abschüssige Fairway mit einem Dogleg nach rechts sollte man von links angehen, allerdings wird es zum Landepunkt des Drives hin immer enger, mit einem dichten Gebüsch auf der linken und einem Rough auf der rechten Seite.

Die beiden letzten Löcher, das 17. und 18., sind keine unbedingt furchterregenden Finishing-holes. Beide sind angenehm breit, doch wegen der nicht ungefährlichen Bunker sollte man getrost attackieren. Auf diese Weise hat der Golfer einmal richtig Gelegenheit, seine ganze Kraft einzusetzen.

Das 2. Loch des Ostkurses.

Platz genug ist vorhanden und ausnahmsweise wirken sich Hook oder Slice einmal nicht unbedingt negativ aus. Anders als in den meisten anderen Fällen sollte man hier nicht vorsichtig und mit halber Kraft schlagen, sondern im Gegenteil versuchen, gleich so nahe wie möglich ans Green zu kommen. Nur dann liegt ein Birdie im Bereich des Möglichen.

Dieser extrem lange Parcour (6380 Meter) ist so etwas wie eine hochexplosive Mischung der interessantesten Löcher des Ost- und des Westkurses. Die rauhe Landschaft erinnert in vielem an die schottischen Links, der Wind spielt ebenfalls eine nicht unerhebliche Rolle, die Temperaturen sind zum Golfen geradezu ideal – alles erstklassige Bedingungen für einen hervorragenden Platz.

Composite Course

Loch	Länge	Par	Loch	Länge	Par
1	392	4	10	430	4
2	439	5	11	416	4
3	304	4	12	396	4
4	402	4	13	324	4
5	161	3	14	446	5
6	391	4	15	350	4
7	135	3	16	192	3
8	279	4	17	526	5
9	402	4	18	395	4
Total	2905	35	Total	3475	37
			Insgesamt	6380	72

The Australian

Sydney
Australien

Der älteste Golfclub Australiens

Der Australian Golf Club gilt als der älteste Club des fünften Kontinents, älter noch als der Royal Melbourne. Er wurde tatsächlich im Jahre 1882 gegründet, auch wenn er zwischen 1888 und 1893 für fünf Jahre wieder in der Versenkung verschwand. Doch kann man ihn wirklich noch guten Gewissens zu den »Authentischen« rechnen, obwohl alles, aber auch wirklich alles verändert worden ist – und das ist noch sehr milde ausgedrückt – sei es aufgrund von Natureinflüssen, wie beispielsweise im Falle des Clubhauses, das schon zweimal von einem Brand zerstört wurde, oder entsprechend dem Willen eines schwerreichen Geschäftsmannes, der Jack Nicklaus beauftragte, den Kurs komplett zu erneuern. Einfach so!

Dieser Club konnte im Lauf seiner Geschichte wirklich unwahrscheinlich vielen Einflüssen und Veränderungen standhalten, und nur dank des Einsatzes und Teamgeistes der Clubmitglieder hat er die zahlreichen Schwierigkeiten und Probleme überstehen können, die seine Existenz immer wieder bedrohten.

So gibt es also den Australian Golf Club, der vor über hundert Jahren auf einem Gelände entstand, auf dem heute wieder Criquet-Spiele stattfinden, immer noch – und er ist im Grunde jünger und moderner als je zuvor. Der »New Course«, wie man ihn nennen könnte, hat mit dem »Old Course« überhaupt nichts mehr gemein. Was manche Mitglieder immer noch nicht so ganz verdaut haben . . . Schon im Jahre 1888 mußte man erstmals das Clubgelände aufgeben, und es dauerte fünf lange Jahre, bis man wieder ein geeignetes gefunden hatte. Immer wieder war man gezwungen, sich nach einem neuen Terrain umzusehen – erst im April 1905 entschied man sich für das endgültige Gelände. Drei Pros wurden mit dem Bau beauftragt, der Lohn für jeden: zwei Guinees und das Recht, eine Runde spielen zu dürfen. Die Gesamtlänge des Parcours betrug damals etwa 4750 Meter, für einen Bogey von 87 Schlägen! Den Damen gestattete man, sich auf einer 9-Loch-Anlage zwischen den großen Kursen zu »amüsieren«, die speziell für sie gebaut wurde. 1939 zog man den Architekten des Ostkurses vom Royal Melbourne, Alex Russel, hinzu. Doch seine Entwürfe wurden erst acht Jahre später, 1947, verwirklicht. 23 der 27 vorhandenen Löcher wurden neu angelegt. So beließ man sie dann bis 1977.

Im Jahre 1975 fand ein für das Schicksal des Australian Golf Clubs historisches Treffen statt: zwischen dem australischen Pressemagnaten Kerry Packer und Jack Nicklaus. Mit dem Einverständnis der Clubmitglieder beschloß Mr. Packer eine totale Erneuerung der Anlage, die finanziellen Mittel für die beim Nicklaus-Unternehmen bestellten Arbeiten übernahm er selbst. Als Gegenleistung verlangte er nur, daß die Australian Open drei Jahre lang nur auf dem Australian-Golf-Club-Gelände ausgetragen werden durften, womit sich der Verband auch einverstanden erklärte. Und wie das Leben so spielt, war es auch noch Jack

Das letzte Loch, ein Par 5, mit einem Wasserhindernis direkt neben dem Green – ein echtes Problem am Ende eines interessanten Parcours.

Man kann immer wieder zwischen zwei verschiedenen Wegen zum Green wählen. Ebenso wie auf den großen amerikanischen Plätzen kommt es hier ganz besonders auf die richtige Wahl des Schlägers an. Die Drives sind allerdings relativ unproblematisch, da überall genügend Raum vorhanden ist. Man hat diesen über ein Jahrhundert alten Kurs also erheblich modernisiert. Jedes Loch ist jetzt eine echte Herausforderung, vor allem die drei letzten Löcher sind ausgesprochen schwer zu spielen: das 16. hauptsächlich wegen der zahlreichen Bunker, die vor dem Green liegen, das 17. wegen eines gefährlichen Wasserhindernisses auf der linken Seite und das 18. wegen eines weiteren Wasserhindernisses vor dem Green. Auf diesen drei Löchern kann alles passieren, man kann ebenso brillieren wie auch völlig einbrechen.

Norman van Nida hat es bei fünf Versuchen nicht geschafft, am 17. Loch Par zu spielen. David Graham erging es besser: Bei seinem Australian-Open-Sieg gelang es ihm, das Green des 18. Lochs mit zwei Schlägen zu erreichen. Und was Jack Nicklaus anbetrifft: Er kam 1978 wieder hierher und gewann den Titel auf dem Kurs, den er gerade kurz zuvor fertiggestellt hatte – zweifellos nach seinen eigenen Wünschen und Vorstellungen.

Die Löcher 7, 8 und 9 des von Jack Nicklaus völlig neugestalteten Kurses.

Nicklaus, der das Turnier in den ersten beiden Jahren 1975 und 1976 gewann. 1977 wurde er zweiter, hinter dem einheimischen Pro, einem gewissen David Graham. Vielleicht war er mit seinen Gedanken schon zu sehr bei den Veränderungen, die er auf dem Platz verwirklichen wollte. Jedenfalls bestätigte Nicklaus selbst, daß ihm der alte Kurs eigentlich nicht besonders läge. »Er ist mir zu weitläufig, fast ein bißchen langweilig, aber man kann sicherlich etwas daraus machen.« Tatsächlich war mehr als ein »Lifting« geplant, eher schon eine komplette »Verjüngungskur«, eine Runderneuerung. Der Australian Club sollte ein völlig neues Gesicht bekommen. Auf dem vorher so natürlichen Gelände entstand ein sehr sophistischer, sehr moderner Kurs. Keine »blinden« Bahnen mehr, keine Sanddünen, dafür wurden Bäume angepflanzt. Man legte völlig neue Löcher an, einige Seen entstanden, das Gras für die Fairways wurde aus Amerika eingeführt.

Der Kurs ähnelt jetzt fast einem Amphitheater, das alle Voraussetzungen für die Veranstaltungen großer internationaler Turniere mitbringt. Was die technischen Anforderungen betrifft, kann man diesen Kurs getrost zu den zwei oder drei anspruchsvollsten des fünften Kontinents rechnen. Erfahrene Golfer können von den Backtees aus abschlagen, damit beträgt dann die Gesamtlänge des Kurses für sie 6500 Meter. Ab Loch 6 hat man die Gelegenheit, auf ein paar langen Par-4-Bahnen sein ganzes Können zu beweisen. Ein großes Plus dieses von Jack Nicklaus entworfenen Kurses:

Loch	Länge	Par	Loch	Länge	Par
1	440	5	10	361	4
2	156	3	11	135	3
3	331	4	12	361	4
4	141	3	13	346	4
5	497	5	14	494	5
6	378	4	15	173	3
7	350	4	16	368	4
8	387	4	17	359	4
9	398	4	18	453	5
Total	3078	36	Total	3050	36
			Insgesamt	6128	72

New South Wales

La Perouse
Australien

Nur keine Veränderungen!

Es gibt Kurse, die für sich selbst sprechen, andere wiederum leben von ihrer langen Tradition. Der New South Wales Golf Club, etwa 30 Kilometer von Sydney entfernt, gehört zu der zweiten Kategorie. Genau an dieser Stelle, wo sich das Gelände des Clubs befindet, landete im April 1770 ein gewisser Captain Cook, der Entdecker des australischen Kontinents. Schon wenige Jahre später, nach einigen Kämpfen gegen die Ureinwohner, war Australien britische Kolonie.

Erst zu Beginn des Jahrhunderts entdeckte man, wie schön diese Gegend ist, wie gut sie sich für eine Golfanlage eignen würde. Die Botany Bay, wie man dieses Gebiet nennt, liegt direkt am Pazifischen Ozean, an einer imponierenden Steilküste, mit ausgedehnten Rasenflächen, die sich durch einen dichten Wald ziehen. Man wandte sich an den schon damals weltweit bekannten Architekten Alister Mackenzie, der sich gerade in Melbourne aufhielt, und beauftragte ihn mit der Gestaltung des Platzes.

Kann man den Kurs des New South Wales Golf Club als Links bezeichnen? Die Debatte um diese Frage ist schon so alt wie der Kurs selbst. Die meisten Experten bezeichnen ihn als einen solchen, andere kritisieren jedoch, daß er nicht ganz den ursprünglichen schottischen und englischen Vorbildern entsprechen würde – das Gelände war nie, wie es eigentlich bei den Original-Links der Falls ist, vom Meer bedeckt.

Jack Nicklaus, der von diesem Kurs ganz besonders beeindruckt ist, meint: »Es wäre unmöglich, heutzutage einen ähnlichen Kurs neu anzulegen – es wäre viel zu teuer. Man sollte dieses kleine Schmuckstück lassen, wie es ist.«

Wie auch immer, dieser Platz am Meer ist es wert, zu den ganz Großen gezählt zu werden. Die meisten Bahnen sind von erstklassiger Qualität, außerdem liegt der ganze Kurs in einer einzigartigen faszinierenden Landschaft. Von vielen Löchern aus hat man einen phantastischen Blick auf den Pazifischen Ozean. Der 6232 Meter lange Kurs, Par 72, feierte 1978 sein fünfzigjähriges Bestehen.

Er beginnt relativ einfach, doch schon das 2. Loch, ein Par 3 über 181 Meter, ist ziemlich gefährlich, vor allem wegen seines leicht erhöhten Greens. Man sollte unbedingt darauf achten, nicht zu weit links zu landen, wegen des kleinen Wäldchens am Rande des Fairways. Am 3. Loch, einem Par 4 mit einem Dogleg nach links, spielt der Wind eine große Rolle – ich würde nicht raten, hier eine »Abkürzung« zu versuchen, auch wenn es so scheint, als ob dann anschließend ein guter Schlag mit einem Eisen 8 alles in Ordnung bringen würde. Das 5. Loch ist bei ruhigem Wetter ein leichtes Par 5, das man mit zwei Schlägen gut erreichen kann, bei Wind ist es allerdings sehr schwer zu spielen. Der Blick auf den Pazifik ist herrlich, trotz des Wracks einer Barkasse, der »Minmi«, die man von hier aus sieht. Das 6. Loch ist das spektakulärste der ganzen Anlage. Dieses Par 3 über 181 Meter ist eine fast perfekte Kopie des 16. Lochs von Cypress Point, das ja auch von Alister Mackenzie stammt. Hier empfiehlt es sich, ein langes Eisen oder Holz zu wählen, um ans Green zu kommen. Auf der linken Seite der Ozean, rechts ein für New South Wales typischer Bunker, extrem tief und dementsprechend furchterregend. Dieses 6. Loch ist wirklich etwas ganz Besonderes, es gibt in ganz Australien nur sehr wenige so hervorragend konzipierte Bahnen. Bis zum 11. Loch wechseln sich die Par 4 und Par 5 ab; vor allem am 7. Loch ist es sehr schwer, das Par zu schaffen. Sogar Gene Sarazen war für diese 376 Meter lange, leicht ansteigende Bahn voller Bewunderung. Wer am 13. Loch, einem Dogleg nach links, das Par erreicht, kann sich freuen – bei Wind ist das Green nämlich ausgesprochen schwer zu erreichen. Das 14. ist fast so spektakulär wie das 6. Loch. Hier ist es besonders wichtig, mit dem Drive unbeschadet am dichten Rough vor-

beizukommen; das Fairway ist sehr hügelig. Das 15. Loch gilt als das schwerste des Parcours. Das Fairway mit einem Dogleg nach rechts wird auf beiden Seiten von einem undurchdringlichen Rough begrenzt, das Green liegt leicht erhöht. Das 16. Loch liegt gleich parallel zum 15., ist allerdings mit seinen 412 Metern etwas länger. Die Bahnen 13 bis 16 sind bei Wind fast unspielbar, obwohl gar nicht einmal übermäßig lang.

Was das 17. Loch betrifft, ein Par 3 über 154 Meter, bei dem man sich über den Mangel an »Frischluft« wirklich nicht beklagen kann, so hat der berühmte Schauspieler, Komiker und passionierte Golfer Bob Hope es einmal als die »beste Klimaanlage der Welt« bezeichnet . . .

Das 18. Loch schließlich führt direkt zum Clubhaus. Das letzte Green, sehr schnell und auf zwei verschiedenen Ebenen liegend, sollte man mit ganz besonderer Vorsicht angehen.

Dieser Kurs kann sowohl ein wunderschönes Erlebnis als auch entsetzlich deprimierend sein. Was das Score betrifft, so spielt der Wind eine enorm wichtige Rolle. Daß die Australian Open, das größte Turnier des Landes, hier bis jetzt noch nie stattgefunden haben, grenzt an einen Skandal. Es fehle an Bequemlichkeit, so die Begründung schon seit Jahren . . . Jack Nicklaus, den man einmal um seine Meinung zum New South Wales Golf Club gebeten hatte, meinte: »Einen Golfplatz wie diesen heute neu zu bauen, wäre absolut unmöglich – es wäre viel zu teuer. Wir sollten ihn einfach so lassen, wie er ist!«

Eine absolut einzigartige Kulisse – mehrere Bahnen liegen direkt am Pazifischen Ozean.

Loch	Länge	Par	Loch	Länge	Par
1	299	4	10	346	4
2	181	3	11	151	3
3	382	4	12	461	5
4	400	4	13	381	4
5	452	5	14	322	4
6	181	3	15	377	4
7	376	4	16	412	4
8	515	5	17	154	3
9	335	4	18	507	5
Total	3121	36	Total	3111	36
			Insgesamt	6232	72

La Gavea Rio de Janeiro Brasilien

Oben: Roberto de Vicenzo, der große Champion aus Argentinien, der so viele internationale Open gewinnen konnte, unter anderem auch in La Gavea. Was er nach wie vor bedauert: sein Scheitern beim Masters . . .

Unten: Ein Kurs zwischen Meer und Gebirge. Hier das 7. Loch.

Golf Samba

In einem Land mit so vielen schönen, jungen Menschen und so viel Lebensfreude kann es eigentlich keine Langeweile geben. Im Gegenteil, Brasilien scheint eines der wenigen Länder unseres Planeten zu sein, in dem man noch Feste zu feiern versteht. Sonne, Musik, viel Platz und unendlich viele Kontraste – dieses Land hat einen ganz besonderen Zauber, und das nicht nur im Karneval.

Es versteht sich, daß Golf in Brasilien nicht so viele Anhänger hat wie König Fußball, der Volkssport Nummer eins. Und dennoch ist es nicht einmal so verwunderlich, daß der bekannteste Golf Club, La Gavea, so im Blickfeld gebaut wurde, direkt neben dem Strand von Ipanema, zu Füßen des berühmten Hotels Intercontinental.

Dieser Platz ist fast so etwas wie ein Symbol der Stadt Rio selbst. Er liegt zwischen zwei Extremen: dem Ozean auf der einen und den Bergen mit ihrer üppigen Vegetation auf der anderen Seite; das Gelände ist von einer bezaubernden landschaftlichen Schönheit – und das mitten im Herzen dieser riesigen Stadt. Hier ist Golf noch ein Sport der kleinen, reichen Oberschicht. Dementsprechend sind auch viele der Clubs äußerst unzugänglich. La Gavea ist ein typisches Beispiel dieser sehr exclusiven Clubs – wer hier spielen will, sollte sich unbedingt mit der Einladung eines Clubmitglieds versehen. Falls er eine solche nicht besitzt, kann er die Hoffnung auf eine Runde Golf sofort aufgeben.

Der nur für Clubmitglieder reservierte Platz ist allerdings auch ganz besonders attraktiv. Einzig seine relativ geringe Länge von 5757 Metern schränkt den Schwierigkeitsgrad des Kurses etwas ein, ansonsten verfügt dieser Par 68 über eine ganze Anzahl

»wunderschöner« Fallen. Auf der ersten Hälfte des Kurses hat man von einigen Stellen aus einen einzigartigen Blick auf Rio de Janeiro, die zweite, die zum Teil an der Autobahn, zum Teil am Meer liegt, erinnert in ihrer Konzeption sehr an amerikanische Plätze, vor allem wegen der zahlreichen Wasserhindernisse. Obwohl der Straßenverkehr ganz nahe vorbeifließt, fühlt man sich in La Gavea nie gestört – außer vielleicht durch die Flugzeuge, die regelmäßig ihre Schatten auf den Platz werfen. Allerdings wird man durch die hohen Anforderungen der Löcher dieses Kurses schnell wieder auf den Boden der »Golf«-Tatsachen zurückgeholt...

Gary Player, der für seine unwahrscheinliche Konzentrationsfähigkeit geradezu berüchtigt war, gewann hier einmal die Brasil Open mit einem phantastischen Score von 58! Ein seit damals nicht einmal annähernd wieder erreichter Platzrekord. Wenn es irgendein Golfer vielleicht je geschafft hätte, ihn zu brechen oder wenigstens einzuholen, dann der ehemalige große Star des brasilianischen Golfs, Mario Gonzalez, der Vater von Mario und Jaime.

Mario Gonzalez gehörte zweifellos zu den genialsten Golfern seiner Zeit. Es war ein Drama, daß er sein Land nie verlassen wollte, was er auch heute noch rechtfertigt: »Wissen Sie, zu meiner Zeit, also vor über dreißig Jahren, verließ ein Golfer seinen Club nicht so einfach; natürlich ist das heute ganz anders, das sehe ich ja am Beispiel meines Sohnes Jaime.« Um Mario Gonzalez ranken sich zahlreiche Geschichten und Anekdoten, wie zum Beispiel folgende: Mario griff am Abschlag eines ziemlich langen Par 3 nach seinem Holz 4, sein Partner wählte dagegen ein Eisen 2. Und Mario schlug den Ball direkt auf das Green. Völlig verblüfft fragte ihn daraufhin sein Mitspieler: »Sag mal, Mario, wie hast du das nur gemacht – mit diesem Holz so auf's Green zu kommen, ohne daß der Ball weitergerollt ist?« Mario zog seinen Driver aus dem Bag, dann ein Eisen 2, ein Eisen 7 und das gelbe Sandwedge. Und die Bälle landeten alle auf dem Green oder rollten zumindest bis an den Rand...

Wenn Sie Ihre Runde hier gespielt haben, sollten Sie den alten Pro besuchen, der hier so bekannt ist wie ein bunter Hund. Ganz nonchalant an die Bar vor dem wunderschönen Clubhaus gelehnt, wird er Ihnen sicher gerne auch noch ein paar andere Geschichten erzählen, Sie auf einen Batida, den hier üblichen Aperitif oder eine Cachaca, einen süßen Schnaps, einladen. Und die Zeit wird ganz gemächlich-gemütlich vergehen – denken Sie daran, Sie sind in Rio, und es liegt noch ein wunderschöner Abend vor Ihnen...

Ein Blick auf das Hotel Intercontinental, das direkt neben dem Golfgelände steht. Die Löcher 10, 11, 12 und 13, die am Strand entlangführen, sind technisch besonders anspruchsvoll.

Loch	Länge	Par	Loch	Länge	Par
1	312	4	10	139	3
2	206	3	11	272	4
3	472	5	12	343	4
4	177	3	13	435	4
5	382	4	14	400	4
6	166	3	15	379	4
7	374	4	16	233	3
8	200	3	17	375	4
9	477	5	18	415	4
Total	2766	34	Total	2991	34
			Insgesamt	5757	68

Royal Hongkong

Fanling
Hongkong

Tradition und Moderne

Hongkong, die hauptsächlich von Chinesen und einer kleinen englischen Minderheit bewohnte britische Kolonie, ist im Grunde doch größer und bietet mehr Raum als allgemein angenommen. Gegenüber der eigentlichen Insel Hongkong liegen beispielsweise Kowloon, die New Territories im Norden oder auch die Insel Lantau. Und obwohl man annehmen sollte, daß es keine weiteren Entwicklungs- und Baumöglichkeiten mehr gibt, steigen die Investitionen in dieser Stadt ständig. Der altehrwürdige Golfplatz von Fanling in den New Territories ist mittlerweile nicht mehr der einzige Kurs Hongkongs, vor kurzem wurden zwei weitere eingeweiht, auf der Insel Discovery Bay und in Clearwater Bay. Der erstere stammt von Robert Trent Jones jun., der zweite wurde auf Initiative der Japaner gebaut. Hongkong ist wirklich ein Ausnahmefall. Überall, wo die Briten im Laufe der Geschichte vorbeikamen – und sie sind weiß Gott weit herumgekommen – sind Golfplätze entstanden. Nur in Hongkong, das ihnen seit 1842 gehört, haben die Briten während eines halben Jahrhunderts nur einen einzigen Platz angelegt, den in Fanling. Sicher, der Royal Hongkong Golf Club hat 27 Löcher sowie eine kleine 9-Loch-Anlage, die älteste der Insel, sie stammt aus dem Jahre 1889. Man sollte auch erwähnen, daß es nach dem Ersten Weltkrieg in China sechs Golfclubs gab, in Amoy, Hankou, Shanghai, T'ien-tsin, Kanton und Hongkong. Die 9-Loch-Anlage in Deepwater Bay löste eine ganze Golfwelle aus – da die Zahl der Clubmitglieder die 80 bald überschritten hatte, mußte man sich nach einem zusätzlichen, größeren Gelände umsehen. Man entschied sich für Fanling, ganz in der Nähe der Grenze zur Volksrepublik China. Unglücklicherweise war diese Gegend damals verkehrsmäßig noch nicht so gut erschlossen wie heute; der Zug hielt relativ weit von Fanling entfernt. Von der letzten Station aus ging es dann entweder per Pony oder per Rikscha weiter. Erst im Jahre 1911 änderte sich das. Der Andrang der Golfinteressierten war enorm und schon bald kam die Frage auf, ob man nicht noch einen zweiten Kurs bauen solle. Der Clubvorstand war dafür, die Mitglieder dagegen stimmten für einen Ausbau des Clubhauses. Golf war damals für viele eher der Inbegriff eines mondänen Lebensstils, der sportliche Aspekt war mehr oder weniger Nebensache. Doch der Vorstand gab nicht auf und setzte seinen Plan letztendlich durch, der zweite Kurs wurde realisiert. Doch der Zweite Weltkrieg stellte alle Pläne und Hoffnungen in Frage. Die fünf lange Jahre dauernde Besatzung durch die Japaner hinterließ einen fast irreparablen Schaden.

1960 wurde infolge des wieder enorm angestiegenen Zulaufs neuer Mitglieder ein dritter Kurs angelegt, der »Eden«. Die anderen beiden heißen »New Course« und »Old Course«, wie in Saint Andrews. Man beauftragte den

Der ganz nach britischen Vorbildern gestaltete Platz liegt in der Provinz der New Territories. Sein zehnjähriges Jubiläum wird man 1989 feiern können.

Architekten Michael Wolveridge mit dem Projekt – ihm gelang ein wirklich attraktiver 9-Loch-Kurs, mit zwei ganz besonders schönen Bahnen, der 3. und der 18. Der »Eden« und der »Old Course« bilden schon seit über zwanzig Jahren gemeinsam den Kurs für Meisterschaften; auch die Hongkong Open werden hier seit vierundzwanzig Jahren ausgetragen, ebenso die Qualifikation für den Welt-Cup. Ende 1984 wurde dort auch erstmals die Weltmeisterschaft der Amateure ausgetragen.

Der Club selbst entspricht in jeder Hinsicht allen modernen Anforderungen. Insgesamt sind 285 Personen hier beschäftigt, im Laufe eines Jahres werden mehr als 75 000 Greenfees verzeichnet, das sind mehr als 200 Runden pro Tag. 70 Prozent der Clubmitglieder sind Chinesen, der Rest Briten oder Japaner. Der Sportwart W. G. Minto, seit 1970 im Amt, ist ein typischer Brite. Er kennt sich in seiner Welt perfekt aus und führt seinen Club im Stil eines Unternehmers. Wer hier Mitglied werden möchte, wird von ihm sofort gebremst: »›It's full‹, mein Herr.« Und 2600 Mitglieder sind schon wirklich eine stolze Zahl, auch wenn drei Kurse vorhanden sind.

Das Green des 18. Lochs des »Eden«, das auch als Finishing-hole des gegenüberliegenden Platzes dient, der bei großen Turnieren gespielt wird, wie beispielsweise auch 1984 bei den Amateur-Weltmeisterschaften.

Old Course

Loch	Länge	Par	Loch	Länge	Par
1	297	4	10	362	4
2	267	4	11	427	4
3	144	3	12	148	3
4	361	4	13	363	4
5	174	3	14	455	5
6	454	4	15	345	4
7	164	3	16	187	3
8	310	4	17	434	5
9	470	5	18	344	4
Total	2641	34	Total	3065	36
			Insgesamt	5706	70

Kasumigaseki Tokio Japan

Oben: Das berühmteste Loch von ganz Japan, das 10. des Ostkurses, ein langes Par 3 über 165 Meter.
Rechts: Ein weiteres charakteristisches Loch des Ostkurses: das 7., ein Par 3 über mehr als 200 Meter. Man puttet unter einem Kirschbaum ein . . .

Die Perle Japans

Es gibt in Japan zur Zeit mehr als 2000 Golfplätze, unglücklicherweise verhindert der Mangel an Raum eine noch intensivere Entwicklung. Mittlerweile zählt man noch etwa 6 Millionen japanische Golfer, doch etwa drei Viertel von ihnen haben kaum je die Gelegenheit, auf einem Platz eine Runde zu spielen. Sicherlich, die Entwicklung geht nach wie vor weiter, doch lange nicht mehr in dem Maße wie in den sechziger und siebziger Jahren, als die neuen Golfprojekte wie Pilze aus dem Boden schossen.

Jeder, der von Golf etwas versteht, erkennt sofort, daß der englische Architekt Charles Alison in Kasumigaseki und Hirono zwei erstklassige Anlagen kreiert hat. Sein Einfluß wurde im Lauf der Jahre nie bestritten, auch wenn seine Imitatoren manchmal nur sehr blasse Kopien seines Werks zustandebrachten. Doch ganz so einfach verlief die Sache nicht. Ende der zwanziger Jahre entstand ganz in der Nähe der Hauptstadt Tokio eine 18-Loch-Anlage, entworfen von einem bekannten japanischen Spieler namens Kinya Fujita, in Zusammenarbeit mit Shiro Akaboshi. Der Ostkurs war geboren. Doch die Gestaltung dieses Parcours fand nicht ganz die Zustimmung der Clubmitglieder; man bat Alison, ihn zu verbessern. Der Club wurde 1929 gegründet, bereits 1932 konnte die zweite 18-Loch-Anlage, der Westkurs, eingeweiht werden, den man nach Entwürfen eines der renommiertesten japanischen Architekten, Seiichi Inoue, angelegt hatte.

Der Ostkurs, auf dem einige Jahre später der spannende Wettkampf um den Kanada-Cup, den ehemaligen Mannschafts-Weltcup, ausgetragen wurde, mußte also einige Veränderungen über sich ergehen lassen. Vor allem das 10. Loch wurde komplett neu angelegt und wurde zu einem äußerst selektiven Par 3, nicht unbedingt wegen seiner Länge, sondern wegen seiner Grundstruktur und der riesigen Bunker vor dem Green. Und wie es sich für ein erstklassiges Par 3 gehört, hat es selbstverständlich auch ein eindrucksvolles Wasserhindernis; eine Reihe Kiefern am linken Rand des Teichs und ein kleines Tannengehölz auf der rechten Seite engen den Zugang zum Loch zusätzlich stark ein. Das Green selbst ist nur klein, vor allem vom Abschlag aus gesehen – und um die Sache noch etwas schwieriger zu machen: Ein nicht mit Backspin geschlagener Ball rollt mit Sicherheit über das Green hinaus. Das Verdienst von Alison liegt vor allem darin, daß es ihm, der seiner Zeit weit voraus war, gelang, diesem Kurs das Format eines großen, internationalen Golfplatzes zu verleihen, der auch jetzt noch allen modernen Qualitätsansprüchen gerecht wird. Das attraktivste Loch des anderen, des Ostkurses, ist zweifellos das 18.: Dieses Par 5 mit einem Dogleg nach rechts ist inclusive der bei Meisterschaften gültigen Backtees 442

Das lange 9. Loch des Ostkurses, ein Par 5 von über 500 Metern Länge. Erwähnenswert ist, daß hier auf dem Green das übliche Korai-Gras durch Bent-Gras ersetzt wurde.

Meter lang und schon wegen seines ersten Schlages, der absolut gerade sein muß, sehr interessant, aber noch mehr wegen des zweiten. Hier muß sich der Spieler entscheiden, ob er auf Sicherheit gehen will oder es sich zutraut, etwas zu riskieren und zu attackieren. Beim Kanada Cup 1957 schaffte es Sam Snead tatsächlich, das Green mit zwei Schlägen zu erreichen. Voraussetzung dafür ist natürlich, unbeschadet an den Bunkern vorbeizukommen. Es ist zwar nicht so schlimm, aus einem von ihnen wieder herauszuschlagen, wie man annehmen mag – sie sind hervorragend gepflegt – doch es ist schon sehr schwer, um sie herumzuspielen.

Vor allem in Hinsicht auf die Doppel-Greens, die man jetzt überall in Japan antrifft, hat Kasumigaseki Pionierarbeit geleistet. Was leicht zu erklären ist: In Japan herrscht kontinentales Klima mit sehr harten Wintern und sehr trockenen Sommern. Das Gras ist also großen Belastungen ausgesetzt – die beste Lösung ist, zwei Greens anzulegen, jedes mit einer anderen Rasensorte. Im Winter spielt man auf dem berühmten, sehr widerstandsfähigen Korai; für den Sommer verwendet man meist das Pentcross-Gras. Es ist klar, daß sich die ganze Architektur auf diese klimatischen Bedingungen einstellen mußte, daher werden die meisten Greens auf japanischen Plätzen nach dem gleichen Grundprinzip angelegt.

Ein Wort noch zum 1932 fertiggestellten Westkurs. Hier hat es der Golfer nur mit insgesamt drei Wasserhindernissen zu tun, auf dem Ostkurs sind es fünf. Das spektakulärste Loch des Kurses ist zweifellos das 13., ein Par 5, von den Backtees gerechnet 467 Meter lang. Dieses lange, hügelige Loch ist besonders wegen der zahlreichen Möglichkeiten, die sich als Weg zum Green anbieten, sehr interessant. So gut wie alle möglichen Schwierigkeiten, die durch Wasserhindernisse entstehen können, erwarten den Golfer hier.

Kasumigaseki ist ein echtes Schmuckstück, mit seinem in einem Meer von Blumen stehenden Clubhaus und seiner perfekt gepflegten Anlage. Dieser bekannteste japanische Club mit mittlerweile 2200 Mitglieder durfte hier ganz einfach nicht fehlen.

West Course

Loch	Länge	Par	Loch	Länge	Par
1	368	4	10	379	4
2	311	4	11	189	3
3	455	5	12	351	4
4	144	3	13	467	5
5	338	4	14	329	4
6	503	5	15	503	5
7	209	3	16	130	3
8	370	4	17	345	4
9	330	4	18	387	4
Total	3028	36	Total	3080	36
			Insgesamt	6108	72

Kawana Japan

Der Fujiyama ist Zeuge . . .

Ein Privileg des Alters, das gibt es ohne Zweifel. Die großen japanischen Golfclubs wurden in den dreißiger und vierziger Jahren gegründet. Der Kawana Golf Club macht hier keine Ausnahme. Es begann damit, daß eine reiche, einflußreiche Persönlichkeit, Kishichiro Okura, der Sohn des Gründers der Okura-Gruppe, in dieser Gegend zwischen dem Pazifik und den Bergen, etwa zwei Stunden Bahnfahrt von Tokio entfernt, Erholung suchte. Er kaufte das Gelände als landwirtschaftliches Anbaugebiet, doch man erklärte ihm, auf dem Boden vulkanischen Ursprungs seien keine großen Erträge zu erwarten. So entstand schließlich die Idee, statt dessen einen Golfplatz zu bauen. Am 15. Juni 1928 konnte bereits der erste Kurs, der »Oshima«, eingeweiht werden, dank der Unterstützung von Herrn Okura. Acht Jahre später war auch die zweite 18-Loch-Anlage fertiggestellt, nach Entwürfen eines der größten Architekten der damaligen Zeit, Charles Alison. Der »Oshima«-Kurs hat seinen Namen von der benachbarten Insel – der zweite Kurs, der »Fuji«, von dem im Hintergrund liegenden, über 3000 Meter hohen Fujiyama, einem erloschenen Vulkan, dessen Lava den Boden der ganzen Umgebung bedeckt. Aus diesem Grund entstand der »Fuji«-Kurs auch erst als zweiter, man hatte lange mit technischen Schwierigkeiten zu kämpfen.

Der Kawana Golf Club, auf einem 150 Hektar großen Waldgelände ganz in der Nähe des Pazifik, ist einer der ältesten und renommiertesten Clubs Japans.

Beide Kurse liegen direkt am Meer, doch das einzige Loch, bei dem das Wasser zu einem Problem werden kann, ist das 6. Loch des Oshima, das man humorvollerweise auf der Score-Karte als das »S. O. S.«-Loch bezeichnet. Die übrigen bieten zwar fast alle einen wunderschönen Blick auf das Meer, werden jedoch nicht davon beeinflußt. Ein weiteres besonders spektakuläres Loch ist das 15. des Fuji-Kurses. Im Gegensatz zu dem nur 134 Meter langen 6. Loch des Oshima handelt es sich beim 15. Loch um ein 430 Meter langes Par 5. Das schwierigste und längste ist jedoch das 11. Loch, inclusive der Backtees ist es 566 Meter lang.

Rechts: Der Fuji-Kurs, mit dem Green des 12. Lochs. Der berühmte Vulkan ist nicht weit entfernt . . .
Unten: Eine Luftaufnahme mit Blick auf die Anlage von Kawana.

Übrigens ist der Fuji mit seinen 6118 Metern um einiges länger als der relativ kurze Oshima (5223 Meter). Der erstere ist ein Par 72, der letztere ein Par 70. Auf beiden werden viele Meisterschaftsturniere ausgetragen – eine Kombination der Kurse ist allerdings nicht möglich. Im Gegensatz zu dem eher engen, sehr hügeligen Oshima ist der Fuji breit angelegt, mit sehr viel gleichmäßigeren Bodenwellen. Auf dem Oshima sind insgesamt 45 Bunker verteilt, auf dem Fuji 72, die man wegen ihrer extremen Tiefe auch »Alison-Bunker« nennt. Es gibt allerdings auf keinem der beiden Kurse irgendwelche Wasserhindernisse – außer am oben erwähnten 6. Loch des Oshima. Die Vegetation ist wunderschön und üppig, mit vielen Kirschbäumen, Palmen, Kiefern- und Eukalyptusbäumen und vielen Kamelien überall entlang der Fairways beider Kurse. Ein grünes Pflanzenmeer am Rande des blauen Ozeans . . .

Meist gibt es hier nur ein Green pro Bahn, mit nur wenigen Ausnahmen. Das Prinzip der doppelten Greens wurde hier nicht angewandt. Dazu muß man wissen, daß in dieser Gegend Japans Golf fast das ganze Jahr über gespielt werden kann, außerdem wächst hier das heimische Gras Korai ganz hervorragend. Seit seiner Gründung haben auf dem Kawana schon zahlreiche große Turniere stattgefunden, wie zum Beispiel die Japanischen Amateurmeisterschaften in den Jahren 1942 und 1953, die Weltmeisterschaften der Amateure 1962, und 1986, zum vierzehnten Mal insgesamt, zum sechsten Mal in Kawana, die Fuji-Sankei-Classic.

Im Gegensatz beispielsweise zum Kasumigaseki Golf Club, der nur ganz bestimmte neue Mitglieder aufnimmt, zählt man im Kawana Club mittlerweile etwa 1000 Mitglieder, alles Repräsentanten japanischer Wirtschaftsunternehmen. Mehr als zwei Mitglieder pro Firma werden übrigens nicht zugelassen. Was die Preise anbetrifft, die in Japan, wie man weiß, allgemein sehr hoch sind, so zahlt man als Mitgliedsbeitrag im Kawana etwa 30 Millionen Yen. Offiziell gilt das Aufnahme-Kontingent als erschöpft, doch gibt es für Firmen, die es wirklich versuchen, nach wie vor Möglichkeiten, Mitglied zu werden. Besucher dürfen hier nur dann spielen, wenn sie von einem Mitglied empfohlen werden. An Wochentagen ist das Mitglied nicht unbedingt verpflichtet, den Besucher zu begleiten, insgesamt dürfen vier Gäste spielen. An Wochenenden und Feiertagen muß das Mitglied jedoch dabeisein, dann kann man also nur drei Freunde mit auf eine Runde nehmen. Das Clubhotel, erbaut im Jahre 1936, liegt in der Mitte der Anlage, mit drei Etagen, weißen Mauern, einem Schwimmbad, Tennisplätzen und dem Meer im Hintergrund – ein wunderschöner, idyllischer Ort in einem prächtigen Rahmen.

Fuji Course

Loch	Länge	Par	Loch	Länge	Par
1	379	4	10	131	3
2	376	4	11	566	5
3	411	5	12	369	4
4	441	5	13	361	4
5	166	3	14	380	4
6	397	4	15	430	5
7	359	4	16	169	3
8	137	3	17	375	4
9	336	4	18	335	4
Total	3002	36	Total	3116	36
			Insgesamt	6118	72

Tokio Club Japan

Der erste Golf Club Japans

Viele Clubs in der Welt haben eine lange, bewegte Geschichte hinter sich – der Tokio Golf Club bildet da keine Ausnahme. Seit seiner Gründung im Jahre 1913 hat der Tokio Golf Club zahlreichen Einflüssen standhalten müssen, die oft nicht nur seine Entwicklung hemmten, sondern zum Teil sogar seine Existenz bedrohten.

Der Club, gebaut nach den Vorstellungen von Junnosuke Inoue, Aisuke Kabayama und Shinjuro Arakawa, wurde 1913 eingeweiht. Dank dieser drei Pioniere entstand der erste wirklich von Japanern nach japanischen Vorstellungen angelegte Platz. Und zwar zu einer Zeit, als auf der ganzen Welt schon unzählige Kurse existierten, vor allem in Europa natürlich, aber auch in den Vereinigten Staaten – in Japan dagegen entwickelte sich der Golfsport erst nach der Jahrhundertwende. Allerdings hat man diesen Rückstand längst aufgeholt – mittlerweile gibt es in Japan mehr als 2000 Golfplätze. Leider wird diese Entwicklung, wie bereits erwähnt, von dem Mangel an Platz erheblich eingeschränkt, was in einem Land, das vom »Golffieber« dermaßen angesteckt wurde wie Japan, natürlich besonders bedauerlich ist.

Im Juni 1914 wurde die erste 9-Loch-Anlage in Komazawa Mura in der Provinz Ebara Gun bei Tokio fertiggestellt. Erst zwölf Jahre später konnte man den zweiten Schritt wagen und den Clubmitgliedern eine komplette 19-Loch-Anlage bieten, Par 72 und 5544 Meter lang. Nur kurze Zeit später, 1922, wurden bereits die ersten großen Turniere veranstaltet, darunter auch der berühmte »Prince Regent Cup«, zu Ehren des Prinzen von Wales und des japanischen Thronfolgers, des jetzigen Kaisers.

Unter der Schirmherrschaft des Prinzen Asaka expandierte der Club enorm, allerdings sah man sich damals schon mit den ersten größeren Problemen konfrontiert. So wurden beispielsweise die Unterhaltskosten für das Gelände zu hoch, man sah sich gezwungen, ein neues Terrain zu suchen und dort neue Kurse anzulegen. Man fand ihn in Hizaori Mura, in der Gemeinde von Saitma, wo heute auch die Villa Asakas steht. Mit dem Bau der Kurse beauftragte man den renommierten englischen Architekten Charles Alison. Er begann mit seiner Arbeit 1930. Im Jahr darauf gab man dem Parcours den Namen »Asaka Course«, zu Ehren des Clubpräsidenten, Prinz Asaka. Im Mai 1932 war der 6030 Meter lange Kurs, ein Par 74, fertiggestellt.

Das Green des 18. Lochs; im Hintergrund das Clubhaus am Waldrand.

Nach den Jahren der Begeisterung und des Enthusiasmus' folgten Jahre der Probleme, der Ernüchterung, die den Club zwangen, sich mit dem Chichibu Country Club zusammenzuschließen. Und zwar aus folgendem Grund: Die japanische Armee hatte einen Großteil der Installationen requiriert. Doch in Chichibu wurde das Golfleben schon bald wieder leichter. Man eröffnete 36 Löcher, den Südkurs, ein Par 73 über 6090 Meter, und den Nordkurs, 5883 Meter lang. Wenig später schlug das Schicksal wieder zu: Diesmal war es die amerikanische Armee, die den Club übernahm. Erst im Jahre 1952 war man wieder so weit, die Anlage war wieder bespielbar. Der Mai 1952 war ein historisches Datum für den Club, denn es bedeutete wieder Freiheit und Unabhängigkeit, diesmal endgültig. Im Jahr darauf gab Komei Ohtani den Auftrag für eine Renovierung der Anlage. Berater bei den die ganzen fünfziger Jahre andauernden Umbauten war unter anderem auch Seichi Inoue. 1959 schloß man die Arbeiten dann endlich ab. Seit damals ist an der Grundstruktur des Platzes so gut wie nichts verändert worden. Das Clubhaus entwarf ein Architekt namens Raymound 1963, bereits ein Jahr später fand die feierliche Einweihung statt.

Heute ist die 18-Loch-Anlage, die in einem Wald in der Nähe von Sayama City liegt, eine der bekanntesten und besten des Landes. Kein Nicht-Mitglied hat eine Chance, hier zu spielen, es sei denn, es wird von einem Clubmitglied begleitet. Sonntags ist nicht einmal das möglich, an diesem Tag ist der Platz ausschließlich für Mitglieder reserviert.

Dieser Club ganz in der Nähe der Stadt, deren Namen er trägt, weist alle charakteristischen Merkmale eines typisch japanischen Golfplatzes auf: doppelte Greens, sehr viele Caddies (insgesamt sind es 70), keine Carts, hunderte von Bäumen auf der Anlage und so weiter... Der Platzrekord der Pros liegt bei 66, der der Amateure bei 67.

Das Fairway des 3. Lochs, ein Par 5 über 479 Meter. Es ist das erste lange Loch des Parcours.

Loch	Länge	Par	Loch	Länge	Par
1	334	4	10	395	4
2	367	4	11	340	4
3	479	5	12	176	3
4	145	3	13	515	5
5	499	5	14	320	4
6	378	4	15	443	5
7	344	4	16	405	4
8	173	3	17	147	3
9	425	4	18	404	4
Total	3144	36	Total	3145	36
			Insgesamt	6289	72

Abbildung Seite 120/121: Blick auf einen der Kurse des Boca Westkomplexes in Florida.

Plätze der »zweiten Generation«

Golfarchitektur heute

PGA West in Palm Springs: das 17. Loch. Eine von Pete Dye erschaffene »Hölle« . . .

Neben den 47 »Authentischen« gehören weitere 58 Plätze der »zweiten Generation« zu den Favoriten der zehn befragten Golfarchitekten. Um sie dreht es sich in diesem zweiten Teil des Buches. Manche werden diese Einteilung als zu schmeichlerisch, zu positiv für die Kurse der heutigen Zeit empfinden, vor allem natürlich die Traditionalisten unter den Golfinteressierten. Andere wiederum werden der Meinung sein, in dieser Hierarchie würden vor allem die Klassiker unter den Kursen bevorzugt, die berühmten, die niemand je zu kritisieren wagt, weil es »Links« sind und weil sie schon so viele große Turniere gesehen haben. Der Wettstreit zwischen der »Tradition« und dem »Modernen« wird wohl nie eindeutig entschieden werden. Es kommt daher vor allem darauf an, jede Vereinfachung, jede Banalität zu vermeiden und bescheiden zu bleiben.

Es steht fest, daß sich die Golfplatzarchitektur im 20. Jahrhundert enorm entwickelt hat. Doch nur im positiven Sinne? Bei dieser Frage scheiden sich die Geister. Für Robert Trent Jones beispielsweise ging es immer darum, sich bei der Konzeption eines Platzes nach der Nachfrage, nach den Gegebenheiten des Augenblicks zu richten. Mit der Modernisierung der Ausrüstung, vor allem in bezug auf Bälle und Schläger, blieb den Architekten nichts anderes übrig, als die Kurse zu »aktualisieren«. Aus diesem Grund bat man einen Architekten wie de Montclair auch, so berühmte und phantastische Schmuckstücke wie Augusta, Baltusrol oder Oakland Hills zu modernisieren. Zur gleichen Zeit – in den sechziger Jahren – erlebte der Golfsport einen Boom wie schon seit den zwanziger Jahren nicht mehr. Allein in den Vereinigten Staaten wurden nicht weniger als 400 neue Plätze pro Jahr angelegt. Diese rasante Entwicklung ergriff vor allem bis dahin relativ »unberührte« Kontinente wie Asien, hier im besonderen Japan, und auch, allerdings in etwas geringerem Maße, Europa. Es entstanden so bedeutende, so wichtige und interessante Plätze wie Casa de Campo in Santo Domingo, von Pete Dye entworfen, Sotogrande in Spanien, von Robert Trent Jones, oder der Ocean Course in Sawgrass, von Arnold Palmer und Ed Seay. In den achtziger Jahren wurden die Projekte wieder ehrgeiziger, man investierte und entwarf wieder mit mehr Engagement.

Die Anlage von Boca Raton entspricht ganz dem typisch amerikanischen Stil.

Sicherlich, auch die Kurse von Robert Trent Jones verlangten der Kraft des Menschen, oder besser, den Bulldozern, einiges ab. Doch seit den ersten großen Erfolgen der beiden Architekten Dye und Nicklaus erhöhte sich die Zahl der großen, extrem kostspieligen Projekte enorm. Was wiederum manche davon überzeugte, es handele sich doch nur um eine Modeerscheinung, die nicht lange andauern würde, da die Clubs so extrem hohe Unterhaltskosten für die Plätze sicherlich nicht lange würden aufbringen können. Was abzuwarten bleibt.
Fest steht jedoch, daß zahlreiche Architekten mehr oder weniger erfolgreich versuchten, Dye und Nicklaus zu kopieren – es entstanden manchmal nur »Karikaturen«, hypermoderne Plätze, ausgesprochen künstlich, von der Natur blieb nicht mehr viel übrig.

Man sollte nie vergessen, daß der Golfsport aus Schottland stammt, aus einem Land mit Sandboden, das keine großen finanziellen Mittel für den Bau und auch den Unterhalt notwendig machte. Sollte man sich also glücklich schätzen, daß es heute so supermodern konzipierte Kurse gibt wie den TPC in Ponte Verde in Florida, die sogar die Pros als »Monstren« bezeichnen? Oder wäre man etwa besser dran mit etwas weniger aufwendigen, die man nicht erst total durchorganisieren muß, um sie überhaupt finanzierbar zu machen? Zumindest wäre wünschenswert, daß es bei einer begrenzten Anzahl jener »Riesen« bliebe und sie nur die Spitze des Eisbergs bildeten. Die Bezeichnung »Monstrum« für einen Kurs ist an sich gar nichts Neues. Schon kurz nach seiner Fertigstellung erklärte man beispielsweise Merion wegen seiner extremen Schwierigkeit als nahezu unspielbar.

Eine Neuentwicklung ist allerdings unübersehbar. Aus dem früher »strafenden« Golf – dem »penal Golf« – wurde das strategische Golf – »target golf«. Und der Unterschied ist erheblich: Ein guter Schlag wird jetzt wirklich belohnt, man spielt nicht mehr ständig nach dem Motto »alles oder nichts«, wie früher. In der Realität ist das jedoch meist nicht so offensichtlich, wie man meinen möchte.

Eine ganz neue Welle nimmt Gestalt an. Alle oder jedenfalls fast alle namhaften Pros scheinen zumindest Berater bei großen Golfprojekten werden zu wollen, wenn sie nicht sogar die Entwürfe selbst gestalten. Zwei Dinge sollte man sich dabei vielleicht wünschen. Daß die potentiellen Architekten nicht nur darauf Wert legen, einen großen, bedeutenden Platz zu schaffen, sondern auch darauf achten, daß ihn die Mehrzahl der Golfer auch spielen können. Robert Tyre Jones, der unvergessene Bobby Jones, hat bei seinem Entwurf von Augusta nichts anderes im Sinn gehabt. Und als zweites: daß man die großen Plätze nicht zu sehr versteckt, zu unzugänglich macht. Sicherlich, ein Platz sollte – wie eine schöne Frau – so verführerisch und verlockend sein wie nur möglich und seinen ganz eigenen Charme besitzen. Vor allem dort, wo die Natur und der Zeichenstift des Architekten gemeinsam etwas geschaffen haben . . .

Oben: Der »Onuma«-Kurs des Hokkaido Golf Clubs, eine typische Trent-Jones-jun.-Anlage.
Links: Cayman Island: ein Beispiel für einen neuen, sehr kompakten Stil. Ein Werk von Jack Nicklaus.

Margarethenhof Tegernsee Deutschland

Der jüngste und interessanteste Platz im Süden

Margarethenhof ist eine der jüngsten Anlagen der Bundesrepublik Deutschland. Der Entwurf stammt aus dem Jahre 1983, die Einweihung des Kurses fand im Juli 1984 statt. Als Pate fungierte übrigens der amerikanische Golf-Champion Johnny Miller. Er kam anläßlich eines Pro-Am hierher und weihte den Kurs ein. Der Platz liegt etwa 50 Kilometer von München entfernt direkt am Tegernsee, in der Gemeinde Marienstein, inmitten einer herrlichen Landschaft, etwa 800 Meter hoch. Ganz in der Nähe befindet sich ein anderer Golfplatz, der Club Bad Wiessee, der von 9 auf 18 Loch erweitert wurde. Doch zwei Golfplätze sind in dieser Touristenregion wirklich nicht zuviel. Vor allem die Münchner strömen hierher, sobald der erste Sonnenstrahl zu sehen ist.

Margarethenhof liegt ein wenig abseits des Touristenrummels rund um den Tegernsee – vielleicht entstand der Platz deshalb erst vor wenigen Jahren und nicht schon viel früher. Es sind 18 hervorragend angelegte Bahnen, entworfen und gebaut von dem englischen Architekten Frank Pennink, der es verstanden hat, mit der Konzeption der Löcher sowohl den Ansprüchen der Champions als auch denen der durchschnittlichen Spieler und Anfänger gerecht zu werden. Sicherlich, letzterer dürfte an diversen Löchern einiges auszustehen haben, beispielsweise am 7. Loch, einem sehr langen Par 4 mit einem Dogleg nach links, oder am 8. Loch, einem Par 3 über 185 Meter (vom Backtee). Hier hat der Golfer keine Alternative, er muß direkt auf das Green spielen, immer die Gefahr vor Augen, den Ball links von der Bahn rollen oder rechts im Wald verschwinden zu sehen. Am 15. Loch empfiehlt es sich, den Drive besonders vorsichtig zu schlagen, da ein Ball, der zu weit rechts landet, aufgrund des stark abfallenden Geländes fast unspielbar wird. Man braucht dennoch nicht zu fürchten, der ganze Kurs sei grundsätzlich so wellig und abschüssig, wie hier beschrieben. Normalerweise sind die Fairways angenehm breit, sie profitieren eher von dem hügeligen Gelände. Das Panorama ist phantastisch, vor allem der Blick auf die Alpen.

Der sehr junge Club zählte noch bis 1986 nur 150 Mitglieder, Ziel ist jedoch, in absehbarer Zeit weitere 400 Golfer aufzunehmen. Besucher sind gern gesehen, der Tarif liegt wochentags momentan bei 40 Mark, an Wochenenden oder Feiertagen bei 60 Mark. Die Aktionäre mußten dagegen je 20000 Mark auf den Tisch blättern, um in den Club aufgenommen zu werden. Das ehemalige, provisorische Clubhaus wurde 1986 durch ein neues ersetzt, eine Art Alpenschlößchen . . .

Nicht nur die Münchner Golffans, die in der Nähe ihrer Stadt auf fünf Anlagen spielen können, sind mit dem Club am Tegernsee mehr als zufrieden und vor allem dem jungen, erst 39jährigen Clubpräsidenten zu Dank verpflichtet. Rainer Hasslacher, Sohn einer bekannten Münchner Familie, der eine Champagner-Marke gehört – und das Golfplatzgelände –, hat den Münchnern mit dieser Anlage eine herrliche grüne Insel der Ruhe und Erholung geschaffen. Golfspielen zu können, mit den Alpen im Rücken oder vor Augen, das ist schon etwas ganz Besonderes, ein seltenes Vergnügen. Und daß die Anlage selbst auch noch so gelungen, so perfekt ist, macht die Begeisterung der Golfer verständlich.

Das Clubhaus, angeblich nur als Provisorium gedacht.

Oben: Das 4. Loch, ein Par 4 über 310 Meter.
Rechts: Im Hintergrund erkennt man das Green des 3. Lochs, ein abschüssiges Par 3 über 172 Meter. Hier ist ganz besonders hohe Präzision gefordert, da der Ball sonst unweigerlich in den Bäumen rechts und links des Greens landet.

Loch	Länge	Par	Loch	Länge	Par
1	460	5	10	176	3
2	329	4	11	316	4
3	172	3	12	352	4
4	310	4	13	485	5
5	468	5	14	133	3
6	165	3	15	453	5
7	400	4	16	390	4
8	185	3	17	335	4
9	396	4	18	531	5
Total	2885	35	Total	3171	37
			Insgesamt	6056	72

Club Maritim

Timmendorfer Strand
Deutschland

Der jüngste und interessanteste Platz im Norden

In der Bundesrepublik stieg die Zahl der aktiven Golfer von 20000 im Jahr 1970 auf sage und schreibe 70000 im Jahre 1985 – nur aus diesem Grund konnten so hervorragende, große Anlagen wie am Timmendorfer Strand überhaupt entstehen. Neben Düsseldorf-Hubbelrath ist die Anlage am Timmendorfer Strand die einzige in Deutschland mit 36 Löchern. Was der Nachbarclub und Rivale in Travemünde an hohem Ansehen im Segeln erreichte, gelang den Timmendorfern im Golf. Mittlerweile ist der Golf Club Maritim am Timmendorfer Strand im Nordwesten von Lübeck der wichtigste im Norden Deutschlands. Seit 1973, dem Gründungsjahr des Clubs, sind zahlreiche schöne Villen in der Nähe der Anlage gebaut worden . . . Die Lage des Clubs, etwa eineinhalb Stunden Autofahrt von Hamburg entfernt, bringt alle Vorteile mit sich: Das Gelände befindet sich direkt an der Verbindungsstrecke zwischen Hamburg und Dänemark, hier trifft sich das »Bürgertum« der Umgebung. Im Jahre 1985 zählte der Club bereits 500 Mitglieder, dazu kommen zahlreiche Golfer aus Dänemark, Schweden und anderen Ländern, die hier für ein Greenfee von 25 Mark während der Woche und 40 Mark an Wochenenden und Feiertagen spielen können. Golf ist in Deutschland nach wie vor teuer, vor allem für Golfer aus anderen europäischen Ländern. Aber, um es familiär auszudrükken, »man bekommt etwas für sein Geld« – die Lage ist wunderschön, die Kurse sind interessant und selektiv. Der Entwurf dafür stammt von dem berühmten deutschen Architekten Bernhard von Limburger, der hier sein letztes Werk schuf. Breite Fairways, einige sehr lange, schwierige Par 5 – das 2. Loch des Meisterschaftskurses mißt vom Backtee 550 Meter, das 11. Loch 530 Meter –, ein Par 3, das 12. Loch, über 215 Meter, und ein 425 Meter langes 18. Loch – lange Schläge zahlen sich hier aus. Der Platzrekord dieses Par-72-Kurses liegt bei 68 Schlägen; der Parcour stellt an den Golfer wirklich hohe Ansprüche.

Das 2. Loch des kleineren Kurses, es ist ganz besonders schön angelegt und ausgesprochen amüsant zu spielen.

Doch der ganz besondere Charme des Clubs am Timmendorfer Strand liegt vielleicht – oder sogar ganz besonders in seinem zweiten Kurs, dem kleineren auf der anderen Seite der Straße. Mit einer Gesamtlänge von nur 3765 Metern, dem Par von 61

Schlägen und den elf Par-3-Löchern – drei gleich zu Beginn, drei weitere am Ende des Parcours – kommt er einem fast »zierlich« vor. Doch gerade diese Par 3 sind außerordentlich schwierig, mit Wasserhindernissen am 2., 3., 5. und 13. Loch. Die Aufteilung, die ganze Konzeption dieser 36 Löcher ist wirklich eine interessante Herausforderung für den Golfer.

Das Clubhaus, mit einem für die Gegend typischen Strohdach, bietet mit seinen zwei Etagen viel Raum, es ist sehr einladend und komfortabel, was es vor allem seinem liebenswürdigen Direktor zu verdanken hat – und das ist ja leider nicht überall der Fall. Die Anlage des Club Maritim am Timmendorfer Strand gehört fraglos zu den gelungensten Plätzen in der Bundesrepublik.

Oben: Das Clubhaus, das einen schönen Blick auf beide Kurse erlaubt. Rechts: Das Green des 3. Lochs.

Meisterschaftskurs

Loch	Länge	Par	Loch	Länge	Par
1	370	4	10	380	4
2	550	5	11	530	5
3	155	3	12	215	3
4	340	4	13	370	4
5	395	4	14	345	4
6	210	3	15	470	5
7	370	4	16	330	4
8	475	5	17	195	3
9	360	4	18	425	4
Total	3225	36	Total	3260	36
			Insgesamt	6485	72

El Saler Valencia Spanien

Bernhard Langer, der hier 1984 eine phantastische Leistung zeigte, kurz vor seinem großen Triumph beim Masters in Augusta.

Der Lohn der ... Angst

Obwohl er bereits seit fünfzehn Jahren existiert, kann man nicht behaupten, El Saler wäre in der Öffentlichkeit besonders bekannt – im Vergleich mit den Plätzen der Costa del Sol. Was auch verständlich ist, denn Sotogrande, La Manga und Aloha sind schon Anlagen ganz besonderer Güte. Doch El Saler sollte man unbedingt mit zu dieser Kategorie zählen, leider wird dieser Platz allzu oft übersehen. Nur einige gute Beobachter, wie beispielsweise der englische Journalist Peter Dobereiner, haben das noch relativ unbekannte Schmuckstück entdeckt und darüber berichtet. In einer seiner Beurteilungen über Golfplätze zählt das amerikanische Magazin »Golf Digest« El Saler zu den fünfzig attraktivsten und besten der Welt außerhalb der Vereinigten Staaten. Das allein, so sollte man meinen, hätte die Neugierde der Golfer eigentlich wecken müssen. Doch drei Jahre später, 1985, war El Saler nach wie vor so gut wie unbekannt. Sicher, man kann niemanden zu seinem Glück zwingen, und dennoch! Ein zweiter Anlauf der Anhänger dieses Platzes fand 1984 statt: Damals schaffte Bernhard Langer bei den Spanish Open hier das unglaubliche Score von 62, das heißt, er blieb 10 Schläge unter Par! Er gewann damit den Titel, nachdem er dem vorher Führenden 7 Schläge abgenommen hatte.

Damit war der El Saler Golf Club endgültig in den »Adelsstand« der Golfplätze erhoben worden. Gleichzeitig hatte man Gelegenheit, die außerordentliche Präzision und das phantastische Können des besten deutschen Golfers zu bewundern. Er ließ an diesem Tag, bei hervorragenden klimatischen Bedingungen, die 6485 Meter des Parcours hinter sich, als wäre es ein Kinderspiel – eine unwahrscheinliche Leistung, denn der Kurs ist alles andere als leicht. Der S. S. S. liegt übrigens bei 74 Schlägen.

Es ist nicht ganz einfach, diesen Kurs zu klassifizieren – es ist weder ein typischer Inlandkurs noch ein echter Links. Er hat von beidem etwas. Die ersten vier Bahnen gehören eher zu der ersten Kategorie. Man spielt inmitten eines Kiefernwaldes, auf einem sehr grünen Fairway. Doch mit dem Abschlag des 5. Lochs ändert sich das Bild. Der Drive muß blind und eine Steigung hinauf geschlagen werden. Es ist ein Par-5-Loch über 485 Meter, mit einem in Dünen eingebetteten Green. Man nähert sich dem »Links« – gleich unterhalb, nur wenige Meter entfernt, liegt das Mittelmeer.

Unten links: Ein Platz, wie man ihn in dieser Gegend von Spanien sicher nicht erwartet. Das Mittelmeer liegt in unmittelbarer Nähe.

Auch wenn das 6. Loch wieder ins Landesinnere führt, ganz in die Nähe des Hotels Paradorais Vives, so handelt es sich dabei doch nur um einen ganz kurzen Abschnitt. Das 7. und vor allem das 8. Loch führen direkt am weißen Sandstrand entlang. Mit dem 10. Loch geht es zurück in den Wald bis zum 17. Loch, einem wunderschönen Par 3 über 195 Meter, dem attraktivsten des ganzen Parcours. Da man hier meist gezwungen ist, gegen den Wind zu spielen, ist die Aufgabe alles andere als leicht. Das Green ist gewellt und wird von fünf tiefen Bunkern bewacht.

Alles in allem ist der Kurs sehr ausgewogen, mit einigen sehr langen Par-4-Bahnen – ein wirklich großer Platz. Der spanische Architekt Javier Arana hat hier sein Meisterwerk geschaffen. Auch wenn der Greenkeeper so manchesmal mit tausenden von Raupen seine Probleme hatte, scheint die Plage alles in allem doch gebannt. Der öffentliche Platz gehört dem spanischen Ministerium für Touristik und liegt etwa 18 Kilometer von Valencia entfernt, in einer wunderbar ruhigen Gegend. Eine Tatsache, die auch das kleine Supertalent Carmen Navarro zu schätzen weiß, die Tochter eines der Club-Pros. Das Mädchen, das man auch »Naranjita«, kleine Orange, nennt, schaffte im Alter von 13 Jahren den Platzrekord der Damen mit 69 Schlägen – mittlerweile gehört sie zu der spanischen Amateur-Nationalmannschaft.

Rechts: Das 1. Loch, ein sehr langes Par 4 in wunderschöner Umgebung. Unten: Der Swimmingpool gleich neben dem Platz – hier kann man nach der Runde die Birdies gebührend feiern.

Loch	Länge	Par	Loch	Länge	Par
1	400	4	10	375	4
2	365	4	11	520	5
3	485	5	12	190	3
4	175	3	13	325	4
5	485	5	14	385	4
6	415	4	15	520	5
7	340	4	16	395	4
8	340	4	17	195	3
9	145	3	18	430	4
Total	3150	36	Total	3335	36
			Insgesamt	6485	72

La Manga
Costa del Sol
Spanien

Zwei fürstliche Kurse

Stellen Sie sich eine Gegend vor – wenn Sie sie nicht sowieso schon kennen –, in der an über 3000 Stunden im Jahr die Sonne scheint, das Mittelmeer liegt zu Ihren Füßen und . . . zwei 18-Loch-Anlagen, entworfen von Robert Putman, wie zwei fürstliche Ornamente in einer paradiesischen Landschaft. Auch eine Reitanlage, Tennisplätze, private Strände – kurz, es ist alles da, was man sich, wenn man Sport mag, für die Ferien wünscht.

Meist wird in Gegenden wie diesen Golf als ein Sport unter vielen betrachtet. Hier in La Manga dagegen ist er der Sport Nummer eins, die beiden Kurse entsprechen absolut den internationalen Ansprüchen. Der Südkurs ist der renommiertere und schwierigere der beiden. Hier wurden bereits fünfmal die Nationalen Offenen Meisterschaften ausgetragen – zweifellos auch nicht zum letzten Mal.

Der Name Ballesteros steht in goldenen Lettern über dem Club – nicht nur wegen der hervorragenden Leistungen von »Sevvy«, sondern weil beide Brüder, Severiano und Manuel, der ältere, hier arbeiten. Manuel ist als Präsident angestellt, während »Sevvy« als Touring Pro fungiert. Ein Duo, das sich bewährt hat . . .

La Manga liegt im Südwesten Spaniens, in der Provinz Murcie, direkt am Mittelmeer. Die beiden, seit zwölf Jahren bestehenden Kurse bieten dem Golfer wirklich eine Herausforderung, ganz gleich, auf welchem Niveau er spielt. Man muß allerdings sein Handicap vorweisen können, bevor man einen Blick auf den Südkurs werfen und hier spielen darf – und sich zwischen den Palmen verirren und dem Ball hinterhersehen darf, der in einem der Wasserhindernisse gelandet ist. Insgesamt gibt es auf der 36-Loch-Anlage nicht weniger als vierzehn Seen, unzählige Enten, dreitausend Palmen und eine ganze Reihe tückischer Gräben.

Wenn Sie die Herausforderung dieses Platzes annehmen wollen – nur zu! Ein paar Bahnen werden Ihnen sicher ganz besonders im Gedächtnis bleiben. Das 9. Loch des Südkurses, ein imposantes Par 5 über 541 Meter. Wer hier heil an dem See auf der rechten Seite des Fairways vorbeikommen will, muß schon einen perfekten Drive und einen wirklich exakten zweiten Schlag schaffen. Glauben Sie nur nicht, daß das Loch leichter wäre, weil es leicht abschüssig ist. Das 9. Loch ist wirklich interessant, das 18. Loch allerdings nicht weniger. Es ist ebenfalls ein Par 5, mit einem See, der den Drive von beiden Seiten des Fairways bedroht, und einem Graben im Bereich des zweiten Schlags. Auch Golfer mit langem Abschlag müssen hier schon sehr gut treffen, um diesem Hindernis zu entgehen. Ein nicht so guter Golfer sollte besser ein mittleres Eisen wählen, anschließend dann das Pitchingwegde, um damit ans Green zu kom-

Rechts: Eine Panoramaansicht über die ganze Anlage.
Unten: Das riesige, »multi-funktionelle« Clubhaus von La Manga.

men. Die Länge des Südkurses beträgt 6238 Meter. European Ferries, Eigentümer des Platzes, aber auch des gesamten Komplexes, der sich über insgesamt mehr als 500 Hektar erstreckt, hat alles perfekt im Griff. Mehr als 100 Kilometer Kanalisation wurden für die Bewässerung der beiden Kurse angelegt. Vom enorm großen Clubhaus aus können Sie einen Großteil dieser hervorragenden Anlage überblicken – und Sie werden nicht enttäuscht sein.

Nord-Kurs

Loch	Länge	Par	Loch	Länge	Par
1	332	4	10	282	4
2	109	3	11	464	5
3	441	5	12	146	3
4	178	3	13	318	4
5	355	4	14	291	4
6	473	5	15	486	5
7	378	4	16	169	3
8	150	3	17	323	4
9	309	4	18	369	4
Total	2725	35	Total	2848	36
			Insgesamt	5573	71

Süd-Kurs

Loch	Länge	Par	Loch	Länge	Par
1	355	4	10	341	4
2	346	4	11	355	4
3	473	5	12	128	3
4	391	4	13	496	5
5	209	3	14	328	4
6	359	4	15	396	4
7	369	4	16	309	4
8	191	3	17	187	3
9	541	5	18	464	5
Total	3234	36	Total	3004	36
			Insgesamt	6238	72

Nueva Andalucia

Marbella
Spanien

Auf den Spuren von Robert Trent Jones

An dieser 110 Kilometer langen Küste findet der Golfer 90 Kilometer Fairways und Greens. Man nennt die Costa del Sol im Südwesten Spaniens auch die »Costa del Golf«. Nueva Andalucia mit seinen beiden 18-Loch-Anlagen, Las Brisas und Los Naranjos, liegt genau im Zentrum.

Der erste, der hier in dieser bisher völlig unberührten Gegend Europas seine Spuren hinterließ, war Robert Trent Jones. Nach Sotogrande, dem ältesten der Plätze, waren etwa 15 weitere entstanden. Nueva Andalucia ist einer der gelungensten, vor allem der Kurs Las Brisas, ein Par 72, mit etwas mehr als 6200 Metern Länge nicht sehr lang, aber technisch äußerst anspruchsvoll. Der Blick auf die Berge der Sierra Blanca ist vor allem am 6., 7., 8. und 11. Loch faszinierend. Das Interessante an Las Brisas liegt in der Vielfalt, der Abwechslung seiner Bahnen. Sieben Jahre nach der Einweihung des Platzes, 1973, erfuhr er die hohe Ehre, Ausrichter des Worldcups sein zu dürfen. Sieger des Turniers waren die beiden Amerikaner Jack Nicklaus und Johnny Miller. Letzterem gelang eine überragende 65. Ein Fluß durchschneidet den Parcour in seiner ganzen Länge, er liegt in einem kleinen Tal. Beim Lesen der Score-Karte stellt man fest, daß die Hinrunde um einiges länger ist als die Rückrunde, der zweite Teil des Kurses. Der erste Teil ist ein Par 37, mit drei Par-5-Löchern, darunter auch das 5. Loch, 530 Meter lang, ohne besonderes Hindernis. Am 8. Loch dagegen verläuft der Fluß direkt entlang des Fairways, er grenzt bis ans Green, ebenso am 12., 15. und 16. Loch, letzteres ein Par 3 – hier ist ein Holz alles andere als überflüssig ... Die Bunker sind sehr weiß und äußerst breit, ganz im »American Style«. Allerdings sind sie nicht ganz so bedrohlich wie die Greens selbst, deren schräge Lage oft nur sehr schwer zu erkennen ist. Auch wenn es auf diesem Kurs keine sonderlich schwierigen Par 4 gibt – Vorsicht vor dem 15. Loch. Das Fairway ist extrem eng, auf beiden Seiten stehen Olivenbäume.

Der zweite Kurs, Los Naranjos, liegt, wie schon der Name sagt, inmitten eines Orangenhains. Er ist nicht ganz so hügelig, dafür gibt es um so mehr furchterregende Bunker, allerdings nur wenige Wasserhindernisse. Auch die Greens sind weniger tückisch. Die Par 4 sind sehr lang, das 4. und das 8. Loch messen beide über 400 Meter. Der letzte Teil des Parcours ist eine echte Prüfung, mit den beiden Par 5, dem 16. Loch, 524 Meter lang, und dem 18. Loch, 554 Meter lang. Doch das Licht ist hier so bezaubernd, die Greens leuchten in der Abenddämmerung in sattem Grün – man denkt am Green des 18. Lochs nur an eines: wiederkommen ...

Links: Ein kleiner See, der Robert Trent Jones einige Mühe gekostet hat. Rechts: Das 18., das Finishing-hole. Auch hier Palmen, wie überall auf der Anlage.

Las Brisas

Loch	Länge	Par	Loch	Länge	Par
1	363	4	10	360	4
2	385	4	11	190	3
3	460	5	12	475	5
4	185	3	13	350	4
5	530	5	14	360	4
6	350	4	15	390	4
7	155	3	16	205	3
8	485	5	17	295	4
9	325	4	18	365	4
Total	3240	37	Total	2990	35
			Insgesamt	6230	72

Saint-Nom-La-Bretèche

Paris
Frankreich

Ein Club mit Prestige

Auch wenn beide Kurse ohne Zweifel von hoher Qualität sind, so tut man dem Club Saint-Nom sicherlich nicht unrecht, wenn man feststellt, daß in Frankreich auch noch attraktivere zu finden sind. Allerdings ist der Club von Saint-Nom-La-Bretéche mit Sicherheit der am besten ausgestattete in Frankreich, mit 36 Bahnen, die für Meisterschaften bestens geeignet sind, mehreren Driving Ranges, seinem erstklassigen Clubhaus, dem Schwimmbad und seinem »Junior-Club«.

Auch die Pflege der Kurse kann man getrost als die beste Frankreichs bezeichnen. Dieser Club ist aufgebaut wie eine kleine eigenständige Firma, von den Verantwortlichen in bester amerikanischer Manier geführt, was auch die alljährliche Austragung des Lancome-Preises beweist, die gemeinsam mit den French Open zu den wichtigsten Turnieren Frankreichs zählt. Übrigens entspricht die Konzeption des 1959 von dem englischen Architekten Hawtree erbauten Kurses ganz dem amerikanischen Stil, was damals sehr »en vogue« war. Ein paar Jahre später führte der Italiener Piero Mancinelli am »Rouge«-Kurs noch ein paar Veränderungen durch, um ihn noch etwas selektiver zu gestalten – mittlerweile gilt der »Rouge«, wie man ihn in Saint-Nom nennt, als der schwerste. Sein Par liegt bei 72 Schlägen, ebenso wie beim »Bleu«-Kurs. Den Platzrekord des »Rouge« hält mit 64 Schlägen Sandy Lyle, aufgestellt bei den French Open 1982, der des »Bleu« stammt aus dem Jahre 1965 von Ramon Sota, einem Onkel von Severiano Ballesteros.

Der Platz wurde auf den Feldern und Wiesen des »Thalweg« in Fontaine du Parc angelegt. Die meisten Bahnen sind breit und dem Wind ziemlich stark ausgesetzt, obwohl entlang der Fairways einige kleine Wäldchen stehen. Dieser Eindruck der Breite und vor allem die versteckt angelegten Bunker, die beim Drive erhebliche Schwierigkeiten bereiten, kann zu Beginn des Spiels trügerisch sein, da man annimmt, die halbhohen Roughs oder die Roughs »out of bounds« seien viel gefährlicher und es wäre angebracht, mit einem plazierten Drive direkt ans Green zu gehen.

Charakteristische Merkmale beider Kurse sind die langen Par 4 und, beim »Rouge«, die sehr schwierigen Par 3, vor allem das 9. und 13. Loch. Ersteres wegen des Bunkers auf der linken und eines Wasserhindernisses auf der rechten Seite, das 13. Loch aufgrund seiner überdurchschnittlichen Länge (194 Meter) und des störenden Windes. Die Greens in Saint-Nom sind zweifellos die schnellsten von ganz Frankreich. Und doch sind sie, gemessen am internationalen Standard, eher durchschnittlich schnell . . . Das interessanteste Loch ist ohne Zweifel das 6., ein Par 4 über 400 Meter, ansteigend und oft gegen die Windrichtung zu spielen.

Rechts das Clubhaus, ein ehemaliger Gutshof.

Der Drive sollte mit aller Kraft geschlagen werden, auch der zweite Schlag muß perfekt sitzen, am besten schlägt man mit einem Holz 3, wenn man mit dem Ball direkt auf dem Green und nicht im Bunker auf der linken Seite landen will. Das Putting ist hier ausgesprochen schwer, aufgrund der verschiedenen Neigungswinkel, die nicht leicht zu lesen sind. Alles in allem gibt es kaum Wasserhindernisse, außer auf den beiden parallelen Bahnen 9 und 18 und den Löchern 2 und 3, beides Par 3.

Vor allem wegen des Lehmbodens mußte man in Saint-Nom viel Geduld aufbringen, bis der Platz wirklich den hohen Qualitätsansprüchen genügte. Vielleicht hatte man sich auch etwas zu lange auf Äußerlichkeiten konzentriert, das prächtige Clubhaus beispielsweise, ein ehemaliger königlicher Gutshof, dessen Renovierung und Unterhaltung eine Menge Geld verschlang. Doch das gehört der Vergangenheit an.

Die 1600 Mitglieder des Clubs Saint-Nom-La-Breteche, 1000 davon sind aktive Mitglieder, können wirklich zufrieden sein: Ihr Club ist der renommierteste in der Umgebung von Paris, auch wenn noch einige andere, wie beispielsweise Morfontaine, Saint-Cloud oder La Boulie, mit Recht den Anspruch erheben, zu den »Großen« gezählt zu werden.

Oben: Arnold Palmer und Jack Nicklaus beim Canada Cup. Rechts: Das 10. Loch des »Bleu«, des blauen Kurses.

Parcours rouge

Loch	Länge	Par	Loch	Länge	Par
1	334	4	10	374	4
2	360	4	11	339	4
3	164	3	12	497	5
4	360	4	13	194	3
5	435	5	14	328	4
6	400	4	15	355	4
7	461	5	16	155	3
8	384	4	17	475	5
9	187	3	18	336	4
Total	3085	36	Total	3053	36
			Insgesamt	6138	72

Golf Club Nîmes

Nîmes
Frankreich

Das imposante Clubhaus von Nimes.

Der Mistral-Kurs

Das erste, was dem Besucher beim Betreten der Anlage des Golf Clubs Nîmes ins Auge fällt, ist das Clubhaus. Das Weiße Haus in Washington kennt jeder – und dieses Clubhaus ist eine fast originalgetreue Kopie.

Im Gegensatz zur Meinung vieler waren die Realisierung und die Entwicklung des Golf Clubs Nîmes alles andere als einfach, heutzutage hätte man die Anlage vielleicht sogar wieder geschlossen. Im Jahre 1969 war die Entwicklung des Golfsports in Frankreich auch noch nicht so weit fortgeschritten wie heute, nur ein paar Enthusiasten schmiedeten Pläne – es gehörte damals schon eine gehörige Portion Mut dazu, einen Golfplatz bauen zu wollen. Man kann zweifellos sagen, daß der Golfplatz von Nîmes die gelungenste der Ende der sechziger Jahre fertiggestellten Anlagen ist.

Ein ganz besonderer Vorteil dieses selektiven Kurses ist es, daß er mit der Zeit noch an Attraktivität gewinnt, daß die Schwierigkeiten alle erhalten bleiben. 1988 kann man in Nîmes den zwanzigsten Geburtstag des Platzes feiern, doch auch heute ist er schon in aller Munde, und zwar im positiven Sinne. Die Anlage des Golf Clubs Nîmes liegt am Rande der Camargue, zwischen den Cevennes und dem Mittelmeer – ein 52 Hektar großes, bewaldetes und hügeliges, faszinierendes Gelände, so beschreibt es der Prospekt, was in diesem Fall wirklich nicht übertrieben ist. Es dauerte lange, bis der 1970 eingeweihte Platz sich etabliert hatte – erst im Jahre 1978 war man, dank der Unterstützung von Jean Bousquet alias Cacharel, in der Lage, die Open gleichen Namens auszurichten und damit aus der Anonymität zu treten, die manche Clubmitglieder bis dahin geradezu gefördert hatten. Auch wenn die mittlerweile eingestellten Cacharel Open, die für junge Golfer unter fünfundzwanzig Jahren vorgesehen waren, ein gutes Sprungbrett dargestellt hatten, so war doch der ganze Einsatz und gute Wille von Präsident Kusel, dem Pro Tito Lassalle und einigen anderen von Nöten, um Nîmes noch weiter nach vorne zu bringen. Die Pflege des Parcours durch Greenkeeper Pierre Rossi läßt noch einiges zu wünschen übrig, in sportlicher Hinsicht aber hat der Club Nîmes in den letzten Jahren einige hoffnungsvolle Golftalente hervorgebracht und sich schon aus diesem Grund großes Verdienst erworben.

Diese jungen Spieler, wie beispielsweise Lassalle oder Remesy, hatten schon früh die Chance, auf ihrem Platz die Entwicklung einiger Pros mitzuerleben, deren Namen mittlerweile in aller Munde sind – Severiano Ballesteros und Bernhard Langer beispielweise, um nur zwei der bekanntesten zu nennen. Letzterer hält seit 1979 übrigens den Turnier-Platzrekord mit 275 Schlägen (74-67-67-67). Da wir schon bei Rekorden sind: Der Platzrekord des amerikanischen Pros Phil Handcock, aufgestellt bei der ersten Ausgabe der Cacharel Open im Jahre 1978, gilt nach wie vor. Den der Amateure hält übrigens Laurent Lassalle mit 70 Schlägen. Und um die Statistik zu vervollständigen, sollte man sich noch den unvorstellbar großen Abstand Bernhard Langers gegenüber seinen Konkurrenten ins Gedächtnis rufen: Er schloß das Turnier von 1979 mit sage und schreibe 12 Schlägen Vorsprung vor dem Zweitplazierten ab. Dieser Kurs ist wahrhaftig der unbarmherzigste von ganz Frankreich – wir werden noch sehen, warum.

Wenn man die erfahrenen Amateure oder Pros befragt, die den Kurs von Nîmes bei den Cacharel Open oder beim Dunhill Cup kennenlernten, einem Turnier mit besonders erlesenem Teilnehmerfeld, so stellt man fest, daß sie alle bezüglich dieses Kurses einer Meinung sind: Der Club Nîmes gehört zu den ganz großen Herausforderungen für einen Golfer, vor allem, wenn der Mistral, der Wind des Midi weht – und das ist fast immer der Fall. Unter diesen Voraussetzungen wird der 6200 Meter lange Par-72-Kurs zu einer fast unlösbaren Aufgabe.

Bei normalen Wetter- und Windbedingungen sind Birdies auf den ersten drei Löchern möglich. Am 4. Loch bedarf es schon eines besonders langen und präzisen Schlags, will man das enge und gut bewachte Green erreichen. Die schmalen und schwer zugänglichen Greens, wie vor allem am 1., 8., 9., 17., und 18. Loch, sind ein charakteristisches Merkmal dieses Parcours. Die Löcher 9 und 18 sind ausgesprochen delikat, allerdings nicht nur wegen der Greens, sondern auch noch aus anderen Gründen. Auf den Bahnen 1, 5, 11, 13, 17 und 18 gilt es, an den zahlreichen Wasserhindernissen unbeschadet vorbeizukommen – nicht umsonst gelten die Löcher 17 und 18 als ausgesprochen problematische

Finishing-holes. Einige der Par 4 sind sehr lang, wie beispielsweise das 4. Loch, das 5. und vor allem das 15. mit seinen 407 Metern. Diese Bahn mit einem Dogleg nach links, ist aufgrund des Wäldchens auf der linken, der Auslinie auf der rechten Seite und des auf zwei verschiedenen Ebenen liegenden Greens nur sehr schwer mit zwei Schlägen zu erreichen. Und was das 18. Loch betrifft, so sollte man hier mit einem Eisen 2 oder 4 beginnen und dann mit einem Eisen 5 oder 6 weiterspielen, dabei gilt es vor allem, am Wald und am See vor dem Green heil vorbeizukommen.

Dieses Par 4 über 367 Meter, das hohe technische Anforderungen an den Golfer stellt, ist ganz besonders typisch für den gesamten Kurs des Golf Club Nîmes.

Oben: Das 18. Loch, Green und Fairway.
Rechts: Das 14. Loch, ein Par 3 über 125 Meter.

Loch	Länge	Par	Loch	Länge	Par
1	375	4	10	315	4
2	152	3	11	296	4
3	437	5	12	368	4
4	399	4	13	491	5
5	420	4	14	125	3
6	332	4	15	407	4
7	170	3	16	213	3
8	495	5	17	489	5
9	349	4	18	367	4
Total	3129	36	Total	3071	36
			Insgesamt	6200	72

Pevero Sardinien Italien

Nur für Virtuosen

Muß man sich eigentlich wirklich schämen, wenn man eine Score-Karte mit einer dreistelligen Zahl abgibt, obwohl man kein Golfanfänger mehr ist? Dieser Sport lehrt Demut und Bescheidenheit, das erlebt man immer wieder, Tag für Tag. Und er läßt uns fast verzweifeln – bis der nächste Birdie wieder alles ins Gegenteil umkehrt . . .

Es bedarf schon der Kunst eines Robert Trent Jones, um einen Platz zu schaffen, der den Golfer einer derartigen Tortur aussetzt und ihn dennoch gleichzeitig so begeistern kann. Der Kurs von Pevero an der Costa Esmeralda, ein Meisterwerk eines Konsortiums, als dessen Vorsitzender kein geringerer als Prinz Karim Agha Khan fungierte, ist tatsächlich gleichzeitig berauschend und dramatisch.

Bevor der Kurs im Jahre 1972 eingeweiht werden konnte, hatten sich in dieser Gegend zahlreiche amerikanische Architekten getroffen, das Gelände sondiert und letztendlich ein felsiges Terrain im Norden Sardiniens ausgewählt. Dieser Platz liegt eingebettet in einer prächtigen, natürlichen Landschaft und verschmilzt perfekt mit seiner Umgebung. Es gibt praktisch keine Roughs, jedoch einige andere erhebliche Schwierigkeiten, vor allem bei nicht wirklich gleichmäßigem Spiel, bei einem nicht absolut geraden Drive. Aber, wie das bei Voraussetzungen dieser Art immer ist: Ein Golfer, der den Mut aufbringt und sich ins Gebüsch wagt, wird letztendlich belohnt. Man sucht einen Ball und findet — zwei oder drei!

Rechts: Das Green des 18. Lochs.
Unten: Die Einrichtungen sind hervorragend, so auch das Schwimmbad.

Felsen wechseln sich mit Wasserhindernissen ab, insgesamt fünf Greens werden von Wasser bewacht. An der Linienführung der Bahnen erkennt man sofort den typisch amerikanischen Stil: lange Bahnen, lange Tees, offene Bunker und breite, leere Greens. Das 1. Loch ist zwar lang, jedoch technisch nicht besonders schwierig. Ganz im Gegensatz zum 3. Loch, einem Par 5 über 514 Meter, gerade, bestens bewacht, häufig windig – es ist alles andere als leicht zu bewältigen. Das Green des 7. Lochs, des zweiten Par 3 der Hinrunde, liegt inmitten eines riesigen Wasserhindernisses. Die Hinrunde ist mit 3146 Metern schon lang, die Rückrunde setzt sich aus drei Par-3-Löchern und ebenso vielen Par-4- und Par-5-Löchern zusammen. Ob man nun auf die Bucht von Pevero oder die von Renard blickt – das faszinierende Panorama auf einigen Fairways nimmt einem fast den Atem, so sehr überwältigt einen die Schönheit dieser Landschaft. Den Höhepunkt bildet die Aussicht am leicht abschüssigen, 289 Meter langen 16. Loch. Das letzte Loch, mit seinem »out of bounds« auf der linken Seite und mehreren Bunkern auf der rechten, ist ein Par 5, allerdings nicht das schlimmste von allen. Aber nicht aufgeben! Auch wenn Ihr Score sieben oder acht Punkte mehr aufweist als normalerweise, seien Sie nicht allzu deprimiert. Einigen Champions ist es auf diesem Kurs noch viel schlimmer ergangen, beispielsweise dem Amerikaner Mark James, der vor ein paar Jahren bei den Italian Open mit sage und schreibe 113 Schlägen »nach Hause« kam. Wie Sie sehen, es ergeht anderen auch nicht besser...

Links: Das Green des 15. Lochs.

Loch	Länge	Par	Loch	Länge	Par
1	412	4	10	172	3
2	383	4	11	516	5
3	514	5	12	351	4
4	354	4	13	364	4
5	190	3	14	183	3
6	316	4	15	506	5
7	171	3	16	289	4
8	352	4	17	166	3
9	454	5	18	493	5
Total	3146	36	Total	3040	36
			Insgesamt	6186	72

Is Molas Sardinien Italien

Ein taktischer Kurs

Pevero ist fast eine Quälerei – die Schönheit von Is Molas dagegen kann man ungestört genießen. Dieser Kurs liegt direkt am Meer, geschützt von den Bergen im Landesinneren, und verschmilzt in wunderbarer Weise mit dem natürlichen, hügeligen Gelände. Es ist dennoch recht häufig ziemlich windig auf der Anlage. Pevero liegt im Norden, Is Molas dagegen an der Südspitze Sardiniens. Is Molas entstand erst drei Jahre nach Pevero, war jedoch in den zwölf Jahren seit seiner Gründung schon Ausrichter zahlreicher internationaler Turniere, unter anderem auch der Italian Open. Von dem großen, weiträumigen Clubhaus hat man einen wunderschönen Blick auf einen Großteil der Anlage, vor allem auf die spektakulärsten Löcher. Der italienische Architekt Piero Mancinelli hat einen Kurs mit relativ engen Fairways und einigen strategisch gut verteilten Hindernissen geschaffen, auch wenn die insgesamt 52 Bunker meist nicht übermäßig schlimm sind. Auf der Score-Karte sind die Bahnen 5, 9 und 12 als die schwierigsten verzeichnet. Doch schon am 1. Loch, einem recht schwierigen Par 5, das zwar nicht sonderlich lang ist, dafür aber ein perfekt bewachtes Green hat, ist der zweite Schlag alles andere als einfach auszurechnen. Und das ist ein typisches Merkmal für diesen Kurs. Man muß mit äußerster Präzision schlagen, so auch am 3. Loch, einem Par 3 über 196 Meter. Ganz besonders aber am 5., einem zwar nicht sehr langen, dafür jede kleinste Abweichung von der Ideallinie rächenden Par 4, mit Bunkern, einem »out of bounds« auf der linken Seite, einem Hindernis in der Reichweite des zweiten Schlages und einem Green auf zwei verschiedenen Ebenen.

Am 9. Loch, einem durchschnittlich langen Par 4, liegt vor dem schmalen Green ein Teich, außerdem wird es von Sandbunkern bewacht. Das 12. Loch ist das erste Par 5 der Rückrunde, überhaupt das erste seit zehn Löchern. Ein Loch für Taktiker, wo es gilt, extrem kurz und flach zu schlagen, will man das Green ohne Probleme erreichen. Das 18. Loch ist ein besonders attraktives Finishing-hole, mit einem problematischen »out of bounds« und den meisten Bunkern des ganzen Kurses.

Die Rückrunde hat ein Par von 37 Schlägen, die Hinrunde 35, also zwei Schläge und insgesamt 161 Meter weniger als der zweite Teil des Parcours. Den Platzrekord von 67 Schlägen hält Tommy Horton, der sympathische Pro aus Jersey.

Links: Das hochmoderne Clubhaus von Is Molas; im Vordergrund das 7. Loch.
Rechts: Das 15. Loch, das längste des ganzen Parcours.

Loch	Länge	Par	Loch	Länge	Par
1	459	5	10	176	3
2	394	4	11	360	4
3	196	3	12	467	5
4	424	4	13	371	4
5	368	4	14	156	3
6	331	4	15	512	5
7	197	3	16	457	5
8	386	4	17	373	4
9	356	4	18	400	4
Total	3111	35	Total	3272	37
			Insgesamt	6383	72

Penina Algarve Portugal

Die Handschrift Henry Cottons

Penina liegt ganz in der Nähe der kleinen Stadt Portimao, am Ende der Algarve. Seit seiner Fertigstellung im Jahre 1966 verfügt dieser Kurs international über einen hervorragenden Ruf; vor allem das Hotel direkt in der Mitte des Platzes ruft bei ausländischen Touristen Begeisterung hervor.

Penina gleicht Henry Cotton. Und das ist zweifellos die Hauptursache für den Erfolg dieses Kurses. Der englische Meister, der hier schon seit Jahren wohnt, hatte alles bis ins kleinste geplant und entworfen – und keiner im Club hätte es gewagt, ihm das Oberkommando bei dieser riesigen Aktion zu entziehen.

Unglücklicherweise hinterließ die fürchterliche Revolution aus dem April 1974 erhebliche Spuren, die erst nach langer Zeit wieder verschwunden waren. Doch das gehört der Vergangenheit an, Penina hat sein Gesicht wiedergefunden, mit den 360000 Bäumen, darunter Eukalyptus, Orangen- und Zitronenbäume, und einem darüber hinaus in perfektem Zustand befindlichen Terrain. Henry Cotton kehrte nach Spanien zurück und verzichtete auf seine Villa gleich neben dem Abschlag des 1. Lochs, statt dessen bewohnt er jetzt eine Suite in dem darin entstandenen Clubhotel. Der Südkurs, der absolut dem internationalen Standard entspricht, gilt als das Meisterstück des dreimaligen British-Open-Siegers.

Das 16. Loch, ein Par 3 über 176 Meter, mit einem breiten Bach entlang des Fairways.

Dieser Par-73-Kurs, der auf einem ehemaligen Reisfeld liegt, mißt insgesamt 6300 Meter; er ist übersät von Wasserhindernissen, vor allem das 13. Loch, das attraktivste des ganzen Parcours, ist typisch dafür. Auch die zahlreichen Doglegs erschweren die Aufgabe erheblich.

Der für Championships hervorragend geeignete Platz von Penina, der übrigens über 36 Löcher verfügt, war 1976 Schauplatz der Weltmeisterschaften der Amateure. Eine Ehre, die dieser exzellente Platz, der sich übrigens, ganz entsprechend den Wünschen der Verantwortlichen, kurz oder lang präsentieren kann, wahrhaftig verdient hat. Jeder Abschlag ist, entsprechend den amerikanischen Vorbildern, tatsächlich bis zu 100 Meter lang. Die Greens sind übrigens aufgrund ihrer Größe nicht sonderlich schwer zu spielen. Der große Golfer Doug Sanders erklärte sogar einmal, daß sie seiner Meinung nach eine Bestnote verdient hätten. Jedenfalls ist Penina für jeden Golfer ein absolutes Muß, eine wirklich große, interessante Herausforderung – man kann einfach nicht an die Algarve reisen, ohne hier eine Runde zu spielen. Und jeder, der die Gelegenheit dazu hat, wird sofort den Zusammenhang zwischen den am Abschlag herumfliegenden Baumwollflocken und der überall und stets präsenten Persönlichkeit des »Sir Cotton« bemerken. Auch eine Art der Erinnerung – und warum auch nicht.

Das Hotel Penina Golf, zu dessen Gästen sehr viele Briten zählen.

Süd-Kurs

Loch	Länge	Par	Loch	Länge	Par
1	429	4	10	521	5
2	386	4	11	502	5
3	301	4	12	351	4
4	361	4	13	201	3
5	465	5	14	359	4
6	165	3	15	331	4
7	266	4	16	176	3
8	180	3	17	454	5
9	409	4	18	441	5
Total	2962	35	Total	3338	38
			Insgesamt	6300	73

Quinta do Lago Algarve Portugal

Die schönste Golfanlage Portugals

Dies ist ohne Zweifel der perfekteste Platz ganz Portugals. Doch der Ruhm hat seinen Preis: Eine Zufahrt wird immer notwendiger und die Bedürfnisse und Kosten steigen von Jahr zu Jahr.

350 Personen laufen täglich über den gepflegten Rasen von Quinta do Lago, von November bis April; nach ihrer Runde können sie im Clubhaus speisen, das zwar nicht gerade luxuriös ist, dafür aber sehr hübsch liegt, gleich neben der Driving Range. Carts stehen den Besuchern selbstverständlich zur Verfügung, wenn sie das hügelige, perfekt gepflegte Terrain mit den hervorragenden Fairways nicht zu Fuß erkunden möchten.

Ebenso wie Vale do Lobo besitzt Quinta do Lago drei sehr schöne 9-Loch-Anlagen, die 1974 fertiggestellt wurden, auf einer Gesamtfläche von 350 Hektar. Idee und Entwurf stammen übrigens von dem amerikanischen Architekten William Mitchell. Auf den ersten Blick scheint Quinta do Lago relativ einfach zu sein. Aber warten Sie es ab – und urteilen Sie lieber erst drei Stunden später . . .

Auch wenn ein Fairway breit und der Drive dementsprechend leicht zu sein scheint, der Eindruck ist oft falsch. In Wirklichkeit muß der Drive ausgesprochen gut plaziert werden, will man sich eine Chance bewahren, das Green mit zwei Schlägen zu erreichen. Es gibt immer wieder Wasserhindernisse, so auch am 9. Loch des Kurses A, wo man den Drive über einen kleinen See setzen muß. Die bestens getarnte Bewässerungsanlage hat insgesamt 1300 Düsen, verteilt auf die riesige Fläche der Anlage. Diese Art der Installation soll einzigartig in Europa sein, wie man hört. Neben den drei 9-Loch-Anlagen, die übrigens alle wieder zum Clubhaus zurückführen, wird zur Zeit ein vierter Kurs gebaut, eine 18-Loch-Anlage. Ebenso wie schon William Mitchell vor ihm, so war auch der amerikanische Architekt Joe Lee schnell von der Schönheit der Lage und der hervorragenden Qualität des Sandbodens überzeugt. Der neue Kurs soll Mitte 1987 eingeweiht werden – man sagt, er sei noch attraktiver als die anderen.

Das 9. Loch des B-Kurses, des Meisterschafts-Parcours.

Oben: Das 8. Loch des »Lakeside«, eines Par 5 mit einem enormen Wasserhindernis gleich am Abschlag.
Rechts: Golfer aus aller Welt besuchen diese Anlage.

Parcour A			Parcour B			Parcour C		
Trou	Long.	Par	Trou	Long.	Par	Trou	Long.	Par
1	367	4	1	390	4	1	410	4
2	170	3	2	500	5	2	190	3
3	510	5	3	387	4	3	460	5
4	380	4	4	156	3	4	325	4
5	345	4	5	505	5	5	355	4
6	370	4	6	350	4	6	185	3
7	140	3	7	182	3	7	372	4
8	338	4	8	385	4	8	510	5
9	480	5	9	355	4	9	413	4
Total	3100	36	Total	3210	36	Total	3220	36

Noordwijk

Amsterdam
Niederlande

Das Green des 18. Lochs, im Hintergrund das Clubhaus.

Die runden Polder

Vielleicht ist manchem Leser bekannt, daß die Fluggesellschaft KLM seit einigen Jahren die Schirmherrschaft über die Nationalen Offenen Meisterschaften der Niederlande übernommen hat. 1986 wurden sie zweimal hintereinander und zum vierten Mal insgesamt auf dem Golfplatz von Noordwijk ausgetragen. Unbekannt dürfte allerdings sein, daß der Präsident des Noordwijk Golf Clubs, Hugo de Bruyne, nicht nur Golf spielt, sondern hauptberuflich Pilot bei KLM ist. Heißt das nun, daß die Vergabe der Open an Noordwijk nur aufgrund eines Gefallens der Firma für einen seiner brillantesten Mitarbeiter möglich war? Sicher nicht – alle Golfer, die das Glück hatten, an diesem Turnier teilnehmen zu dürfen, konnten sich selbst von der außerordentlichen Kompliziertheit dieses Links an der Nordwestküste der Niederlande überzeugen. Und, wie bei allen Kursen dieses Typs, steht die Schwierigkeit der Anlage auch hier in direktem Zusammenhang mit dem Wind – und der kann hier wirklich fürchterlich sein. Es ist schwer zu sagen, welches nun der beste Kurs Hollands ist, Kennemer, La Haye oder Noordwijk. Im Grunde sind alle drei große Herausforderungen, sicherlich ebenso interessant wie andere große Plätze in Europa, wenn nicht sogar noch interessanter. Noordwijk ist zweifellos der engste der drei. Severiano Ballesteros machte hier mit seinem Sieg bei den KLM Open 1986 von sich reden. Der Kurs ist zwar nicht sonderlich lang, besitzt jedoch zahlreiche Doglegs und einige Löcher von ganz besonderer Schönheit, sowie solche, an denen man gezwungen ist, blind zu schlagen. Als »blind« oder besser blindwütig könnte man auch die Tat einiger Vandalen bezeichnen, die während der Open 1986 drei der achtzehn Greens völlig zerstörten . . .

Normalerweise kann man sagen, ein Links, das bedeutet lange Tradition, eine lange Clubgeschichte. Auf Noordwijk trifft dies natürlich nicht zu, doch man wollte einen Platz mit der Atmosphäre eines schottischen Links bauen – und dieses Vorhaben ist vollkommen gelungen, in jeder Hinsicht. Sicherlich, besonders kritische »Puristen« werden feststellen, daß es sich nicht wirklich um einen echten Links handelt. Man kann ihnen entgegenhalten, daß zwar einige Löcher typische Merkmale eines Inlandkurses aufweisen, doch die äußere Struktur, der Wind, die geographische Lage machen aus diesem Platz einen würdigen Konkurrenten von Muirfield, Turnberry oder Royal Saint George. Und die Tatsache, daß er 1972 in einer Epoche fertiggestellt wurde, in der viel mehr die amerikanische Bauweise der Mode entsprach, ist eine Würdigung, eine Hommage an die große britische Tradition. Es wäre auch ein Verbrechen an Mutter Natur gewesen, hätte man diese natürlich gewellte Landschaft nicht genutzt. Der britische Architekt Frank Pennink hat hier ein fast perfektes Meisterwerk geschaffen – Severiano Ballesteros wäre sicherlich der letzte, der dem widersprechen würde.

Hier ist alles klassisch – bis hin zu der Bewässerungsanlage. Nicht um alles in der Welt würde der Greenkeeper sein altes System auswechseln, ganz gleich, welche neuen »Tarnungsmöglichkeiten« man heute kennt oder welche elektronischen Tricks man entwickelt hat.

Vom Clubhaus fällt der Blick auf mehrere Bahnen, man kann alle 18 Löcher von hier aus bewundern, die Toboggan-Fairways, eine Linie, die man besser nicht verläßt, vor allem am 2. Loch, einem Par 5 über 503 Meter, und seine taktisch schwierigen Doglegs, beispielsweise am 5., 7., 8. und 15. Loch. Die Hinrunde, Par 36, ist 3022 Meter lang, die Rückrunde etwas kürzer, entsprechend etwa einem Par-3-Loch, genau 134 Meter. Die Gesamtlänge des Kurses beträgt 5910 Meter – die Ideallänge eines Kurses wird allerdings normalerweise mit mindestens 6000 Metern angegeben. Doch dieser Kurs hat andere Pluspunkte vorzuweisen, die dieses »Manko« wettmachen: seine Par 3 vor allem, die wirklich schwer zu spielen sind, die sehr sandigen Greens, ideal zum Putten, die Kiefern auf dem Gelände, die jeder Bahn einen ganz eigenen Aspekt verleihen.

Kurz, Noordwijk ist ein ausgesprochen interessanter Kurs, den man um keinen Preis versäumen sollte. Man kann hier ohne Probleme eine Runde spielen, zu einem akzeptablen Preis, vorausgesetzt, man versichert sich vorsorglich der Zustimmung des Caddy-Masters. Der etwa 35 Kilometer von Amsterdam entfernt liegende Platz, nicht weit von La Haye, ist praktisch das ganze Jahr über geöffnet. Man findet in Europa nur selten drei so nahe beieinander liegende Links. Holland

könnte man also als das Schottland des europäischen Kontinents bezeichnen. Kennemer, Noordwijk und Den Haag – drei Golfjuwele, auf die die Niederlande mit Recht stolz sein können.

Oben: Das Green des 5. Lochs; vom Clubhaus aus kann man auf der rechten Seite das Fairway des 16. Lochs, links das Fairway des 10. und in der Mitte das Green des 15. Lochs überblicken.
Rechts: Das 11. Loch, ganz im Hintergrund das Green.

Loch	Länge	Par	Loch	Länge	Par
1	345	4	10	356	4
2	503	5	11	442	5
3	139	3	12	140	3
4	367	4	13	333	4
5	354	4	14	439	5
6	165	3	15	343	4
7	349	4	16	333	4
8	328	4	17	161	3
9	472	5	18	341	4
Total	3022	36	Total	2888	36
			Insgesamt	5910	72

Ullna Stockholm Schweden

Ein Kurs im Florida-Stil

Ullna liegt nur wenige Kilometer von Schwedens Hauptstadt Stockholm entfernt. Dem Ehrgeiz von Sven Tumba, dem in Schweden sehr bekannten ehemaligen Hockeystar, ist dieser Meisterschaftskurs zu verdanken. Er hat den Platz erschaffen und auch seine Unterhaltung gesichert und zwar durch eine besondere Mitgliedschafts-Regelung, bei der man mit seiner Unterschrift gleichzeitig in die Handelsgesellschaft eintritt (Corporate Membership). Der erste Platz war schon nach drei Jahren fertiggestellt, obgleich Sven Tumba vorher einige Schwierigkeiten meistern mußte. Der zweite Kurs bereitet noch größere Probleme, dennoch scheint man ihn bald fertigstellen zu können, und Sven Tumba, dieser sympathische, allerdings nach Meinung vieler nicht besonders rigorose »Dilettant«, hat sein Lächeln wiedergefunden.

18 von ihm allein nach amerikanischem Muster, oder besser noch »Florida-Muster« entworfene Löcher, sind die neue Herausforderung für die Golf-Champions, die hierherkommen, um die Scandinavian Enterprises Open auszutragen. Und sie kommen zahlreich, darunter so bekannte Namen wie Severiano Ballesteros und Lee Trevino – nach beiden wurde übrigens je ein Loch des Kurses benannt. Doch auch andere, wie beispielsweise der Skifahrer Ingemar Stenmark und der Boxer Johansson, wurden von Sven Tumba auf diese Weise freundschaftlich geehrt.

Durch ihre Lage am Rande eines Sees hat die Hälfte der Bahnen das Wasser zum Komplizen.

Unten: Das 10. Loch, ein Par 3, mit seinem sehr schwer zu erreichenden Green.

Oben: Der Abschlag des 17. Lochs.

Nicht umsonst verbringt Sven Tumba jeden Winter etwa sechs Monate in Florida. Einige der Löcher haben einen besonders ausgeprägten Charakter, vor allem das 3. Loch, ein Par 3 in Form einer Insel, und das 16., ein besonders schönes, mit einem Wasserhindernis auf der linken Seite, einem Bunker vor dem Green und einem weiteren Wasser dahinter. Und schließlich das 17. Loch, mit seinem erhöht liegenden Green, daß vollkommen von Wasser umgeben ist. Alles in allem gibt es 14 Wasserhindernisse. Ein zwar noch etwas junger, aber dennoch bemerkenswerter Kurs.

Rechts: Das Backtee des 6. Lochs.

Loch	Länge	Par	Loch	Länge	Par
1	475	5	10	400	4
2	325	4	11	375	4
3	145	3	12	165	3
4	450	5	13	545	5
5	190	3	14	550	5
6	330	4	15	280	4
7	395	4	16	180	3
8	335	4	17	380	4
9	330	4	18	415	4
Total	2975	36	Total	3290	36
			Insgesamt	6265	72

Crans-sur-Sierre

Wallis
Schweiz

Das Wunder in den Wolken

Wenn ein Golfplatz in der Schweiz über die Landesgrenzen hinaus von sich reden gemacht hat, dann der von Crans-sur-Sierre. Er wird von vielen als der »schönste Golfplatz der Welt in den Bergen« bezeichnet. Die Anlage in Crans bietet den Aktiven gleich zwei verschiedene Kurse zur Auswahl. Eine 9-Loch-Anlage und eine zweite, »le Grand«, wie sie die Mitglieder nennen: ein 18-Loch-Kurs, 6260 Meter lang, Par 72. Auf diesem Platz finden seit nun mittlerweile fast vierzig Jahren jeden Sommer die Suisse Open statt, eines der renommiertesten Turniere des European Circuits.

Der Platz liegt auf einem Hochplateau über dem Rhonetal, in ganz besonders faszinierender Umgebung. Einige der Löcher sind äußerst ungewöhnlich. Zum Beispiel das 7. Loch, ein Par 4 über 290 Meter: Hier liegt das Green auf einem kleinen natürlichen Hügel und bietet dem Golfer einen unvergeßlichen Blick auf ein phantastisches Panorama, das Tal und das Massiv Cervin, sowie den Mont Rose, den man bei schönem Wetter auf der anderen Seite entdecken kann. Kurz darauf steht man am 9. Loch, einem Par 5 mit einer Steigung, sage und schreibe 580 Meter lang! Dies ist das längste Loch in Europa, und auch die Pros greifen hier freiwillig nach einem Eisen 3 oder 4, um mit dem dritten Schlag am Green zu landen. Das ist allerdings auch auf diesem Kurs eine Ausnahme, denn bei der Höhe der Anlage – 1600 Meter – und der relativ dünnen Luft fliegen die Bälle sowieso weiter. Auf der Rückrunde gibt es zwei weitere Par 5, die Löcher 14 und 15.

Was die Zahl der Mitglieder angeht, so steht Crans-sur-Sierre nach Genf und Lausanne nur an dritter Stelle. Bezüglich der technischen Qualität und der Ästhetik des Platzes gibt es allerdings keine Diskussionen. Die abschüssigen Fairways, die zum Teil im Winter als Skipisten dienen, fließen sanft dahin, ohne sich je zu überschneiden. Die Luft ist wunderbar sauber, die Atmosphäre ruhig und erholsam, und das, obwohl der Trubel der Stadt gar nicht einmal so weit entfernt ist. Crans-sur-Sierre ist tatsächlich ein Stadtplatz, und alle Einwohner kennen den Kurs oder spielen sogar selbst dort. Es ist ganz interessant festzustellen, daß dieser Ort hauptsächlich wegen seiner Golfanlage bekannt wurde, erst in zweiter Linie wegen seiner attraktiven Skipisten. Alle großen Stars haben hier bei den Open schon gespielt. Severiano Ballesteros gelang bereits zweimal ein Sieg; vor ihm konnte man Bobby Locke, Ken Nagle und viele andere bei ihrer Kunst bewundern. Doch die ganz große Überraschung gelang hier 1984 einem bis dahin so gut wie unbekannten, dem Kanadier Jerry Anderson, der das Turnier mit 27 Schlägen unter dem Par der 72 Löcher abschloß, also mit einem Schnitt von 7 unter Par je Runde. Er vollbrachte bei dieser Gelegenheit das Wunder, das niedrigste Score über 72 Löcher abzuliefern, das jemals bei einem europäischen Turnier erzielt wurde. Manche behaupten, er habe den Platz geradezu »pulverisiert« und die Greens zum Zittern gebracht.

Links: Das Green des 7. Lochs des 9-Loch-Kurses.
Rechts oben: Das Green des 13. Lochs.
Rechts unten: Das Green des 5. Lochs.

Parcours Le Grand

Loch	Länge	Par	Loch	Länge	Par
1	475	5	10	370	4
2	395	4	11	195	3
3	170	3	12	365	4
4	460	4	13	190	3
5	325	4	14	525	5
6	300	4	15	470	5
7	290	4	16	300	4
8	175	3	17	325	4
9	580	5	18	350	4
Total	3170	36	Total	3090	36
			Insgesamt	6260	72

Paradise Island Bahamas

Das Schaufenster der Bahamas

Der Name des Platzes, so sanft und einfühlsam, erweckt die Vorstellung eines gewissen »Savoir Vivre«, weit entfernt von der Kälte des Winters. Sonne, Sandstrand, kristallklares Wasser – die Bahamas sind ein Traum, den sich bisher nur Milliardäre leisten konnten, seien es nun Amerikaner oder Europäer. Doch die »Kundschaft« vergrößert sich allmählich, die Zahl der Touristen, die es sich ebenfalls leisten können, einen wunderschönen Urlaub zu planen auf diesen Inseln im Atlantik, etwa 100 Kilometer von Miami entfernt, steigt ständig.

Bei diesen klimatischen Gegebenheiten überrascht es nicht im geringsten, auf dem Kurs Golfer in Bermuda-Shorts und mit kurzärmeligen Hawaii-Hemden spielen zu sehen, noch dazu in äußerst bunten Farbkombinationen, auf dem Kopf eine Schirmmütze aus ihrem Heimatclub, der in den meisten Fällen in den Staaten liegt. Man sollte dabei nicht vergessen, daß die Bahamas bis zu ihrer Unabhängigkeitserklärung im Jahre 1973 unter britischem Einfluß standen, daher auch die typisch britischen Traditionen, u. a. rollt man links und spielt nur den kleinen Ball. Touristen kommen nur auf etwa zehn der Inseln, doch allein die beiden größten, New Providence und Grand Bahama, haben mehr als zwölf Golfplätze, darunter auch die renommiertesten.

Paradise Island – das ist der bekannteste der Golfplätze auf den Bahamas, und der spektakulärste: An mehreren Stellen berührt er das Meer, fünfmal insgesamt, 9 Löcher gehen von hier aus. Der Kurs stammt übrigens von dem Architekten Dick Wilson, der gemeinsam mit John Lee fast für alle Golfanlagen auf den Bahamas verantwortlich zeichnet. Der Südkurs liegt auf der einen Seite direkt an der ruhigen Bucht von Montagu, auf der anderen dagegen droht die Zunge des Ozeans, »the tongue of the ocean«, wo alle etwas zu lang oder nicht ganz präzise geschlagenen Bälle landen . . .

Das 7. Loch, ein Par 3 über 167 Meter, ist ganz besonders eindrucksvoll, mit den Bunkern, die es umringen, dem Meer und den Felsen im Hintergrund.

Paradise Island, die Insel des Paradieses – ein wirklich passender Name für dieses Gelände, das man übrigens nur über eine Mautbrücke erreichen kann. Paradise Island scheint von der Welt vollkommen abgeschnitten zu sein. Es ist eine Welt für sich, mit eigenen Hotels, Casinos und dem Golfplatz. Kein Besucher, den die Vielfalt der Eindrücke nicht überwältigte.

Rechts oben: Das Green des 14. Lochs und im Hintergrund das 16. Green. Unten: Das Green des 14. Lochs, Par 3 über 151 Meter.

Links: Ein Übersichtsplan des Kurses.

Loch	Länge	Par	Loch	Länge	Par
1	486	5	10	326	4
2	318	4	11	346	4
3	144	3	12	171	3
4	439	4	13	454	5
5	409	4	14	151	3
6	508	5	15	512	5
7	167	3	16	374	4
8	381	4	17	393	4
9	416	4	18	382	4
Total	3268	36	Total	3109	36
			Insgesamt	6377	72

Casa de Campo

La Romana
Dominikanische Republik

Die Hölle im Paradies

Den Kurs Los Cajuiles, den berühmteren, nennt man auch »Teeth of the dog«. Die Bezeichnung »Der weiße Hai« wäre eigentlich ebenso passend gewesen, entsprechend dem bekannten Film, in dem der riesige Fisch aus dem Nichts auftaucht und das Schiff buchstäblich mit Mann und Maus zu verschlingen droht. Hier, auf diesem Kurs, sind es allerdings keine Schiffe, die regelmäßig verschlungen werden, sondern – Golfbälle.

Darin sind sich alle Golfer, die hier je ihren Ball auf Tee gesetzt haben, einig. »Wenn man mir eine Hin- und Rückfahrkarte anböte, würde ich auf der Stelle losfahren – und dort Urlaub machen. Aber erwartet nicht von mir, daß ich eine Score-Karte ausfülle!« Wer das sagte? Keine geringere als Brigitte Varangot, Mitglied der französischen Nationalmannschaft und Amateur-Weltmeisterin. Sie errang diesen Titel bei den Amateur-Weltmeisterschaften der Damen im Jahre 1974 auf diesem Kurs.

Wie viele Golfer mögen hier den sadistischen Architekten, dessen Phantasie eine derartig verrückte Anlage entsprang, verflucht haben. Wenn sie gewußt hätten, daß sich seine Sommerresidenz direkt auf dem Platz befindet, in einer typisch dominikanischen Villa mit einem Strohdach – sie hätten ihn sicherlich alle aufgesucht, um ihm ihren Seelenzustand, ihre Frustration und ihre Wut in allen Einzelheiten an den Kopf zu werfen. Der Architekt heißt Pete Dye und ist Spezialist auf diesem Gebiet. Er beging übrigens schon einmal ein ähnliches »Verbrechen« und löste mit diesem Werk, dem TPC in Sawgrass, Florida, bei dessen Einweihung unter den ganz großen Stars das reinste Wehgeheul aus.

Ist der Kurs wirklich nicht zu bewältigen? Die Statistiken sind erschreckend. Bei den vorhin erwähnten Weltmeisterschaften der Damen wurden insgesamt 264 Score-Karten abgegeben. Unter den Ergebnissen, die auf 4752 Löchern erzielt wurden, waren nur 73 Birdies und ganze zwei Eagles. Bei den Herren kamen 560 Score-Karten zurück – man registrierte nur drei 72er, zwei 71er und eine 70er Runde. Das sagt eigentlich genug.

Es scheint, als hätte Pete Dye bei diesen berühmten Weltmeisterschaften am liebsten alle Mauern wieder eingerissen, so entsetzt war er von den Ergebnissen der Konkurrenten: Die amerikanische Meisterin Carol Semple mußte am 18. Loch einen totalen Einbruch hinnehmen – sie kassierte eine 10 und gab auf. Der große Pro George Archer spielte auf dem 7. Loch, einem Par 3 über 181 Meter, gar eine 11. Er schloß die Runde mit 89 Schlägen ab.

Doch verlassen wir die Schattenseite des Platzes. Diese 18-Loch-Anlage übt, auch wenn sie noch so trügerisch sein mag, auf die Golfer immer noch die gleiche Faszination aus wie früher.

Die Einweihung fand nach mehreren Jahren Bautätigkeit im Jahre 1972 statt. Die ganze Bevölkerung der Umgebung war an den Arbeiten beteiligt. Die Zuckerrohrplantage verschwand und wurde von Fairways und Greens ersetzt. Man nutzte alle natürlichen Rohstoffquellen der Insel, vor allem die Rückstände des Zuckerrohrs, die man mit dem Sand vermischte. Vorher hatte Alvaro Carta, ein ehemaliger Kubaner mit Wohnsitz in den Staaten, den Architekten Pete Dye zu einem Rundflug über das Gelände eingeladen, um mit ihm den Entwurf der Anlage von Los Cajuiles zu besprechen.

Alvaro Carta hatte von seinem Architekten einen ganz besonderen, außergewöhnlichen Kurs verlangt. Und der Herr Auftraggeber sollte bekommen, was er gewünscht hatte. Sieben Löcher verschmelzen in dieser märchenhaften Landschaft perfekt mit der Linie der karibischen Küste. Sieben Löcher, die sich bei näherer Betrachtung als furchterregend herausstellen: die Bahnen 5, 6, 7 und 8 der Hinrunde und 15, 16 und 17 der Rückrunde.

Zweifellos gibt es bisher keinen anderen Platz, auf dem das Element Wasser so omnipräsent ist wie hier.

Das 5. Loch, ein Par 3.

Tonnen Erde wurden herantransportiert, die die Felsen, Steine und Korallen stützen, und so konnte man Schutzmauern um das Gelände ziehen, Tees und Bunker bauen. Sie sind die eigentlichen »Teeth of the dog«, die dem ganzen Parcours seinen Namen geben. Durch die Mauern ist es möglich, daß die Bahnen teilweise direkt »im Meer« enden, wie das Green des 15. Lochs, oder über dem Meer hängen. Ein wahres Wunderwerk, eine Sensation. Charakteristisches Merkmal aller Bahnen: Es ist ungemein problematisch, den Ball an die Fahne zu schlagen. Denn diese steht meist nur wenige Meter vom Wasser entfernt, wie beispielsweise am Green des 7. Lochs. Wer das Pech hat, das Green zu verfehlen, muß mit einem geradezu diabolisch schweren Pitch rechnen, wie auch Brigitte Varangot gern bestätigt: »Ich hatte die ganze Zeit Angst, daß mir mein Schlag auf das Green mißlingen könnte, hier kann einem wirklich alles passieren. Es ist noch wichtiger als in Pebble Beach, mit dessen Kurs man diesen oft vergleicht, sein Gleichgewicht, Gelassenheit und Ausgewogenheit zu finden – und das sozusagen mit dem linken Bein im Wasser und dem rechten auf dem Fairway. Jeder nur etwas verzogene oder mißlungene Schlag wird auf diesen oben beschriebenen sieben Löchern fürchterlich bestraft.«

Die zweite von den Golfern gefürchtete Sequenz beginnt mit dem 14. Loch, 462 Meter lang. Das 15., dessen Abschlag auf einer Steilküste liegt, ist, nach Auskunft von Pete Dye, »das längste 350-Meter-Loch der Welt.« Auch hier der gleiche faszinierende Hintergrund und die gleiche Angst, seinen Ball in einer völlig unspielbaren Position wiederzufinden, zum Beispiel im dichten, scharfen Gras am Rande des Greens.

Langeweile kommt in diesem Winkel der Karibik mit Sicherheit nicht auf, er ist so etwas wie eine Insel des Glücks in einem Meer der Traurigkeit und Not. Die Perle ist zweifellos dieser Kurs von La Cajuiles, den das Magazin »Golf World« 1982 als den viertschönsten Golfplatz der Welt – außerhalb der Vereinigten Staaten – bezeichnet hat.

Eine Anlage mit phantastischer Ausrüstung, darunter allein 140 Elektro-Carts und 60 Caddies, die bei der Suche nach den Bällen außerordentlich nützlich sein können – und Gott weiß, wie oft man sie braucht ... Über 5000 Greenfees werden hier pro Jahr verzeichnet. Nur etwas ist bedauerlich: Der Pro-Shop entspricht nicht ganz dem Niveau der übrigen Ausstattung. Es sei äußerst schwierig, wenn nicht gar verboten, so sagte man uns, die Artikel aus den USA einzuführen, es müsse alles aus einheimischen Firmen stammen.

Dieser Parcour mit seinen unzähligen Zitronen- und Orangenbäumen, den Kokospalmen, den Kautschukbäumen, dem Wein und den wundervollen Blumenrabatten ist die wahre Hölle. Allerdings eine Hölle, in der man bis in alle Ewigkeit bleiben möchte ...

Das 7. Loch, ebenfalls ein Par 3, vom Green aus gesehen.

Los Cajuiles

Loch	Länge	Par	Loch	Länge	Par
1	349	4	10	345	4
2	346	4	11	494	5
3	498	5	12	392	4
4	299	4	13	160	3
5	142	3	14	462	5
6	411	4	15	351	4
7	181	3	16	169	3
8	346	4	17	398	4
9	462	5	18	402	4
Total	3034	36	Total	3173	36
			Insgesamt	6207	72

Lagunita Caracas Venezuela

Vorsicht vor den Par 3!

Seien Sie nicht zu enttäuscht, wenn Sie darum kämpfen müssen, auch auf dem Allerheiligsten Venezuelas, dem Golfplatz des Lagunita Country Clubs, spielen zu können. Der etwa eine halbe Stunde Autofahrt südlich von Caracas liegende Platz hat insgesamt 1200 Mitglieder, denen neben der 18-Loch-Anlage auch sieben Tennisplätze, ein Fußballplatz, ein Schwimmbad und ein Reitstadion zur Verfügung stehen. Nur ein Clubmitglied kann es Ihnen ermöglichen, einmal die Freuden dieses riesigen Country-Clubs zu genießen, den die Südamerikaner hier realisiert haben. An zwei mit Wächtern gesicherten Eingängen werden hinaus- und hineingehende Besucher genau überprüft und kontrolliert. Wer die Schranken dieses kleinen, abgeschlossenen Paradieses einmal überwunden hat, hat sicherlich auch bald Gelegenheit, den Head Pro, Julian Fernandez, zu begrüßen, der als Vorsitzender des größten Clubs des Landes – es gibt insgesamt mittlerweile 21 Clubs – gleichzeitig auch die Geschicke der venezuelanischen Pros lenkt.

Der Club konnte 1984 sein zwanzigjähriges Bestehen feiern. Erbaut wurde der auf 1000 Metern Höhe liegende Kurs von dem amerikanischen Architekten Dick Wilson im Jahre 1964. Auf der Liste der schönsten Golfplätze der Welt des Magazins »Golf Digest« nimmt er den achten Rang ein. Lagunita ist eine schwierige, aber wunderschöne Aufgabe, genau das Richtige für einen Golfer, der große Emotionen und Erlebnisse liebt.

Dieser Par-70-Kurs über 6142 Meter ist bemerkenswert ausgewogen, vor allem die Vielseitigkeit seiner Bahnen verblüfft immer wieder. Gleich am 2. Loch, dem ersten Par 3 des Parcours, sieht sich der Golfer mit den ersten ernsthaften Problemen konfrontiert. »Wenn Sie alle Par 3 – insgesamt sind es fünf – gut absolvieren, können Sie das Score schaffen«, so Julian Fernandez, »das kürzeste, das 16. Loch, mißt nur 148 Meter, das längste, das 8., vom Backtee 193 Meter.«

Im Jahre 1979 feierte der Argentinier Vicente Fernandez seinen größten Erfolg: Er stellte mit 64 Schlägen einen neuen Platzrekord auf. Den Rekord über vier Runden hält der Südafrikaner Bobby Cole; bei seinem Sieg, gemeinsam mit Gary Player, beim Welt-Cup erzielte er das Traumergebnis von 272 Schlägen.

Und wie dürfte es Ihnen hier ergehen? Eines steht fest, der Kurs wird Ihnen vom 1. Loch an Freude bereiten.

Das Green des 18. Lochs.

Am 6. Loch, einem phantastischen, sehr schmalen Par 4, sollte man sein Eisen besser im Bag lassen und lieber ein Holz 3 zur Hand nehmen, anschließend ein kleines Eisen. Der Weg bis zum Green ist absolut überwältigend, diesen Eindruck kann man unmöglich wiedergeben, man muß ihn selbst erlebt haben. Und die Begeisterung hält an, vom 7. Loch, einem Fairway mit Dogleg, wo man am liebsten den Drive bis ans Green setzen möchte, bis zum atemberaubenden 8. und dem 9. Loch, einem langen, ansteigenden Par 5 . . . Manchmal stimmt es fast traurig, einen so reizvollen Kurs regelrecht bekämpfen, niederringen zu müssen. Und die Spannung setzt sich am 11. Loch fort, einem abschüssigen, einfachen Par 5 – hier liegt eine 3 im Bereich des Möglichen. Ein Blick zurück, und Sie realisieren erst, wie lang die Strecke ist, die Sie mit zwei Schlägen überwunden haben: 473 Meter. Das 12. Loch ist ein echtes Meisterwerk, das es mit einem gut plazierten Drive zu bewältigen gilt, gefolgt von einem Pitch mit dem Eisen 4 über ein kleines Wasserloch. Einfach großartig! Das Green ist wunderbar schnell. Wer mag, kann die schönsten Bahnen dieses atemberaubenden Kurses – 6, 7, 8, 11, 12, 15, 18 – auch einmal schnell morgens, um acht Uhr, abgehen, wenn die Cana-Fistola-Bäume ihre gelben Blüten öffnen . . .

Oben: Im Vordergrund das Green des 8., im Hintergrund das Green des 15. Lochs.

Loch	Länge	Par	Loch	Länge	Par
1	476	5	10	191	3
2	166	3	11	473	5
3	409	4	12	406	4
4	413	4	13	368	4
5	160	3	14	387	4
6	362	4	15	389	4
7	341	4	16	148	3
8	193	3	17	336	4
9	539	5	18	385	4
Total	3059	35	Total	3083	35
			Insgesamt	6142	70

The National Club
Toronto
Kanada

... abwechslungsreich und selektiv

Eine wirklich anspruchsvolle Anlage, die sich innerhalb kürzester Zeit so etabliert hat, daß man sie getrost zu den attraktivsten rechnen kann. Nach nur fünfzehn Jahren erhob man The National – nicht zu verwechseln mit »The National« bei New York, einem Links – anläßlich der Canadian PGA im Jahre 1979 in den »Adelsstand«. Das Turnier gewann übrigens Lee Trevino, der bei dieser Gelegenheit mit 67 Schlägen auch gleich einen neuen Platzrekord aufstellte. Es ist ganz interessant, sich einmal sein Score auf vier Runden anzusehen: 67-76-72-70 = 285, also nach 72 Löchern 1 unter Par, und das von den normalen Abschlägen für Mitglieder. Dieses Resultat belegt den Schwierigkeitsgrad des Kurses besser als jeder Kommentar.

Eigentlich sollte dieser Kurs in der Hauptstadt des englischen Teils von Kanada nur Herren vorbehalten bleiben. Eigentümer der Anlage ist Gil Blechman, der 1972 auch das Kommitee zur Gründung des Clubs einberief. Schon 1974 war der Entwurf für den Kurs fertiggestellt, unter Mitarbeit der beiden berühmten amerikanischen Architekten George und Tom Fazio, zu deren bekanntesten Werken unter anderem Wild Dunes gehört, der PGA-Kurs in Florida.

The National liegt inmitten einer herrlichen grünen Hügellandschaft. Mehrere Abschläge wurden leicht erhöht und ermöglichen dadurch einen wunderbaren Blick auf das spektakuläre Panorama. Vor allem die über 50 000 Zuschauer haben von den Hügeln aus einen perfekten Überblick über das Geschehen während eines Turniers, vor allem auf die sehr schwierigen Par 3. Das 10. Loch, ein abschüssiges Par 3 über 161 Meter, hat kein eigentliches Fairway, nur hohes Gras, dichtes Gebüsch, Blumen und einen See, auf dem einige Schwäne zu Hause sind. Dennoch bezeichnet man diese Bahn als die leichteste des Parcours. Der Kurs ist relativ lang, 6391 Meter von den Backtees. Das Par des Kurses liegt bei Turnieren bei 77 Schlägen. Die Landschaft ist bezaubernd und die Hindernisse gerecht, aber unbequem. Die Hinrunde ist etwas länger, mit vielen imposanten Bunkern und Wasserhindernissen an vier Löchern. Und um die Herausforderung

Rechts: Das 10. Loch, das erste Par 3 der Rückrunde – ein richtiges Schmuckstück.
Unten: Das letzte Loch, auf der rechten Seite von einem Wasserhindernis begrenzt, mit seinem relativ engen Fairway.

für den Golfer noch zu vergrößern, bläst auf diesem Teil des Platzes oft ein heftiger Wind. Die neun Löcher der Rückrunde liegen etwa 30 Meter tiefer.

Die Zusammenarbeit von George Fazio und seinem Neffen Tom hat hier ein weiteres Wunderwerk vollbracht. Dieser Kurs entspricht allen Qualitätsansprüchen eines modernen Golfplatzes. Ben Kern, der augenblickliche Clubpräsident, meinte einmal, als er gerade sein Eisen 6 aus seinem Bag zog, um auf das Green des 18. Lochs zu pitchen: »Das Eisen 6 war bis hierher der einzige Schläger, den ich noch nicht benutzt habe.« Jeden anderen konnte man irgendwann einmal brauchen – auch das ist ein Zeichen für einen großen Kurs.

Die Pflege des Platzes ist tadellos – beispielsweise werden die Fairways

mit den Mähmaschinen geschnitten, die normalerweise für Greens vorgesehen sind – und das will schon etwas heißen ... Die Devise des Clubs »Golf ist die einzige Sprache, die im National gesprochen wird« bewahrheitet sich jeden Tag auf's Neue. Wenn das nicht der wahre Geist des Golfsports ist ...

Hier die Meinung des mehrfachen Siegers der Canadian Amateurs, Doug Roxburgh: »Dieser Kurs ist ausgesprochen schwer, er erlaubt auch nicht den kleinsten Fehler. Schon bei meiner ersten Runde im Jahre 1977 war er in exzellentem Zustand. Einen Kurs wie diesen findet man in Kanada nicht oft.«

Und Nick Westlock, ebenfalls ein Sieger der Canadian Amateurs: »Für mich ist The National der schwerste Platz in Kanada, die größte Herausforderung. Man muß hier den Ball ganz besonders hoch auf das Green schlagen, nur so kann man Probleme vermeiden. Die Fairways sind vor den Greens besonders schmal und die Greens selbst oft auf einer schiefen Ebene und sehr schnell. Einem eher durchschnittlichen Spieler würde ich raten, nicht von den Backtees zu schlagen, sonst riskiert er den totalen Reinfall.« Diese beiden Meinungen, übrigens gegenüber dem Magazin »Score« geäußert, wurden von der Mehrheit der Golfexperten bestätigt. Dabei wollte man ursprünglich gar keinen Meisterschaftskurs bauen, doch die für die Zuschauer bestens geeigneten Hügel zwischen den Bahnen und die hervorragende Konzeption der Anlage haben ihn innerhalb kürzester Zeit in diese Rolle gedrängt. Und keiner der Champions hat etwas dagegen einzuwenden – auch wenn The National mit ihnen nicht gerade zart umspringt ...

Loch	Länge	Par	Loch	Länge	Par
1	355	4	10	161	3
2	390	4	11	371	4
3	388	4	12	460	5
4	531	5	13	347	4
5	187	3	14	385	4
6	486	5	15	202	3
7	407	4	16	351	4
8	174	3	17	391	4
9	389	4	18	416	5
Total	3307	36	Total	3084	36
			Insgesamt	6391	72

Dar es Salam

Rabat
Marokko

In Demut und Bescheidenheit

Wer ist ihnen nicht schon einmal begegnet, den Golfern im gelben, roten, grünen oder blauen Pullover mit dem Löwen mit dem Golfball im Maul als Emblem? Das ist das Siegel des Golf Clubs von Dar es Salam. Und sie tragen es voller Stolz, um der ganzen Welt zu zeigen, »Ich war auch schon dort...«

Wenn man Schottland und die Vereinigten Staaten, die man wohl doch getrennt klassifizieren sollte, einmal außer acht läßt, so gehört Dar es Salam zweifellos zu den ganz großen Meisterwerken des genialen amerikanischen Architekten Robert Trent Jones. Seit einigen Jahren gelangten diese Plätze auch außerhalb der Vereinigten Staaten zu großer Berühmtheit. Daher ist es verständlich, daß man das Emblem des königlichen Golf Clubs von Dar es Salam mit so viel Stolz präsentiert. Es ist ein wirklich im wahrsten Sinne des Wortes königlicher, majestätischer Kurs. Das 1971 entstandene »Golf-Monument« wird jedes Jahr wie ein Palast von Touristentrupps besucht, die dort Unmengen Fotos, Postkarten und Souvenirs aller Art sammeln.

Dieser Golfclub wurde auf Wunsch von König Hassan angelegt, ebenso wie der ganz neue 36-Loch-Platz von Agadir, der, wie es scheint, alle Erwartungen noch bei weitem übertrifft. Der Platz, der gleich neben dem neuen Palast des Königs liegt, ist der Öffentlichkeit allerdings noch nicht zugänglich. Der Souverän sorgte nach der Unabhängigkeit dafür, daß Marokko zu einem wichtigen Touristenland wurde, wobei er auch die Interessen der Golfer nicht vergaß. Der Kurs von Dar es Salam ist wahrhaftig königlich, schon aufgrund seines prächtigen Rahmens und seiner perfekten Einrichtungen. Er liegt in einem uralten Eichenwald, auf einem riesigen Gelände von über 450 Hektar, nur wenige Kilometer von Rabat, der Hauptstadt von Marokko und Residenz des Königs entfernt – und er ist ein klein wenig verrückt. Man stelle sich allein die unwahrscheinlich hohen Kosten vor, die ein Bau wie dieser verschlingt, wenn man architektonisch so großen Erfolg erzielen will wie hier. Trent Jones hat auf diesem Kurs zweifellos einen langgehegten Traum verwirklichen können: er fand in König Hassan II. einen idealen Fürsprecher. Alles ist riesig, perfekt, fast maßlos. Und dennoch, das Ganze ergänzt sich überraschend gut, bildet eine hervorragende Einheit.

Der Name Dar es Salam bedeutet soviel wie »Haus des Friedens«. Schön wär's: Von draußen betrachtet vermittelt der Platz zwar den Eindruck der perfekten Harmonie, doch schon am Abschlag des 1. Lochs beginnt man zu ahnen, was einen hier erwartet. Und zwar Stars und durchschnittliche Spieler gleichermaßen. Im Grunde haben es die Champions sogar noch schwerer, denn die Hindernisse – Wasser und Sandbunker – liegen nicht unbedingt in der Reichweite vom Drive

oder zweiten Schlag eines Golfers mit einem zweistelligen Handicap. Auch der Golf-Champion dürfte Probleme haben, das Par zu erreichen, da die Greens enorme Ausmaße haben. Sie sind auf der ganzen Welt berühmt-berüchtigt, sogar in den Vereinigten Staaten, und das, obwohl es dort ja nun schwierige Greens in rauhen Mengen gibt. Die Begriffe Spiegel-Greens und Billard-Greens passen hier genau. Dermaßen schnelle Green-Flächen sieht man nur ganz selten, deshalb sind drei oder vier Putts pro Loch hier in Dar es Salam an der Tagesordnung.

Doch bevor Sie Ihren ersten Putt versuchen, werden Sie schon gewarnt: Ein Blick auf das Putting-Green, das direkt vor dem Clubhaus liegt, genügt, und Sie können sich vorstellen, was für eine Tortur auf Sie zukommt. Manche Putts sind völlig unmöglich, da das Green in die verschiedensten Richtungen geneigt ist. Konzentration ist alles – und das in dieser faszinierenden, bezaubernden Umgebung, mit Mimosen, Bougainvilleas, Fuchsien und Orangenbäumen, Hibiskus und Rosen. Der kleinste Fehler kann schon zu einer Katastrophe führen. Um so größer ist dann die Begeisterung, der Triumph, wenn man das Green eines Par-4-Lochs über 400 Meter mit zwei Schlägen erreicht hat, was für eine Freude, einen wirklich plazierten Ball geschlagen oder einen Putt über 10 Meter eingelocht zu haben – in Dar es Salam hat man die Gelegenheit, den Golfsport ganz neu zu entdecken.

Der »künstliche« Platz ähnelt in vielem den amerikanischen Vorbildern – doch Dar es Salam ist noch viel mehr. Sicherlich, die Linie ähnelt in mancher Hinsicht den Plätzen auf der anderen Seite des Atlantiks, doch Robert Trent Jones hat diesem Kurs eine ganz eigene Persönlichkeit verliehen, eine andere Dimension. Man könnte es auch so umschreiben: Hollywood mit einem Schuß Irland ...

Die Beschaffenheit der Abschläge, breiten Fairways und Greens verlangt eine ausgesprochen intensive, ständige Pflege. Und um hier einen gewissen Grad an Perfektion zu erreichen, sollte die Wahl der Ausrüstung und der Maschinen besonders sorgfältig getroffen werden. In Dar es Salam gehören daher unter anderem auch zwei hydraulische Mähmaschinen mit sieben Stufen und dreifachen Rotoren für Böschungen und die Fläche rund um die Abschläge dazu. Es arbeiten auf diesem Kurs tatsächlich über hundert Angestellte. Je ein Gärtner ist für die Pflege eines Fairways verantwortlich. Die Bunker werden jeden Morgen frisch geharkt, das Gras automatisch mit gefiltertem Trinkwasser besprengt. 9000 bis 10 000 Kubikmeter Wasser werden von Juli bis Oktober jede Nacht verbraucht, und zwar überall gleichmäßig.

Es gibt Plätze, die durch besondere Pflege eher leichter werden – das trifft auf Dar es Salam überhaupt nicht zu. Hier schaffen es nur ganz wenige Spieler, unter Par zu bleiben. Allerdings weht hier im Gegensatz zu den meisten britischen Plätzen nur ganz selten stärkerer Wind. Dieser Platz taucht in den Unterhaltungen der Golfer immer wieder auf. Dabei vergißt man allerdings manchmal, daß Dar es Salam eigentlich insgesamt 45 Löcher hat. Allein der Blaue Kurs, etwas länger und enger als der Rote, mit sehr schwierigen Greens, ist die Reise wert. Und der Grüne, ein ausgesprochen attraktiver 9-Loch-Kurs, ist ein hervorragendes Übungsgelände für Anfänger. In Dar es Salam, auf dem Königlichen Kurs, der oft auch vom König und seiner Schwester selbst gespielt wird, lernt man vielleicht noch eher als anderswo ... Bescheidenheit und Demut.

Links: Das Green des 12. Lochs des roten Kurses, eines langen Par 5.

Das Green auf der Insel – das berühmte 9. Loch des roten Kurses, ein Par 3.

Parcours rouge

Loch	Länge	Par	Loch	Länge	Par
1	374	4	10	442	5
2	213	3	11	424	4
3	415	4	12	520	5
4	388	4	13	356	4
5	520	5	14	192	3
6	405	4	15	362	4
7	393	4	16	393	4
8	525	5	17	206	3
9	182	3	18	515	5
Total	3415	36	Total	3410	37
			Insgesamt	6825	73

Hot Spring

Guang dong
China

Das Clubhaus mit seinen hochmodernen Einrichtungen.

Der erste »rote« Golfclub

Das Reich der Mitte beginnt sich langsam und allmählich von Mao und seinen Ideologien zu lösen. Der Kollektivismus ist auf dem Rückmarsch, vorausgesetzt, der politische Trend hält weiterhin an. China scheint entschlossen, sich dem Westen zu öffnen. Der gute Wille ist auf beiden Seiten vorhanden, den Anfang machten jedoch die Chinesen. Auch in Hongkong, dem Symbol des Kapitalismus, der riesigen Stadt, in der »König Dollar« regiert, gibt es einige finanzkräftige Geschäftsleute, die davon träumen, mit dem »Drachen« nebenan zusammenzuarbeiten. Und genau auf diese Weise entstand im Jahre 1980 das erste große Seebad Chinas, auf der Insel Shamian in der Provinz Kanton. Dazu gehörte vor allem der Bau zweier Luxushotels auf einem Gelände von 30000 Quadratmetern. Fast zur gleichen Zeit entstand in der Provinz Guangdong in der Nähe der Stadt Chung Shan, wo auch der Begründer des modernen China, Sun Ya-tsen geboren wurde, ein weiterer »Wallfahrtsort« des Tourismus, innerhalb weniger als einem Jahr. Ein Hotel mit 400 Betten, außerdem zehn Villen, die den Gästen zur Verfügung stehen – für umgerechnet etwa 800 Mark pro Übernachtung.

Das Hot-Spring-Resort von Chung San kann alle Einrichtungen vorweisen, von denen ein Touristikmanager, der eine große Zahl Reisende anlocken möchte, nur träumt. Seit Dezember 1980 konnte man bereits 3 Millionen Gäste begrüßen, darunter auch viele Chinesen aus der Volksrepublik, die hier ihre ersten richtigen Ferien genießen und zum ersten Mal in ihrem Leben etwas von dem Charme des Westens kosten können. Für viele dürfte das einen regelrechten Schock bedeutet haben, ebenso auch für uns, allerdings nicht aus dem gleichen Grund. Der 6. November 1984 wird mit Sicherheit in die Geschichte eingehen. Nach den Vorstellungen von Henry Fok und seinem Sohn Timothy, den beiden Hauptinitiatoren der Anlage, sollte ein Golfplatz den zweiten wichtigen Abschnitt dieses grandiosen Projekts, dieser riesigen Touristenattraktion, bilden. Nur ein paar hundert Meter vom Hotel entfernt wurde eine Zufahrtsstraße zum Golfplatz gebaut. Kurz darauf der Platz selbst, dann das Clubhaus. Ganz einfach, wie es scheint. Doch der Schein trügt. Auch wenn der erste Teil dank des Einsatzes der Bauern und Künstler der Gegend in weniger als einem Jahr realisiert war –, der zweite Teil, der Kurs selbst, brauchte bis zu seiner Fertigstellung mehr als zwei Jahre. Doch Henry Fok, der Multimillionär aus Hongkong, beliebt bei den einen, verhaßt bei anderen, glaubt an China. Dort nennt man ihn übrigens den »roten Milliardär« . . . »China ist ein Land, in dem noch alles möglich ist, in dem so viel zu tun bleibt – und vielleicht ist es morgen schon das wohlhabendste Land der Welt« bekräftigt er selbst und fügt gleich hinzu: »Wir Chinesen von der anderen Seite der Erde müssen das Land unserer Vorväter unterstützen, seine Entwicklung fördern.« Vielleicht denkt er ja auch daran, daß sein Land eines Tages Hongkong wieder übernehmen könnte, und wer weiß, was dann passiert . . .

Man entschied sich für Arnold Palmer, den »Golf-Missionar«, als Architekten für die neue 18-Loch-Anlage. Sicherlich, er wußte ob der Schwierigkeiten, die bei der Realisierung seiner Pläne auf ihn zukommen würden, doch konnte er die ganze Situation wirklich richtig einschätzen? Nachdem er sich das Gelände einmal angesehen hatte, kehrte er in die Staaten zurück, bereits mit festen Vorstellungen im Kopf. Die fertigen Pläne wurden an die zuständigen Ämter in China geschickt; zuerst sah es auch so aus, als würde man sie anstandslos akzeptieren. Unglücklicherweise lagen jedoch zwei Löcher außerhalb des vorgesehenen Geländes. Ohne Palmer darüber zu informieren, änderten die Chinesen einfach die Pläne von neun Löchern nach ihren Vorstellungen, die natürlich mit dem amerikanischen Projekt nichts mehr zu tun hatten. Zufällig bemerkte der Architekt dies gerade noch rechtzeitig und korrigierte die Pläne. Doch das war noch nicht alles: Um Arnold Palmer und den Verantwortlichen in Hongkong eine Freude zu bereiten, beschlossen die Arbeiter, das Gras wachsen zu lassen und das Fairway des 1. Lochs komplett zu bewirtschaften. Das Resultat war verheerend – das ganze Fairway mußte neu angelegt werden. Es ist fast unvorstellbar, daß die chinesischen Bauern, die man als Arbeiter auf dem Platz angestellt hatte, innerhalb so kurzer Zeit fast die ganze Arbeit auf dem Kurs sozusagen »mit der Hand« hatten ausführen können. Steine wurden auf Bambus-Plattformen gehievt, mit Schubkarren und Bulldozern aus zweiter Hand Tonnen von Erde bewegt, die man ausgehoben hatte, um das Wasser des Sees umzuleiten – Tag für Tag Schwerstarbeit für die 300 Männer und Frauen, die keine Ahnung davon hatten, was da unter ihren Händen entstand, wie groß das Werk werden würde, für das sie so hart arbeiteten. Die Anlage liegt in einer ruhigen Landschaft, zwischen sanften Bergen mit dichten Bambuswäldern und dem bläulich-grünen Licht der Reisfelder. Die Baukosten für den Kurs belaufen sich, so die offizielle Zahl, etwa auf 10 Millionen Mark. Er liegt auf einem sehr hügeligen Gelände auf einem Boden, der für Bermuda-Gras nicht besonders gut geeignet ist, daher gab es auch in dieser Beziehung Probleme. Wie wir auch bei unserem Besuch feststellen konnten, brauchen die Fairways noch etwas Zeit, bis sie in wirklich hervorragendem Zustand sind, das gleiche gilt für die Greens – doch die Gesamtkonzeption, die Linienführung der Bahnen, macht einen sehr guten Eindruck. Auf der Score-Karte sind nur 9 Par-4-Löcher verzeichnet, eine ganze Menge Wasserhindernisse (der Name »Hot Springs« stammt übrigens von einer ganz in der Nähe entspringenden Quelle), hervorragend berechnete Par 3, wie beispielsweise das 8. Loch, eine ausgesprochen interessante kurze Bahn über 193 Meter mit einem Reisfeld als Auslinie. Auf dem relativ kleinen Gelände dieses Kurses – manche Bahnen überschneiden sich – wurde übrigens früher Ackerbau betrieben. Es gab hitzige Diskussionen unter der Bevölkerung, bis man sich doch dafür entschied, es den »Kapitalisten« für ihre Leidenschaft, den Golfsport, zur Verfügung zu stellen. Der Kurs bietet alle Voraussetzungen für einen echten Meisterschafts-Parcour – vielleicht geht ja irgendwann einmal ein Traum in Erfüllung und man wird hier eines Tages die »Chinese Open« austragen . . .

Auch der Bau des Clubhauses hat viel Schweiß und Mühen gekostet. Das riesige, einstöckige Gebäude bietet jeden modernen Komfort, den man von einem Club mit Prestige-Bewußtsein erwarten kann: Jacuzzi, zur Freude der japanischen Golfer, Barbecue auf der Terrasse, eine Sauna. Boden und Wände sind mit Holz getäfelt oder aus zurechtgehauenen Natursteinen der Umgebung – eine wirklich imponierende Gestaltung. Für die Innenarchitektur zeichnet ein philippinischer Designer verantwortlich.

Der Clubdirektor ist ein Chinese aus Hongkong namens Aylwin Tai, der amerikanische Hochschulen besucht hatte und bereits früher bei seiner Arbeit auf einem Hongkonger Golfplatz Erfahrungen sammeln konnte. Gemeinsam mit seinem Mitarbeiter, dem Pro Peter Tang, hat er es geschafft, eine wirklich tüchtige, dynamische Mannschaft aufzustellen, die sich mit sehr viel Eifer um ihren Club kümmert. Man hat den Ehrgeiz, möglichst schnell 500 Mitglieder aufnehmen zu können, hauptsächlich aus Hongkong und aus Macao, das nur etwa eine Stunde Autofahrt entfernt liegt, sowie aus China, da es ja nun einmal wichtig ist, so schnell wie möglich »Corporate Members« zu gewinnen, die der Gesellschaft beitreten. Die Aufnahmegebühr liegt dennoch ziemlich hoch: 18 000 Hongkong-Dollar, das entspricht etwa 8000 Mark, sowie ein Monatsbeitrag von weiteren 60 Mark. Wer zum Hot Spring Golf Club kommt, wird von den Dorfbewohnern mit großem Hallo begrüßt – ihre Art und Weise zu zeigen, wie zufrieden sie mit der Entwicklung sind. Nur 80 Kilometer entfernt ist übrigens bereits ein zweiter Kurs entstanden. Ein chinesisches Sprichwort sagt: »Auch die längste Reise beginnt mit einem kleinen Schritt.« Und zwei Schritte hat man schon erfolgreich hinter sich gebracht. Es ist sicherlich bereits zu spät, die Entwicklung aufzuhalten . . .

Loch	Länge	Par	Loch	Länge	Par
1	411	4	10	345	4
2	157	3	11	186	3
3	368	4	12	382	4
4	480	5	13	180	3
5	291	4	14	478	5
6	492	5	15	326	4
7	315	4	16	328	4
8	193	3	17	123	3
9	372	4	18	479	5
Total	3079	36	Total	2827	35
			Insgesamt	5906	71

Arnold Palmer, der amerikanische Golfmissionar in der Volksrepublik China, übernahm die schwierige Aufgabe, im Jahre 1984 den ersten internationalen Golfplatz in China zu bauen.

Forest Country Club Japan

Meisterschaftskurs mit 36 Löchern

Dieser Club, der über 36 Löcher verfügt, liegt rund 20 Kilometer von Niigata City entfernt, einer Stadt, die für ihren Hafen, der Handel mit Rußland treibt, berühmt ist. Sie ist mittlerweile mit der Hauptstadt Tokio direkt verbunden, durch den Joetsu Super Express Train, der für die Strecke weniger als zwei Stunden benötigt, und durch den Kanetsu Super Highway.

Die beiden Kurse sind das Werk des amerikanischen Architekten Ronald Kirby und seiner Mannschaft, die hier exzellente Voraussetzungen für den Bau einer hervorragenden Golfanlage vorfand. Der Club, der auf einem flachen Gelände von über 150 Hektar Größe liegt, konnte 1974 eingeweiht werden. Und man verfügt über zwei Meisterschaftskurse. Auf beiden, sowohl dem Ost- als auch dem Westkurs, fanden bereits zahlreiche große Wettkämpfe statt. Beispielsweise die Kanto Open, 1978 auf dem Ostkurs oder 1982 die Japan Ladies Open auf dem Westkurs, um nur an zwei herausragende Ereignisse zu erinnern.

Man hat sich also in den letzten zehn Jahren im Club keinesfalls ausgeruht, ganz im Gegenteil: Viele gute und erfahrene Spieler und Spielerinnen erhielten Gelegenheit, sich von der Qualität der 36 Löcher zu überzeugen, da der Club auch Besuchern offensteht, was nur in ganz wenigen renommierten japanischen Golfclubs der Fall ist. Vom ästhetischen Standpunkt betrachtet ist diese Anlage vor allem aus drei Gründen bemerkenswert: wegen der prächtigen Bäume, der Aussichtspunkte mit spektakulärem Panorama und seiner auch in architektonischer Hinsicht interessanten Gewässer.

Bei näherer Betrachtung der Fairways erkennt man die Grundidee der Architekten sofort: Dieser Platz ist von jedem Golfer zu bewältigen, jedoch für den, der es wünscht, auch sehr anspruchsvoll. Für jeden zu bewältigen aufgrund der zahlreichen Abschlagmöglichkeiten an jedem Loch, der breiten Fairways und der nur begrenzten Anzahl von Wasserhindernissen an den Greens; eine echte Herausforderung wegen seiner eng stehenden Bäume und der doppelten Fairways an manchen Bahnen. Wenn man nun noch die doppelten Greens an jedem Loch, insgesamt sind es 72 auf beiden Kursen zusammen, hinzufügt, hat man eine etwas präzisere Vorstellung von dem, was einen im Forest Golf Club erwartet.

Die Region von Niigata ist insofern für Japan typisch, als die Bauern der Umgebung das Land hier zu 90 Prozent für den Anbau von Reis und Gemüse nutzen, die übrigen 10 Prozent fallen der Infrastruktur, das heißt dem Straßenbau, zu. Golfplätze werden immer mehr in die Täler und Berge verdrängt, wo der Grund weniger wert ist. Der Forest Golf Club liegt inmitten von Hügeln und Reisfeldern.

Doch zurück zum Parcour selbst: Der größte Unterschied zwischen dem Ost- und dem Westkurs liegt in der Länge, letzterer ist etwa 400 Meter kürzer. Er ist auch natürlicher geblieben, da hier weniger Veränderungen notwendig waren.

Der Ostkurs ist vielleicht etwas schwieriger. Der Verlauf der Bahnen 9 und 18 ist ausgesprochen spektakulär. Diese beiden Löcher wurden vor allem so angelegt, daß die Zuschauer bei einem Turnier etwas zu sehen bekommen; die Greens liegen direkt nebeneinander, nur durch einen großen Bunker getrennt. Die schwierigsten Löcher sind die Par 4, beispielsweise das 2. und 3. Loch, ebenso das 14., doch auch die Par-3-Bahnen 6 und 15 sind ausgesprochen anspruchsvoll.

Um noch einmal auf die Löcher 9 und 18 zurückzukommen: Beide sind exzellent konzipiert, eine echte Herausforderung für jeden Golfer, und es ist möglich, das Green beider Par 5 mit zwei Schlägen zu erreichen, allerdings nur unter der Bedingung, daß man

Rechts: Das 16. Loch, eines der langen Par 5 des Ostkurses.
Unten: Eines der Gewässer auf diesem von dem amerikanischen Architekten Ronald Kirkby erbauten Platz.

unbeschadet am Wasserhindernis vor dem Green vorbeikommt. Apropos Wasser, man findet es insgesamt auf 7 der 18 Bahnen. Was übrigens beim Bau der Anlage erhebliche Probleme bereitete, nahezu 2 Millionen Kubikmeter Erde mußten ausgehoben werden, um die Seen anlegen und das Niveau von 10 auf 15 Meter erhöhen zu können. Eine weitere Schwierigkeit: die Bäume auf dem Gelände weitgehend zu erhalten und so den Namen »Forest Golf Club« zu rechtfertigen.

Der Ostkurs ist ein Par 72, inklusive der Backtees 6436 Meter lang, 6266 Meter von den Tees der Clubmitglieder, Herren, gerechnet. Wie überall in Japan, so sind auch hier Hin- und Rückrunde absolut gleich, beides Par 36. Der Westkurs ist von den Backtees aus 6054 Meter lang, ebenfalls ein traditionelles Par 72.

Sollten Sie einmal nach Japan kommen und hier spielen wollen, denken Sie daran: Dieser Golfplatz steht Ihnen unter den traditionellen Bedingungen offen. Und Sie werden nicht enttäuscht sein. Er gehört unbedingt zu den Plätzen der zweiten Generation, die man als absolut gelungen bezeichnen kann, was leider in Japan nicht bei allen der Fall ist.

East-Course

Loch	Länge	Par	Loch	Länge	Par
1	567	5	10	357	4
2	393	4	11	347	4
3	402	4	12	393	4
4	169	3	13	343	4
5	375	4	14	380	4
6	201	3	15	196	3
7	343	4	16	512	5
8	375	4	17	164	3
9	457	5	18	462	5
Total	3282	36	Total	3154	36
			Insgesamt	6436	72

Kooralbyn Valley
Queensland
Australien

Ein hervorragender und frustrierender Kurs

Kooralbyn Valley entstand förmlich aus dem Nichts, auf einem Gelände etwa eine Stunde Autofahrt südlich der Stadt Brisbane in der Provinz Queensland und eine Stunde westlich der berühmten Gold Coast. Und heute steht dort eine kleine Stadt, die alles an Freizeitvergnügungen anbietet, was man sich nur vorstellen kann. Die 18-Loch-Anlage – es gibt auch noch eine weitere mit neun Löchern – liegt direkt im Herzen des Ortes, sie ist das Schmuckstück des gesamten Komplexes. Der Entwurf stammt übrigens von dem amerikanischen Architekten Desmond Muirhead. Dies war seine erste Anlage in Australien, allerdings nicht sein erstes Werk überhaupt. Ihm sind unter anderem die beiden Kurse von Mission Hills in Kalifornien und Muirfield Village in Ohio zu verdanken, die er gemeinsam mit Jack Nicklaus entwarf. Der ehemalige Partner von Jack Nicklaus versteht es ganz hervorragend, die natürliche Umgebung in die Anlage eines Platzes mit einzubeziehen; das Gelände von Kooralbyn entsprach genau seinen Vorstellungen. Man vergleicht diesen Kurs sogar mit Gleneagles, und das ist gar nicht einmal so abwegig.

Der Kurs macht auf den ersten Blick einen leichten Eindruck, doch das ist ein großer Irrtum. Er ist mit Fallen nur so gespickt und kann ein Score im Handumdrehen total ruinieren. Wenn Sie die ganze Herausforderung dieses anspruchsvollen Kurses annehmen wollen, sollten Sie von den Backtees abschlagen. Die Hinrunde ist 3188 Meter lang, die Rückrunde 3193 Meter, damit beträgt die Gesamtlänge dieses Par 72 (36-36) 6381 Meter. Für die Mitglieder liegt das Par bei 70 Schlägen (35-35).

Die beiden ersten Löcher sind ganz besonders attraktiv. Das 1. Loch, mit seinem Wasserhindernis auf der linken Seite, sollte man äußerst vorsichtig angehen, sonst droht eine herbe Enttäuschung. Das Fairway des 2. Lochs, ein relativ kurzes, ansteigendes Par 4 ohne große Schwierigkeiten, hat ein Dogleg nach rechts. Beim 3. Loch wird es ernst. Hier ist schon ein Drive über gut und gerne 230 Meter nötig, will man sich die Chance auf einen guten zweiten Schlag, normalerweise mit einem Eisen 6, bewahren. Das Green ist sehr schnell und leicht abschüssig.

Das 5. Loch, ein Par 3 über 220 Meter, hat einen Abschlag, der um 90 Meter verlängert wurde, und ein sehr kleines Green. Es gehört eindeutig zu der Kategorie von Par-3-Bahnen, die man so schnell nicht vergißt. Das gleiche gilt auch für das zwar etwas kürzere, jedoch ähnlich gestaltete 14. Loch. Bei beiden muß man mit allem rechnen. Wenn jedoch alles klappt, kann man mit einem Schlag

Das 18. Loch des im Osten der berühmten Gold Coast gelegenen Parcours.

Oben: Der berühmte australische Champion Norman von Nida. Rechts: Ein besonders schöner Blick auf diesen Kurs, der unter anderem auch wegen seines 17. Lochs, eines Par 3, so bekannt geworden ist.

auf's Green kommen – landet der Ball jedoch nur etwas zu weit rechts oder links im Bunker, kann es ebenso passieren, daß man mit einem Doppel-Bogey abschließt.

Das 6. Loch ist besonders schön. Dieses Par 4 über 379 Meter, mit einem Dogleg nach rechts, ist nur sehr schwer mit zwei Schlägen zu schaffen, vor allem wegen eines Grabens. Das gleiche gilt auch für das 7. Loch. Das 9. und letzte der Hinrunde ist ein langes Par 4, ebenfalls mit einem Graben im Bereich des Drive und einem bestens bewachten Green. Vom Backtee des 10. Lochs ist der Drive aufgrund eines Wasserhindernisses sehr problematisch.

Auch das 13. Loch, ein leicht abschüssiges Par 5 über 532 Meter, ist sehr gefährlich. Es empfiehlt sich, den Ball möglichst links zu halten, um dem See auf der rechten Seite nicht zu nahe zu kommen, der sowohl im Bereich des zweiten als auch des dritten Schlages vor dem Green liegt. Das schwerste steht dem Golfer jedoch noch bevor: das 15. Loch, das fast gänzlich von Wasser umgeben ist. Der Drive darf wirklich nur auf einem sehr schmalen Streifen landen.

Die letzten drei Bahnen sind nicht so schwer zu bewältigen, unter der Bedingung, daß man sie mit viel Mut und Selbstvertrauen angeht. Das 17. Loch, ein Par 3 über 174 Meter, mit einem Wasserhindernis, das fast vom Abschlag bis zum Green reicht, ist ganz besonders eindrucksvoll, das Par jedoch relativ leicht zu schaffen, wenn man das richtige Eisen (5 oder 4) wählt. Am 18. Loch schließlich, einem Par 5 über 446 Meter, liegt ein Birdie durchaus im Bereich des Möglichen, wenn man es taktisch klug angeht. Wenn nicht, läuft es leicht auf einen Bogey hinaus – es ist ein strategisch exzellent angelegtes Loch, mit zumindest zwei möglichen Wegen zum Green. Ein hervorragendes Finishing-hole, bei dem es sich lohnt, etwas zu riskieren.

Alles in allem, ein perfekter Meisterschaftskurs, selektiv und höchst anspruchsvoll. Von einer Präzision, wie sie vor allem auch Norman von Nida zu schätzen weiß, der ehemalige Champion und mittlerweise auch Ratgeber des Clubs, der sein Wissen und seine Erfahrungen an den Kooralbyn weitergibt. Es ist bedauerlich, daß auf dem Kurs von Kooralbyn seit den Queensland Open kein weiteres großes Turnier mehr stattgefunden hat, es ist auch für die nächsten Jahre keines vorgesehen. Was wohl auch bedeutet, daß der Platzrekord des Australiers Peter Senior (67 Schläge) noch lange bestehen dürfte. Der einzige Grund ist eigentlich, daß Kooralbyn so weit entfernt von größeren Städten liegt. Kein Publikum – keine Open. Ein leider offensichtlich unüberwindliches Handicap für diesen wirklich attraktiven Golfplatz, der dieses Los nun wirklich nicht verdient hat. Glücklicherweise ist der Platz öffentlich und jedermann zugänglich.

Loch	Länge	Par	Loch	Länge	Par
1	347	4	10	352	4
2	348	4	11	339	4
3	360	4	12	379	4
4	456	5	13	532	5
5	220	3	14	193	3
6	379	4	15	387	4
7	482	5	16	391	4
8	187	3	17	174	3
9	409	4	18	446	5
Total	3188	36	Total	3193	36
			Insgesamt	6381	72

Die Favoriten

Architekten – Gestalter

Der phantasievollste Architekt von Golfplätzen ist die Natur selbst – die berühmtesten Plätze der Welt, die schottischen Links, sind natürlicher Bestandteil einer faszinierenden Landschaft, völlig unbeeinflußt von den Ideen und dem Willen des Menschen. Erst Anfang dieses Jahrhunderts begann der Mensch, seine eigenen Vorstellungen zu verwirklichen und – wie ein Bildhauer – die Natur nach seinen Ideen zu formen und zu variieren. Robert Trent Jones, Pete Dye, Jack Nicklaus und wie sie alle heißen – jeder von ihnen hat seinem Werk ein eigenes charakteristisches Gesicht verliehen.

Ich habe zehn der bekanntesten Golfarchitekten gebeten, aus den von ihnen entworfenen Plätzen einen auszuwählen, auf den sie ganz besonders stolz sind.

Robert Trent Jones

Zuerst gab es die berühmte Schule von Pennsylvania, mit so bekannten Namen wie Donald Ross und Tillinghast; nach dem Zweiten Weltkrieg, vor allem jedoch in den sechziger Jahren, folgte die Ära des Robert Trent Jones. Während dieser Zeit wurde zweifellos die Entwicklung der modernen Golfarchitektur des zwanzigsten Jahrhunderts begründet.

Man kann Robert Trent Jones als den bedeutendsten Entdecker von geeigneten Grundstücken bezeichnen. An die 500 Golfanlagen wurden auf seine Initiative hin gebaut – eine imponierende Reihe, die dem »Golf-Boom« in den Vereinigten Staaten entspricht. Kein anderer Architekt der Welt kann sich rühmen, so viele Golflöcher konzipiert zu haben wie er.

Als ich ihn übrigens nach seinen fünf Lieblingsplätzen fragte, gab mir Robert Trent Jones eine ziemlich lange Liste von Kursen, so daß uns nichts anderes übrigblieb, als dieser wiederum »hierarchisch« zu ordnen. Wenn man bedenkt, wie viele der in diesem Buch zitierten Plätze von Trent Jones entworfen oder umgestaltet wurden – es sind tatsächlich 14 von insgesamt 105 – so kann man sich eine Vorstellung davon machen, wie entscheidend sein Einfluß auf die Entwicklung der letzten drei Jahrzehnte war. Die Frage ist nur, inwieweit die heute als bedeutend angesehenen Kurse auch noch in zwanzig, dreißig oder fünfzig Jahren als ebenso reizvoll, selektiv und dem Niveau der Zeit entsprechend angesehen werden – so wie man es heute von den Kursen von Donald Ross oder Alister Mackenzie sagen kann.

Ebenso wie jeder Mensch schon einmal etwas vom Eiffelturm oder der Freiheitsstatue in New York gehört hat, gibt es mit Sicherheit auf der Welt keinen Golfer, der nicht wenigstens einmal in seinem Leben auf einem Platz gespielt oder zumindest einen gesehen hat, der von dem kleinen Amerikaner mit den blitzenden, so klugen Augen stammt, der es fertiggebracht hat, sich bis ins hohe Alter von nunmehr 82 Jahren jugendlichen Schwung und geistige Beweglichkeit zu erhalten.

Seine Golfphilosophie ist bekannt, man kann sie in einem Satz zusammenfassen: Der Spieler greift an, der Platz muß sich verteidigen. Alles andere – ein langer Kurs, strategisch plazierte Bunker und Hindernisse, taktisch klug integrierte Gewässer, problematische Greens, extrem schwierig plazierte Fahnen und so weiter – ist nur eine logische Konsequenz dieser Philosophie.

Sicherlich, der typisch amerikanische Stil von Trent Jones hat von Beginn an nicht immer nur einhellige Zustimmung gefunden – den größten Protest rief seine Neugestaltung des Kurses von Oakland Hills anläßlich der US Open hervor. Doch ist das nicht gerade ein Beweis seines Genies?

Severiano Ballesteros

Warum gerade Severiano Ballesteros zu dieser doch sehr eingeschränkten Liste von Golfarchitekten gehört, obwohl es doch zahlreiche andere zumindest ebenso verdient hätten? Es geht dabei nicht darum, das spanische Genie jetzt als eine für die moderne Golfarchitektur eminent wichtige Persönlichkeit darzustellen. Auch wenn er in der letzten Zeit bereits einige Male seine Qualitäten als Architekt beweisen konnte, so kann man bislang doch noch nicht definitiv sagen, ob er ebensoviel Talent mitbringt wie seine großen Kollegen Nicklaus und Palmer, die ja ebenfalls große Spieler waren beziehungsweise sogar noch sind.

Trotzdem halte ich es für wichtig, Ballesteros' »New Look« und sein erstes Golfprojekt vorzustellen, denn es handelt sich dabei um etwas ganz Neues. Der Kurs liegt in Japan, einem Land, in dem der Spanier ganz besonders große Popularität genießt. Der 1984 eingeweihte Severiano Ballesteros Golf Club, den er in Zusammenarbeit mit dem englischen Architekten Dave Thomas entwarf, wird schon jetzt als exzellenter Parcour bezeichnet. Ballesteros plant mittlerweile unter

anderem auch eine Neugestaltung des Kurses von Pedrena in Santander, seines eigenen Clubs, um so eines Tages die Austragung der Open auf diesem Platz zu ermöglichen.

Ohne Zweifel wird er früher oder später, ebenso wie seine älteren Vorbilder, eine zweite Karriere als Golfarchitekt anstreben. Seine Unterschrift ist jetzt schon Gold, beziehungsweise Milliarden wert, was er sehr wohl weiß. Ob er das Entwerfen von Plätzen jedoch, wie Nicklaus und Palmer, zu seinem Hauptberuf machen wird oder zum sporadischen Job, um sein »Gehalt« aufzubessern –, im Jahre 2000 werden wir es wissen . . .

Gary Player & Karl Litten

Wenn man Gary Player heißt, auf eine, wie jeder weiß, phantastische Golferkarriere zurückblicken kann und die Aura aller Golfplätze der Welt mit sich trägt, kann man leicht auch auf anderen Gebieten rund um den Golfsport erfolgreicher sein als ein normaler Golfer. Viele Pros verlegen sich nach ihrer Karriere als Spieler auf die Golfarchitektur, auch zahlreiche ehemalige Champions haben sich mit Begeisterung auf diese neue Aufgabe gestürzt.

Gary Player trug sich mit dem Gedanken, Golfarchitekt zu werden, schon seit langer Zeit, ohne jedoch den Projekten, die er gemeinsam mit Ron Kirby von 1970 bis 1985 realisierte, das ganze Renommé zu verleihen, das man eigentlich schon aufgrund seines Namens hätte erwarten können. Sicherlich, die Zusammenarbeit verlief keineswegs negativ, dennoch gelang es den beiden bis 1985 nicht, den Auftrag für ein wirklich weltweit interessantes Projekt zu erhalten. Das Duo Player-Kirby war trotzdem ausgesprochen aktiv, vor allem in Asien, mit insgesamt zehn Projekten in Japan und einigen weiteren auf den Philippinen, darunter auch so renommierten Plätzen wie Puerto Azul oder Wack Wack, außerdem in Puerto Rico (Palmas del Mar) und auch in den Vereinigten Staaten selbst, beispielsweise in Carolina. Doch das Meisterwerk Players, entstanden Anfang der achtziger Jahre, liegt in Sun City im unabhängigen Staat von Bophuthatswana, an der Grenze von Südafrika, dem Geburtsland von Gary Player. Sun City ist der längste der 105 in diesem Buch vorgestellten Kurse – und einer der grandiosesten.

1985 schloß sich Gary Player mit dem amerikanischen Architekten Karl Litten zusammen, der schon seit 1968 Golfplätze entwirft. Die Firma Player-Litten hat ihren Hauptsitz mittlerweile in Boca Raton in Florida – und konnte bereits den Boca Grove Golf Club einweihen, auf dem übrigens die Quadels Senior Classic ausgetragen werden, ein Turnier der amerikanischen Senior-Tour. Es gibt noch ein weiteres Projekt, das Gary Player ganz besonders am Herzen liegt: der Gary Player Golf Park, der in seiner Heimat Johannisburg gebaut werden soll.

Arnold Palmer & Ed Seay

Sie haben beide die gleiche Vorstellung von dem, was einen guten Platz ausmacht und sie ergänzen sich hervorragend. Dieses Team Arnold Palmer und Ed Seay, das offiziell seit 1979, in Wirklichkeit schon seit 1971 zusammenarbeitet, konnte sein Können schon auf allen Erdteilen beweisen. Nach Robert Trent Jones sind Palmer und Seay mit Sicherheit die größten Dauerreisenden in Sachen Golf.

Palmer, der damit im Grunde nur das Leben weiterführt, an das er seit über zwanzig Jahren gewöhnt ist, hatte unter anderem Anfang der achtziger Jahre die Gelegenheit, den ersten öffentlichen Golfplatz Chinas zu konstruieren. Ed Seay hatte bereits etwa 25 Projekte entworfen, als ihn Palmer im Jahre 1971 eines Tages anrief und ihm eine Zusammenarbeit vorschlug. Zu den bedeutendsten Werken des ehemaligen Präsidenten der American Society of Golf Course Architects Ed Seay gehören auch der berühmte Kurs von Sawgrass in Ponte Vedra in Florida, auf dem von 1977 bis 1981 die Tournament Players Championships ausgetragen wurden.

Die Philosophie der beiden bezüglich der Architektur von Golfplätzen ist ganz einfach: 1. das Gelände muß schön sein, 2. es muß Spaß machen, auf dem Platz zu spielen und 3. er muß, wenn möglich, sehr anspruchsvoll und schwierig sein, wobei diese letzte Bedingung allerdings nicht absolut entscheidend ist. »Einen wirklich schweren Kurs anzulegen«, meint Seay, »ist im Grunde die einfachste

Sache der Welt. Das ist also nicht unser Problem. Was uns interessiert, ist, daß der Golfer hier wirklich eine schöne Zeit verbringen kann.« Eines steht fest: Das Duo Palmer-Seay – die beiden sind absolut unzertrennlich – weigert sich mit Nachdruck, sich irgendwie etikettieren zu lassen. Sie wollen nicht Gefangene eines ganz bestimmten Images werden, sondern sich die Freiheit nehmen, sich den Umständen und Gegebenheiten der

Landschaft anpassen zu können und einen Kurs »à la carte« zu entwerfen.

Arnold Palmer hat sich nach seiner so brillanten Karriere als Golfer nicht damit zufrieden gegeben, sich auf's Altenteil zurückzuziehen. Der ganze Golfsport profitiert in hohem Maße von seinem Entschluß – und man hat ihm die besondere Ehre zuteil werden lassen, einen Golfplatz nach ihm zu benennen: den »General«, einen der Kurse der PGA National.

Rees Jones

Nach etwa zehn Jahren der Zusammenarbeit mit seinem Vater Robert Trent Jones in dessen Firma entschloß sich Rees Jones – er war damals dreißig Jahre alt –, sich auf eigene Füße zu stellen und sich selbständig zu machen. In grundlegenden Punkten orientierte er sich in bezug auf die moderne Architektur auch weiterhin am Vorbild seines Vaters, doch nach und nach löste sich Rees Jones von diesen familiären Bindungen und der typischen Philosophie, besonders schwierige, jeden kleinsten Fehler bestrafende Plätze anzulegen, wie sie sein Vater so sehr liebte. Seit 1974 hat er sich einen Namen als Architekt gemacht, der nicht nur der Sohn seines Vaters ist, sondern ein wirklich talentierter, erfahrener Designer so hervorragender Plätze wie Arcadian Shores in South Carolina, der innerhalb kürzester Zeit glänzende Kritiken bekam.

Auch wenn Rees Jones bei seinen Entwürfen auf die Wünsche aller Golfer eingeht, so versucht er doch grund-

sätzlich, selektive, aber auch gerechte Kurse zu schaffen, mit Fairways, die seitlich aufgeschüttet sind, so daß eine Art Böschung entsteht und mit Greens, die von Bunkern und kleinen Hügeln umgeben und bewacht werden, was seinen Kursen einen ausgesprochen natürlichen und sehr schönen Aspekt verleiht. Eines der besten Beispiele für dieses Konzept ist der siebte Kurs von Pinehurst in North Carolina, mit dessen Bau Jones 1984 begann. Rees Jones hat sich übrigens bis heute bei seiner Arbeit gänzlich auf den amerikanischen Kontinent beschränkt, dabei vor allem auf die Westküste, wo er mittlerweile eine der einflußreichsten Persönlichkeiten ist.

Sein erstes großes Werk entstand in Florida, wo er die beiden Kurse des Inverrary Country Clubs entwarf. Damals arbeitete er allerdings noch für seinen Vater. Einige Jahre später, 1978, wurde er der jüngste Präsident der American Society of Golf Course Architects. Doch erst in den achtziger Jahren begann Rees, ein sehr liebenswürdiger, sehr höflicher Mann, wirklich viel zu produzieren. 1984 beendete er den Bau des Gator Hole Golf Clubs, ein Jahr darauf Oyster Reef, einen Kurs, der zu einem weiteren großen Komplex in South Carolina gehört: Hilton Head Island. 1982 bat man Rees Jones, den vierten Kurs von Pinehurst vollkommen neu zu gestalten, und 1984 schuf er einen weiteren, ganz neuen Kurs, den siebten von Pinehurst.

Rees Jones, ehemaliger Student der Universitäten Yale und Harvard, hat lange gezögert, bis er sich endgültig zu dieser Laufbahn entschloß. Er tat gut daran, nicht zu viel Zeit verstreichen zu lassen, nicht zu lange zu zweifeln. Der Golfsport besitzt in ihm einen seiner subtilsten Repräsentanten.

Pete Dye

Wenn man eine Umfrage bezüglich eines möglichen Nachfolgers von Robert Trent Jones veranstalten würde, dürften sich wohl mit ziemlicher Sicherheit die meisten Experten für Pete Dye entscheiden, eine ebenso vielseitige und widersprüchliche Persönlichkeit wie seinerzeit Robert Trent Jones. Dye entwarf in den siebziger und achtziger Jahren eine ganze Reihe hervorragender Anlagen, darunter auch sein bisheriges Meisterstück, das berühmte Tournament Professional Championship (TPC), das er im Jahre 1979 in Ponte Vedra, Florida, errichtete und von dem zweifellos jeder Golfer schon einmal gehört hat. Dieser Parcour, der zu Beginn auf ausgesprochen herbe Kritik stieß, bezeichnet Pete Dye selbst als sein gelungenstes, komplexestes Werk. Ob er seiner Zeit wohl, ebenso wie Trent Jones, um einiges voraus war? Nach wie vor werfen ihm so renommierte Persönlichkeiten wie beispielsweise sein ehemaliger Partner Jack Nicklaus die »blinden« Löcher vor, die Dye so schätzt, die zu

schwierigen Zugänge zu den Greens, deren zu schnelle Oberfläche und konvexe Form.

Doch Pete Dye geht seinen einmal eingeschlagenen Weg weiter, ohne sich um diese Klagen allzu große Sorgen zu machen, gemeinsam mit seiner Frau und Partnerin Alice, einer ehemaligen Amateurmeisterin. Der TPC ist im Grunde der Inbegriff dessen, was man als »Target Golf« bezeichnet, mit seinem berühmten 7. Loch in Form einer Insel, doch auch seine anderen Anlagen zeigen die typischen Merkmale. Eine Reise nach Schottland in den sechziger Jahren bestätigte seine Auffassung des Spiels, damals entdeckte er seine Vorliebe für extrem kleine Greens, plötzlich auftauchende Bunker und die berühmten »Railroad Ties«, die schon bald darauf ein typisches Markenzeichen seiner Arbeit werden sollten.

Bei der Konzeption des TPC war sich Pete Dye genau darüber im Klaren, für wen er diesen Kurs entwarf: für die besten Pros der Welt. Er hat sicherlich keinen wirklich sadistischen Parcour kreieren wollen, auch wenn man getrost sagen kann, daß Pete Dye schwierigere Kurse entwirft als irgendein anderer Architekt. Auch die Löcher am Meer in Casa de Campo in Santo Domingo sind ein Beweis für seinen ständigen Hang zu extremen Schwierigkeitsgraden. Man weiß nie, wie weit dieser geniale Improvisator noch gehen wird, der immer schon bedeutend lieber mit einem Bulldozer über die Anlage fuhr, als sich an sein Zeichenbrett zu setzen. »Das Problem von Pete Dye ist, daß er grundsätzlich alles noch besser machen will als . . . Pete Dye.« Dieser Satz stammt von keinem Geringeren als Jack Nicklaus und gibt einen weitverbreiteten Eindruck wieder.

Jack Nicklaus

Den Spieler Jack Nicklaus, den erfolgreichsten und sicherlich auch bekanntesten der Golfgeschichte, braucht man eigentlich nicht mehr vorzustellen. Der Architekt Nicklaus ist dagegen noch nicht ganz so renommiert, obwohl er in den letzten Jahren schon mehrfach Gelegenheit hatte, sein großes Talent unter Beweis zu stellen. Und da er wohl der größte Siegertyp ist, den die Welt je gesehen hat, kann man darauf wetten, daß er seinen bisher 35 Kursen innerhalb kürzester Zeit noch viele weitere hervorragende Anlagen hinzufügen wird. Sein Interesse an Golfplatzarchitektur wurde in

den sechziger Jahren geweckt, als er die Gelegenheit hatte, seinen späteren Partner Pete Dye bei der Arbeit zu beobachten, der damals gerade den Golfclub in der Nähe von Columbus, seiner Heimatstadt baute.

Die erste große Anlage, die er in Zusammenarbeit mit Desmond Muirhead schuf, war Muirfield Village, das 1974 eingeweiht wurde. Und für einen ersten Versuch gelang dieser Platz außerordentlich gut – alle Experten bezeichneten ihn als ein Meisterwerk. Der Stil von Jack Nicklaus beruht auf einem ganz einfachen Grundsatz: Er orientiert sich bei seinen Entwürfen grundsätzlich an großen, berühmten Löchern der Golfgeschichte. So sieht beispielsweise das 8. Loch von Muirfield Village, ein Par 3, dem 3. Loch von Pine Valley zum Verwechseln ähnlich, die Greens erinnern oft an Augusta.

Sowohl auf den Plätzen als auch darüber hinaus hat Jack Nicklaus den Ruf, ausgesprochen anspruchsvoll zu sein, und zwar in jeder Beziehung. Er würde es ganz einfach nicht ertragen, auf einem nur mittelmäßigen oder gar eigentlich ungeeigneten Gelände zu arbeiten. Und was die Finanzierung betrifft, so zahlen die Investoren für einen echten »Nicklaus« um einiges mehr als für jeden anderen Architekten. Jack Nicklaus hat sich mit Mittelmäßigkeit nie zufrieden gegeben.

Tom Fazio

Zahlreiche Experten sind der Meinung, daß Tom Fazio derjenige unter den Golfarchitekten ist, dem die Synthese aus den natürlichen Voraussetzungen eines Geländes und den wirtschaftlichen Gegebenheiten eines Golfprojekts am besten gelingt. Das Gelände nicht zu sehr verändern, sondern sich beim Entwurf möglichst an der Natur orientieren, so lautet die Devise dieses Mannes, der heute zu den renommiertesten Architekten überhaupt zählt.

Es ist allerdings richtig, daß Tom Fazio ein Vorbild zur Verfügung stand: Man sollte daher den erheblichen Einfluß seines Onkels George Fazio keinesfalls außer acht lassen, sondern diesem Mann, dessen Karriere mit der seines Neffen so eng verknüpft ist, ebenfalls ein paar Sätze widmen. Der früher außerordentlich erfolgreiche Golfer George Fazio war unter anderem auch Pro des berühmten Golfclubs von Pine Valley. Er begann seine Laufbahn als Golfarchitekt im Jahre 1959 und schloß sich mit seinem Neffen Tom 1968 zusammen; seitdem zeichnen die beiden für einige außerordentlich erfolgreiche Plätze verantwortlich.

Um die Entwicklung der beiden zu verstehen, ist es wichtig zu wissen, daß sie aus Pennsylvania stammen, diesem bedeutenden Mittelpunkt der Golfarchitektur. Schon 1962 konnten unter anderem der Golfclub von Oklahoma und der Moselem Springs Country Club eingeweiht werden. In den folgenden Jahren entstanden viele weitere hochkarätige Anlagen, darunter beispielsweise der berühmte und sehr exclusive Jupiter Hills Club, den man immer wieder zu den dreißig besten Plätzen der Vereinigten Staaten zählt, und der Butler National Golf Club im Staate Illinois, auf dem jedes Jahr die Western Open ausgetragen werden. 1980 wurde der Kurs von Wild Dunes in South Carolina fertiggestellt. Er ist zweifellos Tom Fazios bisher bestes Werk.

Im gleichen Jahre konnte man auch die beiden Kurse der PGA National Championships einweihen, Sitz der amerikanischen PGA. Im gleichen Jahr

schuf Fazio außerdem den ersten, sehr schwierigen Kurs des Vintage Club von Palm Springs in Kalifornien, den Mountain Course, zwei Jahre später auch den Desert Course, der die Anlage vervollständigte. Das Jahr 1980 wurde für Tom Fazio, dessen Einfluß auf die Golfwelt schon lange unbestritten war, zum Höhepunkt seiner bisherigen Karriere. So berühmte und renommierte Clubs wie Augusta in Georgia und Winged Foot ganz in der Nähe von New York baten ihn um Rat und Hilfe. Der gerade vierzigjährige Tom Fazio plant seine Karriere mit Klugheit und viel Umsicht. Man kann sich nur wünschen, daß er auch einmal außerhalb der Vereinigten Staaten tätig wird. Er könnte sich auf diese Weise innerhalb kürzester Zeit auch international einen großen Namen schaffen.

Ronald E. Fream

Warum wir gerade Ronald Fream in unsere Liste von Architekten aufgenommen haben? Nun, vor allem weil er, neben seinen unbestrittenen Qualitäten als Pro, so ziemlich überall auf der Welt Golfplätze geschaffen hat; sein bevorzugtes Arbeitsgebiet befindet sich allerdings im südostasiatischen

Raum. Das von Ronald Fream zusammengestellte Team hat das Feld seiner Aktivitäten übrigens noch ausgeweitet: Man plant den Bau eines großen Golfprojekts mit voraussichtlich drei Kursen in China, in Guilin City, etwa 400 Kilometer von Hongkong entfernt. Ronald Fream, der bereits in mehr als zwölf Ländern dieser Erde Golfplätze konzipiert hat, lernte und informierte sich zu Beginn seiner Karriere bei den besten Architekten. So arbeitete er beispielsweise von 1966 bis 1969 mit Robert Trent Jones zusammen, informierte sich während dieser Zeit auch ganz besonders intensiv über das Greenkeeping; auch heute noch hält er über dieses Thema immer wieder Seminare und Konferenzen ab. Nach seiner Zusammenarbeit mit Robert Trent Jones kam es auch noch zu weiteren Kooperationen mit anderen hervorragenden Architekten, darunter Peter Thomson und Michael Wolveridge, bevor er sich Anfang 1980 endgültig selbständig machte.

Jeder kennt den berühmten Club von Bali Handara in Indonesien, zu dessen Realisierung er beitrug, ebenso seine Plätze in Malaysia, Singapur und Neuseeland. Paradoxerweise erwarb sich Ronald Fream erst auf internationaler Ebene einen hervorragenden Namen, bevor er überhaupt in den Vereinigten Staaten arbeitete, wo er allerdings mittlerweile ebenfalls hohes Ansehen genießt. Seine neuen Projekte im Carmel Mountain Ranch Golf Club oder dem Windsor Water District in Nordkalifornien, nicht weit entfernt vom Sitz seiner Firma in Santa Rosa, sind der beste Beweis dafür.

Sein Architekturstil richtet sich in keiner Weise nach irgendeiner Moderichtung, er selbst hat auch keine neue kreiert. »Es gibt im Grunde keinen typischen Kurs à la Ronald Fream; das entspräche auch gar nicht meinen Vorstellungen und Wünschen. Was mir im Gegenteil am meisten Freude bereitet, ist, wenn ein Golfer nach seiner Runde zu mir kommt und, ohne mich zu kennen, begeistert fragt, wer denn diesen Platz entworfen habe. Ich habe nichts dafür übrig, irgendwelche Löcher a priori zu gestalten, irgend etwas zu übertreiben, riesige Bunker oder zu viele Wasserhindernisse einzubauen. Ich halte nichts von zu schwierigen Kursen, die jeden kleinsten Fehler bestrafen.«

Wie man sieht, ist ein Kurs für Ronald Fream dann ideal, wenn er jedem Golfer etwas bietet, sowohl dem Anfänger als auch dem Champion.

Robert Trent Jones jun.

Möglicherweise wäre er auch ein guter Politiker geworden, doch sein Schick-

sal war von Anfang an bestimmt – es war völlig klar, daß er irgendwann zur großen Golffamilie gehören würde. Eine im Grunde absolut logische Entscheidung für den Sohn des berühmtesten Architekten der Golfgeschichte. Doch es ist unglaublich schwer, als Sohn eines so erfolgreichen Vaters in dessen Fußstapfen zu treten. Es hätte sicher niemanden sonderlich überrascht, wenn er, der auch noch den gleichen Namen wie sein Vater trägt, letztendlich nur eine blasse Kopie des großes Meisters geworden wäre. Doch das Gegenteil war der Fall: Er hat es geschafft, und das ist wohl sein Hauptverdienst: Er hat einen eigenen, perfekten Stil entwickelt, ist nicht nur eine interessante Persönlichkeit und ein exzellenter Golfer geworden, sondern auf seine Weise auch ein wirklicher Künstler. Kaum ein anderer Architekt hat in seinen Werken in dem Maße Kreativität und künstlerisches Talent beweisen können wie er.

Es ist übrigens recht bemerkenswert, daß Robert Trent Jones jun., Bobby für seine Freunde, immer etwas für schwierige Situationen übrig hatte. Seine schönsten Werke sind sozusagen unter größten Schmerzen geboren worden. Das beste Beispiel dafür ist der Platz Pyramides in Ägypten, mitten in der Wüste gelegen, den er für seinen Freund Anwar el Sadat baute, den vor einigen Jahren ermordeten ägyptischen Präsidenten, der die Einweihung leider nicht mehr miterleben konnte. Der Golfplatz von Navatanee in der Nähe von Bangkok, auf einem ehemaligen Reisfeld, der Platz von Bossey bei Genf, inmitten von Felsen, der Kurs in Hawaii, auf einem Boden vulkanischen Ursprungs, der Platz von Keystone, mitten in den Bergen von Colorado – die Liste der Plätze, bei denen die Konzeption zu Beginn außerordentlich schwierig war, ist lang. Der in ästhetischer Hinsicht attraktivste Platz von Robert Trent Jones jun. ist sicherlich der Kurs in Sentryworld im Staate Wisconsin mit seinen prächtigen, riesigen Blumenrabatten. Die Anlagen von Robert Trent Jones jun. gelten im allgemeinen als nicht so schwierig wie die seines Vaters, sie sind meist auch etwas kürzer. Dennoch sind sie grundsätzlich selektiv und von einer außerordentlichen Schönheit. Das letzte Projekt von Spanish Bay in Monterey, Kalifornien, das in Zusammenarbeit mit Tom Watson und Frank Tatum jun. entstand, ist sicherlich eine entscheidende Etappe in der Laufbahn dieses Architekten, der mittlerweile über 100 Anlagen geschaffen und dessen unermüdlicher Einsatz nicht der einzige Charakterzug ist, den er von seinem berühmten Vater geerbt hat.

Sotogrande

Robert Trent Jones
Costa del Sol, Spanien

Ganz gleich, was die Zukunft noch bringen mag, eines ist sicher: Sotogrande ist und bleibt der beste Golfplatz, der je in Andalusien im Süden Spaniens gebaut wurde. Dreizehn weitere folgten, ernstzunehmende, neue Projekte stehen in Aussicht, doch ob irgendeiner von ihnen die hervorragende Qualität erreichen kann, die Sotogrande auszeichnet? Wohl kaum! Mit dieser Anlage begann Robert Trent Jones vor mittlerweile zwanzig Jahren seine Laufbahn in Europa. Zwei 18-Loch-Anlagen, der »Old Course«, 1965 fertiggestellt, und der »New«, zehn Jahre später eingeweiht, sowie ein weiterer 9-Loch-Kurs entstanden – alle haben zahlreiche Anhänger, alle sind absolut erstklassig. Der »Old« mißt 6298 Meter, ein Par 72, der »New« ist mit 5833 Metern etwas kürzer, dennoch ebenfalls ein Par 72. Beide haben vieles gemeinsam, sind typische Beispiele für den charakteristischen Stil von Robert Trent Jones: lange Tees, Fairways mit Doglegs, mit zahlreichen Sandbunkern und Wasserhindernissen, die die extrem großen Greens verteidigen. In vielen Fällen ragen die Sandbunker sogar bis in die Greens. Es ist also unmöglich, den Ball rollen zu lassen, sondern vielmehr angebracht, ihn auf das Green zu heben, vor allem da die Greens meist sehr gut gepflegt sind und den Ball gut halten. Der berühmte »Old« verfügt über einige schwere Löcher, mit einer regelrechten Mauer aus Wasserhindernissen, wie beispielsweise am 7. Loch. Severiano Ballesteros erzählt immer wieder, daß er seinen Sieg beim Masters nur der gründlichen Vorbereitung auf dem »New Course« von Sotogrande zu verdanken habe.

Dieses Schmuckstück wurde übrigens – zur Freude einiger weniger und zum großen Bedauern vieler – nach dem Verkauf an den bolivianischen Milliardär Ortiz Patino zu Privatbesitz erklärt und für die Öffentlichkeit geschlossen. Sogar der Name änderte sich. Der früher einfach »New« genannte Kurs heißt jetzt »Las Aves«, die gesamte Anlage »Vallderrama Golf Club«. Aus diesem Grunde hat man auch das Clubhaus, das ursprünglich für die Aufnahme zahlreicher Besucher vorgesehen und gebaut worden war, erheblich verändert. Wenn man jedoch unbedingt eine Runde auf den beiden Kursen von Sotogrande spielen will, so ist dies auch heute noch möglich, nur eben nicht mehr ganz so leicht wie früher.

Das 7. Loch des Old Course – mit einem Wasserhindernis, wie fast überall in Sotogrande.

Old Course

Loch	Länge	Par	Loch	Länge	Par
1	360	4	10	414	4
2	482	5	11	332	4
3	310	4	12	538	5
4	209	3	13	190	3
5	330	4	14	460	5
6	473	5	15	390	4
7	386	4	16	355	4
8	185	3	17	154	3
9	332	4	18	398	4
Total	3067	36	Total	3231	36
			Insgesamt	6298	72

Dorado Beach

Robert Trent Jones
Puerto Rico

Auf dieser Insel, die doch nicht so ruhig ist, wie man annehmen könnte, jedoch um einiges attraktiver, als häufig berichtet, gibt es einige Golfplätze. Insgesamt sind es acht Kurse, davon sieben 18-Loch-Anlagen. Fünf von ihnen tragen die Signatur von Robert Trent Jones und Gary Player, alle sind mit einem einzigen, enormen Wasserhindernis versehen – dem Meer.

Der etwa 30 Kilometer von der Stadt San Juan entfernt an der nördlichen Küste gelegene Platz von Dorado Beach (zwei 18-Loch-Kurse) entspricht einem typischen Florida-Komplex. Völlig sinnlos, dieses riesige Meisterwerk des berühmten amerikanischen Architekten Robert Trent Jones womöglich zu Fuß erkunden zu wollen. Die beiden auf einer ehemaligen Grapefruitplantage angelegten Kurse grenzen fast überall an künstliche Wasserwege, die der ganzen Landschaft den Ausdruck wunderbarer Ruhe verleihen, die auch die Fische jagenden Reiher nicht stören. Obwohl es überall Wasser gibt, ist die Gefahr für Drives doch nicht übermäßig groß, da die Fairways breit genug sind und auch die Kokospalmen nicht zu nahe beieinander stehen.

Für welchen Kurs soll man sich nun entscheiden? Der Ostkurs ist der bekannteste, renommierteste (6403 Meter lang, Par 72). Ein großer Moment: das 13. Loch, mit einem doppelten Dogleg in S-Form, von zwei Gräben begrenzt, das direkt zum Ozean führt. Es kann einen zum Wahnsinn treiben, denn ein risikofreudiger, mutiger Spieler dürfte versuchen, das Green direkt mit einem Drive über fast 200 Meter zu erreichen. Die Möglichkeit, den Ball zu verziehen, ist somit also groß, schließlich sind – von den normalen Tees – immerhin etwa 190 Meter zu überbrücken . . . Man kann allerdings auch mit einem langen Eisen spielen und einen zweiten Schlag in Kauf nehmen, indem man vorsichtigerweise der normalen Linie folgt. Dann ein Eisen 7 und man hat es geschafft. Gehen Sie schnell zu dem breiten Green hinauf – der ganze Ozean liegt vor Ihnen, die Wellen brechen sich zu Ihren Füßen – es ist ein immer wieder überwältigendes Schauspiel.

Am Tag darauf sollten Sie sich an den Westkurs wagen, wo jedes zweite Loch direkt am Wasser liegt. Das kritischste Loch das Westkurses ist ebenfalls ein Par 5, ebenfalls mit einem Dogleg: Es ist das 14. Loch, von den Backtees etwa über 500 Meter lang, 400 Meter davon entlang des Sees im Zentrum des Platzes. Die sieben, strategisch hervorragend auf dem Fairway plazierten Bunker erleichtern die Aufgabe auch nicht gerade. Es kommt also hauptsächlich darauf an, sie zu umgehen – und sich vor allem von dem Schock des 13. Lochs erholt zu haben! Dieses Par 3 ist der zweite Uppercut, den dieser Kurs dem Golfer verabreicht. Beschleunigen Sie das Putting und nehmen Sie sich viel Zeit, sich in Ruhe umzusehen. Der Ozean rauscht im Hintergrund – doch darüber wird sich wohl niemand beklagen.

Der Platzrekord beider Kurse (beides Par 72) liegt bei 62 Schlägen. Er wird von Chi Chi Rodriguez gehalten, dem besten Golfer der Insel.

Das 13. Loch, ein sehr gefürchtetes Par 3 mit einem Doppel-Dogleg in S-Form.

East Course

Loch	Länge	Par	Loch	Länge	Par
1	329	4	10	475	5
2	485	5	11	197	3
3	160	3	12	357	4
4	338	4	13	494	5
5	521	5	14	187	3
6	338	4	15	393	4
7	375	4	16	416	4
8	178	3	17	379	4
9	402	4	18	379	4
Total	3126	36	Total	3277	36
			Insgesamt	6403	72

Ballybunion

Robert Trent Jones
Kerry, Irland

Wie man weiß, hat Robert Trent Jones immer viel Glück gehabt. Die Terrains, die er im Laufe seiner Karriere ausgewählt hat, waren alle für die Anlage eines Golfplatzes hervorragend geeignet. Ballybunion, im Westen Irlands gelegen, bildet hier keine Ausnahme. Schon als nur der alte Parcour existierte, wußte man, daß das Gelände erstklassig war – man mußte nur noch einen weiteren Kurs schaffen.

Mit seinen 36 Löchern, dem alten und dem neuen Kurs, bietet Ballybunion den Golfern eine unvergleichlich attraktive Anlage. Der alte Kurs, der Ende des letzten Jahrhunderts entstand, galt als sehr schwer. Und der Neue mit seiner Gesamtlänge von 5924 Metern übertrifft ihn in dieser Hinsicht noch um einiges. Dieser echte Links besitzt die höchsten Dünen, die je auf einem Golfplatz zu sehen waren. Die Fairways winden sich zwischen ihnen hindurch, das Gelände ist nie ganz flach, die Greens liegen zum Teil etwas erhöht, zum Teil aber auch in Vertiefungen.

Manche Kritiker werfen dem Old Course vor, die Par 5 seien ein wenig kurz, es fehle ihnen etwas an Charakter. Auf dem New Course sind diese kleinen Mängel nicht vorhanden. Im Gegenteil, hier sind die vier Par 5 sogar ausgesprochen schwierig, zum Teil direkt furchterregend, jedenfalls dann, wenn der Wind noch etwas stärker weht als normalerweise. Der Kurs ist sehr flexibel, mit seinen vier oder sogar fünf verschiedenen, unterschiedlich langen Tees pro Loch. Allerdings wurden die Backtees als erstes konstruiert, daher auch der Eindruck der extremen Schwierigkeit. Für den englischen Journalisten Peter Dobereiner gibt es offensichtlich kein Wenn und Aber: Seiner Meinung nach ist der New Course von Ballybunion der größte und beste Links der Welt – nachzulesen in der Zeitschrift Golf World von 1985.

New Course

Loch	Länge	Par	Loch	Länge	Par
1	400	4	10	300	4
2	363	4	11	130	3
3	140	3	12	240	4
4	369	4	13	354	4
5	407	4	14	364	4
6	141	3	15	447	5
7	316	4	16	133	3
8	562	5	17	443	5
9	458	5	18	357	4
Total	3156	36	Total	2768	36
			Insgesamt	5924	72

Das 15. Loch, das sich wie ein richtiger Slalom zwischen den Dünen hindurchwindet.

Spyglass Hill

Robert Trent Jones
Kalifornien, Vereinigte Staaten

Dieses Fleckchen Erde auf der Halbinsel Monterey ist wirklich phantastisch. Hier reiht sich ein Golfplatz an den anderen. Der Golfer, der das Glück hatte, diesen Teil von Nordkalifornien zu bereisen, wird sich mit Sicherheit noch lange an die herrlichen Golfanlagen erinnern, die er hier gesehen hat. Spyglass ist die jüngste dieser Anlagen, entworfen von Robert Trent Jones im Jahre 1966. Er ist sowohl ein Links als auch gleichzeitig ein Inlandkurs. Ein Links auf den ersten fünf Löchern, darunter dem monumentalen 1. Loch, einem Par 5 über 549 Meter, mit einer einzelnen, riesigen Kiefer inmitten des Fairways, die einige Hindernisse verdeckt. Doch leider ist der Baum fast ganz abgestorben. Die Schwierigkeiten gleich zu Beginn setzen sich fort bis zum 6. Loch, vor allem, da es hier nur ganz selten einmal windstill ist.

Vom 7. Loch an verändert sich das Bild, die kalifornischen Zypressen und Kiefern werden immer zahlreicher und anstelle von Sand und Dünen gibt es jetzt viel mehr grüne Rasenflächen. Die Rückrunde beinhaltet ein besonders attraktives Par 3 über 165 Meter, das 12. Loch. Hier kommt es vor allem auf die richtige Wahl des Schlägers an.

Ein Wasserhindernis gibt es schon am 7. Loch, einem Par 5 über 471 Meter, doch erst auf den Löchern 11, 12, 14 und 15 werden sie für den Spielverlauf wichtig. Es sind sehr schöne, strategisch bestens verteilte kleine Gewässer.

Dieser der Öffentlichkeit zugängliche Kurs erhielt bereits mehrmals Gelegenheit, die Bing Crosby Pro Am zu veranstalten, mit demselben Erfolg wie Pebble Beach und Cypress Point.

Das phantastische 3. Loch, ein Par 3 direkt am Pazifischen Ozean.

Loch	Länge	Par	Loch	Länge	Par
1	549	5	10	366	4
2	320	4	11	475	5
3	137	3	12	165	3
4	334	4	13	402	4
5	165	3	14	507	5
6	379	4	15	119	3
7	471	5	16	425	4
8	361	4	17	293	4
9	389	4	18	370	4
Total	3105	36	Total	3122	36
			Insgesamt	6227	72

Mauna Kea

Robert Trent Jones
Kamuela, Hawaii

Der Golfplatz von Mauna Kea auf der Hauptinsel Hawaiis ist bereits über zwanzig Jahre alt.

Als Laurance Rockefeller im Jahre 1984 Robert Trent Jones bat, ihn doch auf das Gelände zu begleiten, war sich keiner von beiden sicher, ob man auf diesem Terrain vulkanischen Ursprungs überhaupt einen Golfplatz würde bauen können. Doch für Robert Trent Jones, auf dem Höhepunkt seiner Karriere, war nie etwas unmöglich gewesen. Während des Rundgangs nahm er prüfend etwas Erde in die Hand und sagte zu Rockefeller: »Ich kann diese Erde mit meiner Hand aufnehmen, also dürfte ein Bulldozer wohl auch keine Schwierigkeiten haben.« Die Arbeiten wurden aufgenommen und man stellte schon nach kurzer Zeit fest, daß der Boden tatsächlich für die Anlegung von Greens geradezu ideal war. Doch dieser Kurs ist auch außerordentlich selektiv, man hat manchmal das komische Gefühl, sich auf einem Links zu befinden. Das unglaublichste Loch, das auch lange Zeit sehr umstritten war, ist das 3., ein langes Par 3, das sehr an das berühmte 16. Loch von Cypress Point erinnert. Ursprünglich mußte hier ein Carry über 225 Meter gespielt werden, um das Green zu erreichen. Woran auch Gary Player anläßlich eines vom Fernsehen arrangierten Turniers 1964 scheiterte . . . Schließlich wurde das Loch neu gestaltet, diesmal bedeutend vernünftiger und realistischer.

Von Anfang an waren sich die Experten bezüglich Mauna Kea einig, man bescheinigte ihm sofort hervorragende Qualität. Und mit den Jahren ist er sogar noch besser geworden, auch wenn er mittlerweile, nach einigen Veränderungen, doch etwas leichter geworden ist. Robert Trent Jones' Sohn Bobby hat insgesamt acht Löcher neu gestaltet; neue Backtees wurden angelegt, dadurch beträgt die Gesamtlänge des Kurses jetzt 6495 Meter. Hier eine Runde zu spielen, ist schon ein unvergeßliches, aber manchmal auch schmerzhaftes Erlebnis. Es ist ein Kurs mit wirklich außerordentlich hohem Niveau.

Man nennt den Kurs übrigens die »große alte Dame«, im Vergleich zu den anderen, jüngeren der Insel, die ihm eigentlich alle mehr oder weniger nachempfunden sind. Zeichen der Wertschätzung der Golfer sind die über 50000 Greenfees pro Jahr.

Eine echte Herausforderung an jeden Golfer, dieses 11. Loch. Im Hintergrund der traumhafte Strand von Kohala und das gigantische Hotel The Westin Mauna Kea.

Loch	Länge	Par	Loch	Länge	Par
1	366	4	10	489	5
2	357	4	11	226	3
3	197	3	12	352	4
4	384	4	13	379	4
5	530	5	14	359	4
6	320	4	15	187	3
7	192	3	16	379	4
8	488	5	17	503	5
9	396	4	18	391	4
Total	3230	36	Total	3265	36
			Insgesamt	6495	72

Loxahatchee

Jack Nicklaus
Palm Beach, Florida, Vereinigte Staaten

Dieser neue Kurs mit dem indianischen Namen, der von dem Fluß ganz in der Nähe stammt, ähnelt in vieler Hinsicht einem schottischen Links. Man hat manchmal direkt das Gefühl, sich an der Küste von Fife zu befinden, so, als ob man jeden Augenblick einen Blick auf die Nordsee werfen könnte. Das liegt hauptsächlich an den vielen Hügeln und den offenen, übersichtlichen Löchern, die so sehr an Schottland erinnern und für Florida absolut ungewöhnlich sind. Dabei war das Gelände ursprünglich so flach wie eine Handfläche. Voraussetzung für einen attraktiven Kurs war also, dem Gelände ein eigenes Gesicht, einen wirklichen Charakter zu geben. Es mußte zu diesem Zweck eine riesige Menge Erde bewegt werden. Dadurch wurden die Löcher voneinander völlig unabhängig und es war nicht mehr nötig, extra Bäume anzupflanzen, um die Bahnen zu trennen.

Im Gegensatz zu beispielsweise Muirfield Village wurde dieser erst 1985 eingeweihte Kurs ursprünglich nicht speziell für große Turniere gebaut, auch wenn er inklusive Backtees die stolze Länge von 6439 Meter vorweisen kann. Den Auftrag für den Entwurf erhielt Jack Nicklaus von seinem Freund Gordon Grey, und zwar in erster Linie, um die 125 Clubmitglieder zufriedenzustellen. Viele der Fairways sind stark gewellt, jedes Loch hat einen ganz eigenen Charakter. Es gibt sogar zwei Doppelgreens. Schwer zu sagen, ob es sich hierbei um das Meisterwerk von Jack Nicklaus handelt. Die Entscheidung liegt letztendlich bei den Golfern selbst.

Dieser Kurs wurde 1985 von einer Spezialisten-Jury als der attraktivste und beste Platz von Amerika bezeichnet.

Loch	Länge	Par	Loch	Länge	Par
1	340	4	10	407	4
2	165	3	11	364	4
3	422	4	12	198	3
4	495	5	13	469	5
5	149	3	14	388	4
6	361	4	15	338	4
7	400	4	16	535	5
8	458	5	17	155	3
9	394	4	18	401	4
Total	3184	36	Total	3255	36
			Insgesamt	6439	72

Castle Pines

Jack Nicklaus
Denver, Colorado, Vereinigte Staaten

Es ist oft der Fall, daß die Entstehung eines Golfplatzes der Ausdauer einer kleinen Gruppe von Männern zu verdanken ist. Was die Realisierung von Castle Pines betrifft, so kommt einem sofort ein Name in den Sinn – Jack Vickers. Dieser wohlhabende Geschäftsmann, selbst begeisterter Golfer und Mitglied in nicht weniger als fünfzehn renommierten Clubs in ganzAmerika, war seit den siebziger Jahren regelrecht von einer fixen Idee besessen: Er wollte einen eigenen Platz besitzen. Gemeinsam mit seinem Sohn und Jack Nicklaus, der sich sehr für dieses Projekt einsetzte, fand er zu Füßen der Rocky Mountains ein geeignetes Gelände, ganz in der Nähe von Denver, Colorado. »Ich wollte ihn unbedingt die ganze Zeit verfügbar haben«, sagt Jack Vickers über seinen Namensvetter, Jack Nicklaus. Ein anderer Architekt, Pete Dye, bestätigte später, daß man das Budget wirklich hundertprozentig genützt habe und die Mitglieder dieses neuen, sehr privaten Clubs auf ihren Kurs wirklich stolz sein könnten. Man bezeichnet ihn auch als das Augusta des Westens von Amerika. Und es ist richtig, der Kurs von Denver ähnelt dem berühmten Master-Kurs in Georgia in vieler Hinsicht. Zwei Beispiele: Auch die Mitglieder des Castle Pines Club tragen grüne Jackets; außerdem sind auch hier auf dem ganzen Gelände riesige, prächtig angelegte Blumenbeete zu bewundern. Ein Unterschied besteht jedoch: Wer hier seinen Ball verliert, darf ohne Strafpunkt droppen . . .

Der reine Privatclub wurde übrigens offiziell im Oktober 1981 gegründet. Die Gründungsmitglieder entschlossen sich, die Zahl der Mitglieder auf 350 zu beschränken, woran man sich auch hielt. Der Kurs selbst sollte spektakulär und selektiv werden. Daß er spektakulär werden würde, war klar – und bezüglich des Schwierigkeitsgrades konnte man sich getrost auf Jack Nicklaus verlassen.

Die Greens sind relativ klein und sehr schwer zu treffen. Die Fairways liegen oft auf zwei verschiedenen Ebenen, pro Loch gibt es vier Abschläge, damit bietet sich dem Golfer die Möglichkeit, zwischen mehreren Schwierigkeitsgraden zu wählen.

Kurz gesagt, Castle Pines verfügt über alle Voraussetzungen eines großen Platzes von internationaler Qualität. Wovon sich auch die Champions anläßlich des International überzeugen konnten, dem großen neuen amerikanischen Turnier, das 1986 erstmals durchgeführt wurde, und außerdem auch gleich der erste große Test für Castle Pines war.

Schon seit dieser ersten Ausgabe kann sich das Turnier rühmen, dem Sieger die höchste Gewinnsumme des American Circuits bieten zu können – 180 000 Dollar. Das Clubhaus, fertiggestellt im Jahre 1984, ist ein schönes, sehr charakteristisches Gebäude, mit einem Kontrollturm, der einen Blick auf die ganze Anlage ermöglicht.

Loch	Länge	Par	Loch	Länge	Par
1	589	5	10	443	4
2	373	4	11	180	3
3	413	4	12	386	4
4	187	3	13	401	4
5	436	4	14	544	5
6	381	4	15	369	4
7	169	3	16	191	3
8	489	5	17	450	5
9	419	4	18	439	4
Total	3456	36	Total	3403	36
			Insgesamt	6859	72

Das 18. Loch, auf dem schon viele interessante Auseinandersetzungen bei internationalen Turnieren stattgefunden haben.

Bear Creek

Jack Nicklaus
Murrieta, Kalifornien, Vereinigte Staaten

Bear Creek ist nicht nur ein Golfplatz, es ist mehr als das. Rund um die Anlage gibt es alle Annehmlichkeiten, die man sich nur vorstellen kann, die verschiedensten Freizeiteinrichtungen. Die Jack Nicklaus Development Corporation kümmerte sich in diesem Fall sogar um die Abwicklung des Immobiliengeschäftes. Es war das erste Mal, daß Jack Nicklaus nicht nur die Entwicklung des Platzes überwachte, sondern die Realisierung des ganzen Komplexes. Auf dem im Oktober 1983 eingeweihten Kurs fanden Ende 1985 die Skin Games statt, ein für die amerikanischen Golfer sehr wichtiges Ereignis, bei dem sich vier Stars treffen und um eine astronomische Siegesprämie kämpfen. Fuzzy Zoeller, der Sieger von 1985, konnte nach einem Putt über 4 Meter am 12. Loch die schöne Summe von 150 000 Dollar mit nach Hause nehmen – außerdem weitere 72 000 Dollar am 15. Loch.

Innerhalb von nur zwei Jahren erreichte die Anlage eine außerordentliche Qualität. Dieser Kurs, gelegen in einer wunderbar ruhigen und luxuriösen Umgebung, trägt ganz offensichtlich die Handschrift von Jack Nicklaus. Seit Muirfield Village 1974 hatte sich Nicklaus ständig weiterentwickelt und seinen Kursen einen gleichzeitig natürlichen und stabilen Charakter gegeben. Er ließ sich ganz bewußt auf einen Kompromiß zwischen der klassischen und der sogenannten modernen amerikanischen Architektur ein. Vom Tee bis zum Green sind die verschiedenen Aspekte eines Kurses, des ganzen Spiels, perfekt durchdacht, dabei bewahrte er die ursprüngliche Vegetation soweit wie möglich und bezog sie in sein Konzept mit ein, vor allem die kleinen Eichenwäldchen, die teilweise über hundert Jahre alt sind.

Alles in allem repräsentiert dieser Kurs das ganze künstlerische, aber auch taktische Repertoire von Jack Nicklaus. Strategisch hervorragend plazierte Hindernisse, tiefliegende Bunker, sehr durchdachte Greens, kleine Hügel, die in der für schottische Links typischen Art angelegt wurden – kurz, Bear Creek ist eines der schönsten, gelungensten Beispiele des ohnehin so vielfältigen, imponierenden Werks des Architekten Jack Nicklaus.

Loch	Länge	Par	Loch	Länge	Par
1	358	4	10	340	4
2	363	4	11	463	5
3	441	5	12	161	3
4	378	4	13	299	4
5	357	4	14	454	5
6	103	3	15	353	4
7	340	4	16	144	3
8	139	3	17	359	4
9	471	5	18	375	4
Total	2950	36	Total	2948	36
			Insgesamt	5898	72

Blick aus dem Flugzeug auf die Anlage und das Clubhaus von Bear Creek.

Muirfield Village

Jack Nicklaus
Dublin, Ohio, Vereinigte Staaten

Kaum zehn Jahre sind seit der Einweihung von Muirfield Village vergangen, und doch blickt dieser Club bereits auf eine bewegte Vergangenheit zurück. Wenn von Muirfield Village die Rede ist, denkt man meist auch sofort an das Memorial Tournament, eines der besten und interessantesten Turniere des American Circuits, das auf Initiative von Jack Nicklaus ins Leben gerufen wurde. Ein Turnier, das immer von außerordentlich hohem Niveau war, von der ersten Veranstaltung im Jahre 1976, die Roger Maltbie gewann, bis zum Sieg von Hale Irwin 1985.

Anfangs hielt man die 18-Loch-Anlage für fast zu schwer, doch nach einigen geringfügigen Änderungen war man sich dann einig – die Anlage war fast perfekt gelungen. Ebenso wie sein berühmtes schottisches Gegenstück, von dem ja auch der Name Muirfield Village stammt, hat dieser Platz zahlreiche kleine Hügel und Aufschüttungen, die dem Golfer die Aufgabe erschweren, da er gezwungen ist, ganz besonders präzise zu schlagen, nur so kann er das Maximum aus der Anlage dieses Kurses herausholen. Genau das war natürlich von Jack Nicklaus und Pete Dye, der ihn bei dieser Arbeit beriet, auch beabsichtigt. Dies war das erste »Abenteuer« der Nummer eins der Welt, das er in Zusammenarbeit mit Desmond Muirfield schuf. Nicklaus investierte besonders viel Zeit in dieses Projekt, das er offiziell 1968 startete und letztendlich der Stadt Columbus zu verdanken hat, die ihn in jeder Hinsicht unterstützte und alles Notwendige zur Verfügung stellte.

Sein Ziel: Durch die Art der Konzeption eher Präzision als Kraft zu verlangen. Und es kommt in Muirfield Village tatsächlich hauptsächlich darauf an, technisch perfekt zu sein – einfach geradeaus zu spielen, genügt nicht. Um die wichtigsten charakteristischen Merkmale dieses sehr welligen Kurses noch einmal zusammenzufassen, bedarf es nur dieses Kommentars von Jack Nicklaus selbst: »Das 1. Loch besitzt das größte Green des ganzen Parcours; das 2. Loch ist möglicherweise etwas zu schwierig für eines der ersten Löcher, vor allem bei Meisterschaften; das 7. Loch ist das längste, außerdem das mit den meisten Bunkern. Das 8., ein Par 3, ist meiner Ansicht nach eines der attraktivsten des Kurses; das 11. ist ein Super-Loch, das 12. ausgesprochen pittoresk, es ähnelt dem 12. Loch von Augusta in vieler Hinsicht, und das 18. Loch schließlich ist ein typisches, exzellentes Finishing Hole, trotz oder vielleicht gerade wegen der Veränderungen, die hier vorgenommen wurden.« Die letzte Neuerung war das Amphitheater am Green des 18. Lochs, das insgesamt mehr als 20000 Zuschauern Platz bietet. Ein hervorragendes Beispiel höchster Golf-Architektur-Kunst.

Das 14. Loch, ein exzellentes Par 4 über 332 Meter. Das Wasserhindernis neben dem Green hat hier schon viele hoffnungsvolle Kandidaten zur Verzweiflung gebracht. In Muirfield Village wurde 1987 unter anderem auch der begehrte Ryder Cup ausgespielt.

Loch	Länge	Par	Loch	Länge	Par
1	408	4	10	403	4
2	413	4	11	492	5
3	358	4	12	144	3
4	187	3	13	404	4
5	486	5	14	332	4
6	393	4	15	448	5
7	502	5	16	187	3
8	173	3	17	393	4
9	375	4	18	400	4
Total	3295	36	Total	3203	36
			Insgesamt	6498	72

Desert Highlands

Jack Nicklaus
Arizona, Vereinigte Staaten

Der von Jack Nicklaus entworfene Desert Highlands Club, seit dem ersten Jahr seines Bestehens berühmt für die Austragung der Skin Games (1984), gehört zu seinen dramatischsten und eindruckvollsten Werken überhaupt.

Dieser Club gilt als einer der exklusivsten und für die Öffentlichkeit unzugänglichsten in Nordamerika, den ein durchschnittlicher Golfer so gut wie nie zu sehen bekommt. Wer sich davon überzeugen will, braucht nur einmal am Haupteingang um Einlaß zu bitten – ein absolut aussichtsloses Unterfangen. Hauptziel von Jack Nicklaus und seinem Team war es, die Schönheit der Landschaft, des ganzen Geländes zu bewahren. Was sich in diesem Fall leicht bewerkstelligen ließ, da die Voraussetzungen ideal waren. Keiner der Tausenden von Bäumen wurde gefällt, man verpflanzte sie stattdessen zum Teil vom Kurs auf die privaten Wohngebiete rund um das Clubgelände. Darunter waren alle Arten von Bäumen, die in diesem Land zu finden sind, Saguaros, Cholla, Palos Verde und Mesquites, um nur einige der wohlklingenden Namen zu nennen.

Der Platz, der im Norden von Scottsdale in Arizona liegt, ist Teil eines riesigen Komplexes von mehr als 350 Hektar. Auch das Clubhaus ist auf seine Weise ein wirkliches Meisterwerk moderner Architektur, wunderschön eingebettet und integriert in diese Kulisse aus Felsen und Steinen.

Inklusive der »Nicklaus«-Tees, also der Backtees, mißt dieser Par-72-Kurs 6492 Meter. Raum war genügend vorhanden, daher liegen die Bahnen nie parallel zueinander, mit Ausnahme der Löcher 17 und 18. Das ganze Gelände hat die Form einer riesigen Schleife, mit 9 Löchern auf der einen und 9 auf der anderen Seite. Vom Abschlag des 1. Lochs aus hat man einen wunderbaren Blick auf das, was einen erwartet. Die Fairways schlängeln sich durch ein kahles, wüstenähnliches Gelände, mit einigen Hügeln dazwischen, die auch nach Meinung von Jack Nicklaus selbst »die größten sind, die ich je bauen ließ.« Die außerordentlich welligen und schnellen Greens werden bestens bewacht durch »pot bunkers made in Scotland«. Mehrere Löcher verfügen über bis zu sieben verschiedene Abschläge. Auf der Score-Karte sind allerdings grundsätzlich nur drei verzeichnet: »Front«, »Middle« und »Back«. Bei Meisterschafts-Turnieren liegt der Schnitt bei 74,6 Schlägen. Die Clubmitglieder, die von den »Middle«-Tees aus spielen, haben es da etwas leichter – ihr »Rating« liegt bei 67,5. Die technische Originalität dieses Kurses beruht hauptsächlich auf der ungewöhnlichen Anordnung der Bahnen, vor allem der letzten vier Löcher: zwei Par 3 und anschließend zwei Par 5!

Es ist ein ausgesprochen reizvoller, interessanter Kurs, der den Clubmitgliedern, von denen übrigens etwa die Hälfte in Desert Highlands wohnt, sicherlich sehr viel Freude bereitet.

Nichtmitglieder haben nur dann eine Chance, hier eine Runde zu spielen, wenn sie von einem der 350 Gesellschafter des Clubs eingeladen werden. Auch Mister Ronald Reagan hätte nicht die geringste Aussicht auf eine Runde, wenn er nicht ausdrücklich von einem Mitglied eingeladen würde!

Schon das 1. Loch ist eine ausgesprochen schwierige Aufgabe, »eine der schwierigsten, die ich je zu bewältigen hatte«, so Jack Nicklaus.

Loch	Länge	Par	Loch	Länge	Par
1	326	4	10	373	4
2	534	5	11	516	5
3	413	4	12	162	3
4	193	3	13	362	4
5	389	4	14	381	4
6	394	4	15	133	3
7	174	3	16	223	3
8	401	4	17	521	5
9	518	5	18	479	5
Total	3342	36	Total	3150	36
			Insgesamt	6492	72

Jupiter Hills

Tom Fazio
Jupiter, Florida, Vereinigte Staaten

Jupiter Hills mit seinen beiden 18-Loch-Meisterschafts-Kursen erinnert sehr an die schönsten Plätze in Carolina, hat ihnen gegenüber jedoch den Vorteil eines ständig milden Klimas. Der Entwurf für beide Kurse stammt von Tom Fazio und seinem Onkel George. Und die Eleganz, der Zauber dieser Anlage macht sie zu einer der privilegiertesten, interessantesten in ganz Florida.

Das im Südosten Floridas, ganz in der Nähe des Ozeans gelegene Jupiter Hills entstand auf Wunsch und Initiative mehrerer Golfenthusiasten, darunter auch des berühmten Komikers Bob Hope und George Fazios, des Onkels von Tom. Das war Ende der sechziger Jahre. Die Einweihung fand 1970 statt, das Clubhaus wurde drei Jahre später fertiggestellt.

Im Oktober 1980 wurde es von einem Brand fast gänzlich zerstört. Noch 1973 hatte man 20000 Bäume, hauptsächlich Eukalyptus, anstelle der Palmen gepflanzt.

Das Terrain des ersten, des Hills-Kurses, wurde zum größten Teil komplett verändert und künstlich geformt, was damals noch ausgesprochen originell und neu war. Einige Tees und Greens wurden erhöht, wie beispielsweise am 18. Loch, das ansonsten in einer tiefen Senke liegt.

Viele Bahnen erinnern stark an Pine Valley, was noch nicht einmal besonders überrascht, wenn man bedenkt, daß George Fazio in diesem Club zehn Jahre lang als Pro fungiert hatte. Die Fairways sind bedeutend schmäler, als es auf den ersten Blick den Anschein hat, die Roughs mit dem dichten Gras, dem Gebüsch und dem Sand äußerst bedrohlich; die Greens schließlich ausgesprochen schnell. Anstelle der Löcher 2,3 und 4 legte man drei neue an (7, 8 und 9), um so die Konstruktion eines zweiten, des Village Course zu ermöglichen.

Ob der Kurs dadurch gewonnen oder eher verloren hat, ist sehr schwer zu entscheiden.

Der Jupiter Hills Golf Club ist ausgesprochen exklusiv. Bis heute hat hier noch kein einziges internationales Turnier stattgefunden. Das größte Wettspiel auf dieser Anlage war bisher das Palm Beach Martin Country Hospital Pro-Am, eine Wohltätigkeitsveranstaltung zugunsten eines Medizinischen Zentrums.

Hills Course

Loch	Länge	Par	Loch	Länge	Par
1	468	5	10	356	4
2	401	4	11	181	3
3	161	3	12	379	4
4	524	5	13	490	5
5	385	4	14	206	3
6	347	4	15	365	4
7	376	4	16	306	4
8	351	4	17	465	5
9	176	3	18	387	4
Total	3189	36	Total	3135	36
			Insgesamt	6324	72

Das 2. Loch des ersten Kurses.

Wild Dunes

Tom Fazio
South Carolina, Vereinigte Staaten

Das 18. Loch wird allgemein als das zweitschwerste des Kurses bezeichnet. Als das schwierigste gilt das 9. Loch, ein Par 4 über mehr als 400 Meter.

Tom Fazio hatte bei der Realisierung dieses Parcours völlig freie Hand. Und er schuf eine seiner schönsten und interessantesten Anlagen.

Dieser Golfplatz hat seine Existenz einer Wette zu verdanken. Man wollte offensichtlich die Architekten dazu bringen, sich gegenseitig zu übertreffen. Das Resultat: Tom Fazio verlor 100000 Dollar an den Förderer des Projektes Raymon Finch – und gewann die Achtung aller. »Ich habe hier alles vorgefunden, wovon ein Architekt immer träumt: Bäume, Wasser und Dünen, der Ozean nur wenige Meter entfernt. Man mußte diesem Gelände nur noch ein Gesicht, eine Form geben.« Der Kurs von Wild Dunes, etwa 20 Kilometer nördlich von Charleston auf der Isle of Palms gelegen, wurde 1980 nach nur zwölf Monaten Bau eröffnet. Der Harbour Course, ein 18-Loch-Kurs, ist inklusive der Backtees genau 6135 Meter lang. Er erinnert an Pine Valley und profitiert von seiner natürlichen und abwechslungsreichen Umgebung.

Die Kulisse wechselt ständig. Entlang des 1. Lochs, eines Par 5, stehen zahlreiche Eichen, Magnolien und Palmen, auch einige Zedern kann man entdecken. Direkt am 4. Loch liegt ein Moor, während man vom 11. einen wunderschönen Blick auf die ganze Küste genießen kann. »Meiner Ansicht nach ist das das attraktivste Loch; meine Arbeit bestand hier nur darin, Erde für den Abschlag heranzuschaffen«, berichtet der Architekt. Auch auf den beiden letzten Bahnen, den Löchern 17 und 18, einem Par 4 über 347 und einem Par 5 über 494 Meter, hört man den Ozean rauschen. »Ich liebe dieses Loch«, erzählt Tom Fazio, »von seinem erhöhten Abschlag bis zum Green, zwischen Dünen versteckt. Auf dem Fairway gibt es keine Hindernisse, es liegt direkt zwischen dem Strand auf der linken Seite und einem Fichtenwald auf der rechten.«

Bei der Realisierung dieses Kurses hatte Tom Fazio völlig freie Hand. Er schuf hier eines seiner bedeutendsten Werke.

Harbour Course

Loch	Länge	Par	Loch	Länge	Par
1	458	5	10	303	4
2	338	4	11	344	4
3	366	4	12	176	3
4	155	3	13	390	4
5	462	5	14	447	5
6	385	4	15	390	4
7	328	4	16	154	3
8	186	3	17	347	4
9	412	4	18	494	5
Total	3090	36	Total	3045	36
			Insgesamt	6135	72

PGA National

Tom Fazio
Florida, Vereinigte Staaten

Auf dem »Champion«, einem Par 72, fanden bereits zahlreiche hochklassige Turniere statt, beispielsweise der Ryder Cup 1983. 1987 war er der Rahmen für die amerikanischen Pro-Meisterschaften, die USPGA.

Die USPGA von 1987 wurden auf diesem Kurs ausgetragen.

Die PGA National in Palm Beach Gardens setzt sich aus vier Kursen zusammen, drei davon sind nach Entwürfen von George und Tom Fazio errichtet, der vierte stammt von Arnold Palmer. Die Namen der vier Kurse: »The Champion«, »The Haig«, in Erinnerung an den legendären Walter Hagen, »The Squire« zu Ehren von Gene Sarazen, eröffnet 1981, und »The General«, fertiggestellt 1984.

»The Champion«, 1980 eröffnet, ist der mit Abstand selektivste Kurs, sowohl wegen seiner Länge – 6527 Meter inklusive Backtees – als auch wegen der zahlreichen Hindernisse, über 100 Bunker sind auf den achtzehn Bahnen verteilt, Wasserhindernisse in Form kleiner Seen gibt es auf dreizehn Löchern – wirklich keine einfache Aufgabe. Einige kleine Hügel unterbrechen das ansonsten für Florida typische, flache Gelände. Im Grunde sind es alles Bogey-Löcher. Sowohl die Hin- als auch die Rückrunde bieten interessante Spielvariationen.

Die Löcher 3 und 4 sind ganz besonders spektakulär, ebenso das 6., das kürzeste Par 5 des Parcours, vor allem gegen den Wind schwer zu spielen, wegen des gut bewachten, doppelten Greens. Am 8. Loch, einem der delikatesten Par 4, kommt es vor allem darauf an, heil am Wasserhindernis im Bereich des zweiten Schlages vorbeizukommen. Das »Halleluja«-Dreieck – die Löcher 13, 14 und 15 – hat ein gemeinsames »Wasserhindernis«, einen See in der Mitte. Das 18. Loch schließlich ist eines der spektakulärsten Löcher von ganz Florida. Auf diesem doppelten Dogleg sind alle möglichen Schwierigkeiten integriert: Bunker auf dem Fairway im Bereich des Drive und Wasserhindernisse auf der Linie des zweiten Schlages.

The Champion Course

Loch	Länge	Par	Loch	Länge	Par
1	337	4	10	377	4
2	381	4	11	528	5
3	493	5	12	391	4
4	171	3	13	359	4
5	387	4	14	413	4
6	450	5	15	153	3
7	208	3	16	405	4
8	395	4	17	175	3
9	375	4	18	529	5
Total	3197	36	Total	3330	36
			Insgesamt	6527	72

Vintage Club

Tom Fazio
Kalifornien, Vereinigte Staaten

Eine Kulisse, wie sie nicht einmal Hollywood hervorbringen könnte. Dem für seine natürlichen Kurse berühmten Architekt Tom Fazio ist hier ein überaus ungewöhnliches Werk gelungen, das sowohl die Ästheten als auch die Spieler zum Träumen bringt. Der Vintage Club, der inmitten einer wirklich dramatischen Kulisse liegt, der kalifornischen Wüste, in dieser faszinierenden Stadt Palm Springs, wo sich fast alles um Golf dreht, verfügt über zwei Kurse, beide inmitten von Sand und Felsen: den Mountain und den Desert Course.

Der Mountain ist der ältere der beiden, ein Par 72 über 6317 Meter. Er liegt zum Teil am Rande des Santa-Rosa-Gebirges. Die beiden spektakulärsten Löcher sind zweifellos das 16. und 17., die sowohl wunderschön als auch ausgesprochen gefährlich sind, mit allen hochklassigen Attributen, die man sich wünschen kann. Und sie waren von Anfang an Schauplatz schlimmster Einbrüche.

Das schwerste Loch ist das 3., mit über 400 Metern Länge. Wie so oft auf den Plätzen von Palm Springs, ist auch hier das Wasser omnipräsent, sei es als Flüßchen, Bach oder Wasserfall. Das 8. Loch mit seinen erheblichen Bodenwellen erinnert in seiner Art sehr an Löcher, die man von den schottischen Links her kennt. Tom Fazio zögerte nicht, einige Felsbrocken herbeischaffen zu lassen und sie in sein Konzept zu integrieren, was dem Kurs manchmal einen fast surrealistischen Anstrich verleiht.

Der zweite Kurs, der »Desert«, fertiggestellt 1984, ist mit 5669 Metern etwas kürzer, ein Par 71, mit sehr viel engeren Fairways und sehr ausgefallenen Greens. Zahlreiche einheimische Bäume, wie beispielsweise Palmen, Yuccas, und gigantische Kakteen schmücken den Kurs, außerdem einige Seen. Die Greens sind häufig von Erdwällen und Hügeln umgeben – es gibt sogar ein doppeltes Green, es verbindet das 1. und das 18. Loch miteinander.

Die beiden Kurse wurden übrigens in erster Linie für die Clubmitglieder gebaut, in zweiter Linie jedoch auch für die Austragung von internationalen Pro-Turnieren. Jedenfalls entsprach das dem Willen des Förderers des Vintage Clubs, Mick Humphreys. Die Vintage International fanden 1985 bereits zum fünften Mal statt. Es handelt sich dabei um ein großes Seniorenturnier, das bereits zweimal von Gene Littler gewonnen wurde. Die American Society of Golf Course Architects zählt den Mountain Course übrigens zu den drei besten amerikanischen Anlagen der letzten zwanzig Jahre. Und da wir gerade bei Komplimenten sind: Gene Sarazen und Sam Snead, zwei Golfkoryphaen, haben immer wieder betont, daß der Vintage Club in ihren Augen einer der schönsten, attraktivsten und interessantesten Golfplätze der Welt sei.

Das 7. Loch des »Desert«, ein phantastisches Par 4 mit einem Dogleg nach rechts und »Tillinghast«-Bunkern; im Hintergrund das Clubhaus.

Mountain Course

Loch	Länge	Par	Loch	Länge	Par
1	379	4	10	376	4
2	382	4	11	169	3
3	410	4	12	377	4
4	369	4	13	289	4
5	187	3	14	402	4
6	557	5	15	481	5
7	152	3	16	371	4
8	319	4	17	132	3
9	505	5	18	460	5
Total	3260	36	Total	3057	36
			Insgesamt	6317	72

Pine Lake

Robert Trent Jones jun.
Kyoto, Japan

Eigentlich fehlt es in Japan immer an Raum für neue Golfplätze. Dennoch gibt es in diesem Land insgesamt nicht weniger als 2000 Golfanlagen – und es kommen jährlich neue dazu.

Das Beispiel von Pine Lake ist kein Einzelfall. Diese 18-Loch-Anlage – übrigens eine der jüngsten Japans, eingeweiht 1983 – ist das Werk von Robert Trent Jones, der, ebenso wie Jack Nicklaus, die Wichtigkeit der Entwicklung in Japan schnell erkannt hatte. Die Shinwa-Gruppe beauftragte ihn mit dem Bau der Anlage und ihm gelang ein Kurs, der in jeder Hinsicht den internationalen Anforderungen entspricht, mit künstlichen und natürlichen Hindernissen aller Art. Es gibt vor allem eine Menge kleiner Seen, was diesem schönen Gelände einen wunderbar ruhigen und friedlichen Ausdruck verleiht.

Der Pine Lake Golf Club, etwa 25 Kilometer von Osaka entfernt, in der Gemeinde von Shiga Ken und der Provinz von Kyoto, verfügt durch das Gebirge im Hintergrund über eine faszinierende Kulisse. Inklusive Backtees ist der Kurs 6431 Meter lang.

Wasserhindernisse findet der Golfer auf den Löchern 3, 4, 9, 10, 11, 15, 16, 17 und 18 vor. Das schwierigste Loch ist zweifellos das 9., ein Par 5 über 494 Meter, mit einem doppelten Dogleg, einem Gewässer direkt neben dem Rough und einigen Bunkern auf der rechten Seite, im Bereich des zweiten Schlages. Wie eigentlich überall in Japan sind die beiden Teile des Kurses gleich lang, beides Par 36, insgesamt also ein Par 72. Spezielle Abschläge für Damen findet man allerdings nur sehr selten. Eine weitere Besonderheit bildet ein Pro-Shop, ganz in amerikanischer Manier eingerichtet. Das Clubhaus dagegen entspricht genau der typisch japanischen Bauart.

Alles in allem ein Kurs, der zweifellos auch einmal große internationale Turniere ausrichten könnte, er bringt alle dafür notwendigen Voraussetzungen mit.

Man erkennt sofort die typische Handschrift von Robert Trent Jones jun. – und sein besonderes Talent, mit schwierigen Situationen fertig zu werden.

Loch	Länge	Par	Loch	Länge	Par
1	370	4	10	357	4
2	153	3	11	502	5
3	392	4	12	170	3
4	500	5	13	428	4
5	165	3	14	361	4
6	347	4	15	391	4
7	364	4	16	213	3
8	339	4	17	492	5
9	494	5	18	393	4
Total	3124	36	Total	3307	36
			Insgesamt	6431	72

Wild Coast

Robert Trent Jones jun.
Transkei, Afrika

Loch	Länge	Par	Loch	Länge	Par
1	368	4	10	353	4
2	335	4	11	189	3
3	500	5	12	457	5
4	112	3	13	175	3
5	387	4	14	400	4
6	182	3	15	374	4
7	512	5	16	515	5
8	171	3	17	160	3
9	366	4	18	346	4
Total	2933	35	Total	2969	35
			Insgesamt	5902	70

Trotz seiner 400 Golfplätze kann man sagen, daß Südafrika in der Entwicklung ein wenig zurückliegt. Alle Kurse in diesem Land stammen aus den Jahren vor dem Krieg oder entstanden unmittelbar danach. Es war also wichtig, sich der allgemeinen Entwicklung wieder anzuschließen. Als erster Kurs entstand 1960 Sun City, dann 1983 Wild Coast. Man sollte betonen, daß die beiden Plätze eigentlich in den unabhängigen Staaten Bophuthatswana und Transkei liegen. Der Casino Beach Golf Club – so der offizielle Name – befindet sich etwa zweieinhalb Stunden Autofahrt von der Stadt Durban entfernt, direkt am Indischen Ozean.

Mit einem Nachteil mußte der Architekt fertigwerden – mit einem sehr ungleichmäßigen Terrain. Was auch die erstaunlich hohe Anzahl von sechs Par-3-Bahnen erklärt, die sich in ihrer Konzeption allerdings erheblich voneinander unterscheiden. Ansonsten hatte Robert Trent Jones jedoch keinen Grund, sich zu beklagen, vor allem nicht, was die Landschaft betrifft. Dieser Par-70-Kurs (35–35) liegt in einer einzigartigen, faszinierenden Gegend, die pro Jahr etwa 25 000 Golfer genießen können. An zwei Löcher werden sie sicherlich ganz besonders lange zurückdenken: an das 13., ein Par 3 mit zwei kleinen natürlichen Wasserfällen, der eine gleich zu Beginn, der andere am Rande des Greens, und an das 18. Loch, wo dem Spieler unbedingt ein Drive über mindestens 160 Meter gelingen muß, will er an dem riesigen künstlichen See vorbeikommen und auf dem Fairway bleiben. Ist das nicht der Fall, werden einige wohlmeinende Clubmitglieder mit Sicherheit die Glocke des Clubhauses läuten – ein entzückendes Spektakel, das natürlich besonders den Glückspilzen, die vor ihnen fertig geworden sind, einigen Spaß bereiten dürfte. Der zweite Teil des Kurses wird für bedeutend schwieriger als der erste gehalten, auch wenn gerade das 3. Loch ausgesprochen anspruchsvoll und nur sehr schwer mit zwei Schlägen zu bewältigen ist.

Auf der Anlage wurde 1986 das Wild Coast Classic ausgetragen, ein Turnier, das seit drei Jahren Teil des Sunshine Circuits ist. Der Sieger hieß übrigens zum zweiten Mal hintereinander Mark McNulty – ein hervorragender Abschluß einer sehr erfolgreichen Saison des Südafrikaners.

Eine letzte Besonderheit des Clubs: Die 120 Caddies sind ausschließlich Frauen! Sollte Sie dies allerdings gar stören – es stehen Ihnen auch 20 Carts zur Verfügung. Die Anzahl der Clubmitglieder hat die 300 mittlerweile überschritten, dazu gehören auch die 26 Gründungsmitglieder. Übrigens, falls Sie sich noch anderen Vergnügungen hingeben wollen, das Casino liegt ganz in der Nähe . . .

Ein Blick auf einen Teil des 7. Lochs. Dahinter liegt das Wild Coast Sun Ressort, ein riesiger Komplex, weit entfernt von Trubel und Rummel der Großstädte.

Bossey

Robert Trent Jones jun.
Genf, Schweiz/Frankreich

Loch	Länge	Par	Loch	Länge	Par
1	350	4	10	325	4
2	470	5	11	350	4
3	365	4	12	200	3
4	165	3	13	450	5
5	360	4	14	210	3
6	185	3	15	515	5
7	400	4	16	220	3
8	500	5	17	325	4
9	335	4	18	420	4
Total	3130	36	Total	3015	35
			Insgesamt	6145	71

Sollte sich die Landkarte Europas dermaßen verändert haben? Der Golf and Country Club Bossey liegt auf französischem Gebiet, etwa 7 Kilometer entfernt vom Stadtzentrum von Genf in der Schweiz. Eine überraschende, sehr ungewöhnliche Konstellation. Das Clubhaus, ein Schloß »Crevin« aus dem 17. Jahrhundert, überragt die ganze Genfer Metropole. Auf der anderen Seite der Anlage liegen die steilen Hänge des Saleve-Gebirges. Die Statuten der Gesellschaft, der das Gelände gehört, und der Aktiengesellschaft der Clubmitglieder sind für beide Länder gültig. Vom juristischen Standpunkt betrachtet ist der Club französisch, doch in Wirklichkeit kosmopolitisch.

Den Entwurf der Anlage vertraute man Robert Trent Jones an, und ihm gelang ein Kurs allererster Güte. Dabei war man sich über lange Zeit nicht sicher, ob er ein Erfolg werden würde. Im Gegensatz zu vielen anderen Anlagen, wo sich die Position der Löcher fast von selbst ergibt, war man hier gezwungen, alles vollkommen neu zu konzipieren – hier mußten im wahrsten Sinne des Wortes Berge versetzt werden, um das Resultat zu erzielen, das sich dem Golfer heute bietet. Der allgemeine Eindruck, den man nach einer Runde auf der 18-Loch-Anlage mitnimmt: Sie ist ein gelungener Kompromiß zwischen typisch amerikanischer Bauweise, mit schnellen Greens und großen Sandbunkern, und der schottischen Architektur.

Trent Jones hat es verstanden, aus den Hängen und Windungen des Terrains einen Vorteil für seinen Entwurf zu ziehen, wobei er an manchen Stellen bis an die Grenze des Machbaren gehen mußte. Der Par-72-Kurs über 6145 Meter, inklusive Backtees, besteht fast nur aus Doglegs, außerdem gibt es zwei Seen und 70 Bunker, dafür allerdings ein Rough, das eigentlich keines ist. Das Panorama ist phantastisch, vor allem am 4. Loch, einem Par 3 mit seinem Blick auf Genf und am 18., einem langen Par 4 mit einem See direkt hinter dem Green. Manche Löcher sind geradezu teuflisch schwer zu spielen, beispielsweise das 5., ein Par 4, bei dem sich jeder Golfer entsprechend seiner Fähigkeiten zwischen einer risikoreichen und einer eher vorsichtigen Variante entscheiden muß. Beim 13. Loch kann man das Green theoretisch mit zwei Schlägen erreichen.

Die Rückrunde ist etwas überraschend angelegt, mit zwei Par-4-Löchern, einem gleich zu Beginn und einem zweiten am Ende. Dazwischen liegen eine ganze Reihe von Par 3 und Par 5. Die ersteren sind alle ausgesprochen lang, viele messen von den Backtees aus gerechnet über 200 Meter.

Alles in allem ist der Kurs äußerst selektiv und verlangt vor allem Präzision.

Das 13. Loch, ein Par 5.

Princeville Makaj

Robert Trent Jones jun.
Kauai, Hawaii

Hawaii ist ein Paradies für typische Sonnen-Golfanlagen. Diese Insel ist von so faszinierender Schönheit, die Landschaft so abwechslungsreich und vielseitig, daß sie für Golfanlagen geradezu prädestiniert zu sein scheint. Im Norden der Insel Kauai, die man oft auch die »Garteninsel« nennt, liegt Princeville mit seinen vielseitigen Freizeiteinrichtungen, darunter auch einer Golfanlage mit insgesamt 27 Löchern. Die drei 9-Loch-Anlagen, der »Ocean«, der »Woods« und der »Lake«, verfügen alle über einen ganz eigenen Charakter und sind gleichermaßen für Wettspiele geeignet.

Zuerst zum »Ocean«. Hier dominieren zwei ausgesprochen spektakuläre Par 3: Das 3. Loch ist sicherlich eines der schönsten existierenden Par 3 überhaupt, mit seinem hochgelegenen Tee und dem tiefen Green; ein See liegt vor dem Green, dahinter ein tropischer Dschungel und die wunderschöne Bucht von Hawaii, im Hintergrund die Berge.

Am 7. Loch, ebenfalls einem Par 3, überquert man sozusagen den Pazifischen Ozean. Tatsächlich gibt es hier vom Abschlag bis zum Green, auf 180 Metern (vom Backtee aus), nichts als Wasser – oder jedenfalls fast nichts . . . Die Löcher 4, 6 und 9 sind alle Par 4 – und von nicht zu unterschätzendem Kaliber.

Das »Monster« von Princeville ist das 6. Loch des Woods-Kurses, ein äußerst tückisches Par 4 über 404 Meter inklusive Backtees, auf dem man fast grundsätzlich mit Gegenwind zu rechnen hat. Das Green ist wirklich schön, umgeben von einer ganzen Reihe von Eichen. Eine weitere Besonderheit dieses Kurses sind die terrassenförmig angelegten Fairways und der berühmte Bunker am 8. Loch, der »Zen«, der sich praktisch entlang des ganzen Lochs schlängelt, mit drei Felsbrocken in der Mitte, die dem Ganzen den Eindruck eines japanischen Gartens verleihen.

Auch auf dem dritten Kurs, dem »Lake« gibt es Wasser in Hülle und Fülle. Den Höhepunkt bildet das 9. Loch, wo man mit dem Drive über einen See schlagen muß; das gleiche gilt für den zweiten Schlag, da das Green direkt hinter einem zweiten Wasserhindernis liegt. Im allgemeinen sind sowohl die Fairways als auch die Greens sehr großzügig angelegt, dadurch wird der Kurs ganz besonders vielseitig.

Das 3. Loch des »Ocean«, mit seinem hochgelegenen Tee und dem tiefen Green – eine ausgesprochen spektakuläre Bahn.

Ocean			Woods			Lake		
Loch	Länge	Par	Loch	Länge	Par	Loch	Länge	Par
1	375	4	1	329	4	1	316	4
2	550	5	2	169	3	2	454	5
3	158	3	3	473	5	3	402	4
4	328	4	4	359	4	4	203	3
5	463	5	5	344	4	5	282	4
6	383	4	6	404	4	6	369	4
7	180	3	7	390	4	7	183	3
8	315	4	8	169	3	8	399	4
9	357	4	9	450	5	9	466	5
Total	3109	36	Total	3087	36	Total	3074	36

Sentryworld

Robert Trent Jones jun.
Wisconsin, Vereinigte Staaten

In Sentryworld kommt es grundsätzlich darauf an, überlegt zu spielen, vor allem die Par 5 mit viel Bedacht anzugehen, nur so läßt sich hier ein Birdie erzielen. Und unter manchen Par 4, wie beispielsweise dem 17. Loch, mit einem Dogleg nach rechts, leiden sogar die Pros.

Robert Trent Jones jun. ist es gelungen, Sentryworld etwas zu geben, was kein Golfer so schnell vergißt. »Das ist meine Mona Lisa«, bestätigt er selbst.

Im Jahre 1984 erwies das Magazin »Golf Digest« Sentryworld übrigens die Ehre, es zum besten neuen Golfplatz der Staaten zu erklären. 1985, nur zwei Jahre nach der Eröffnung, wurde hier der Sentry Challenge Cup ausgetragen, an dem auch die großen Stars des Circuits teilnahmen. Und die Pros äußerten sich begeistert: Man beurteilte den strategisch anspruchsvollen und attraktiven Kurs sehr positiv. Doch was ist so Besonderes an diesem Platz in der Nähe der Stadt Stevens Point im Staate Wisconsin?

Zuerst einmal der ästhetische Aspekt – die Anlage ist zweifellos außerordentlich attraktiv. Das spektakulärste Loch ist das 7., mit der herrlichen Blumenbepflanzung entlang des Fairways, in mehr als vierzehn verschiedenen Farben. Eingebettet in diese üppige Vegetation liegt das Green – wer auf diesem Par 3 verzieht und mit dem Ball nicht direkt das Green trifft, kann ihn zwischen den Blumenstauden suchen. Schon am Abschlag des 1. Lochs atmet man den Duft der Geranien.

Am 12. Loch, einem Par 3 über 198 Meter, hat man es dagegen mit einem beeindruckenden Wasserhindernis zu tun, das vom Abschlag bis zum Green reicht. Birken und Kiefern dominieren auf dem Gelände, das übrigens mit nicht weniger als 83 Sandbunkern übersät ist. Inmitten eines dieser Bunker – auf dem Fairway des 5. Lochs – steht sogar ein Baum. Dieses Loch ist übrigens ein sehr attraktives Par 5, mit einem langgezogenen Wasserhindernis auf der linken Seite. Das Green ist nur sehr schwer mit zwei Schlägen zu schaffen.

Ein weiteres Wasserhindernis liegt direkt vor dem Green des 17. Lochs. Und am 18. wird das ganze Fairway von Sandbunkern »begleitet«.

Dies ist ein ganz besonders ästhetischer Golfplatz, mit seinen riesigen, bunten Blumenbeeten, so auch hier, am 7. und 16. Loch.

Loch	Länge	Par	Loch	Länge	Par
1	381	4	10	358	4
2	374	4	11	487	5
3	365	4	12	198	3
4	162	3	13	356	4
5	469	5	14	465	5
6	372	4	15	410	4
7	179	3	16	152	3
8	326	4	17	371	4
9	458	5	18	381	4
Total	3086	36	Total	3178	36
			Insgesamt	6264	72

Tournament Players
Pete Dye
Florida, Vereinigte Staaten

Über das Ziel war man sich von Anfang an einig: Es sollte ein schwieriger und abwechslungsreicher, aber nicht übermäßig langer Kurs entstehen. Und genau das gelang den beiden Architekten Pete Dye und Deane Beman, dem Direktor der amerikanischen PGA. Dieser Platz in Florida, der seit 1982 den Rahmen für die berühmten Tournament Players Championships bildet, außerdem ständiger Sitz der American PGA ist, ist ein wirklich großer Turnierkurs, der nicht nur die Stars überzeugt hat. Es gibt da zwar eine Anekdote, die besagt, Jerry Pater, der Sieger der ersten TPC, hätte Pete Dye und Deane Beman ins Wasser geworfen, doch das ist im Grunde auch nichts anderes als eine Geschichte, die das Talent der beiden würdigen soll. Doch überrascht war man schon, auf dem Kurs briefmarkengroße Greens und inselartige Fairways vorzufinden. Der 6269 Meter lange Par-72-Kurs, der auf einer Insel südwestlich von Jacksonville in Florida liegt, ist unter anderem das erste echte Golfstadion, das je gebaut wurde. Unzählige kleine Hügel wurden hier künstlich angelegt, um den Zuschauern des Turniers einen besseren Überblick bieten zu können. Die beiden Amphitheater am Tee des 1. und 18. Lochs sind wirklich eindrucksvoll. Eine weitere praktische Einrichtung: Die Löcher 1 und 10 sind sich sehr ähnlich, was insofern günstig ist, als die Pros, die das Turnier am 10. Loch beginnen, denen gegenüber, die am 1. Loch starten, nicht benachteiligt sind.

Pete Dye hatte von einem sehr natürlichen Golfkurs geträumt, mit vier Löchern, die alle in eine andere Himmelsrichtung gespielt werden und unterschiedlich lang sind. Und genau das gibt es hier.

Die beiden kontroversesten sind zweifellos die Löcher 4 und 17. Vor dem Green des 4. Loches liegt ein Wasserhindernis, während das 17. ein kleines Par 3 ist, bei dem es darauf ankommt, das Green zu treffen, sonst landet der Ball unweigerlich im Wasser. Bei den TPC hat sich immer wieder erwiesen, daß dieses Loch ein besonders dramatisches ist. Die Fairways wirken ausgesprochen eng, die kleinen Eichen- und Palmengruppen am Rande machen auch nicht unbedingt einen »unschuldigen« Eindruck. Die beiden »Monster« des Kurses (neben dem 17. Loch) sind die Bahnen 9 und 18, und das selbstverständlich auch nicht zufällig. Das 9. Loch ist ein Par 5, übersät mit Hindernissen aller Art. Das letzte, das 18. Loch mit seinen 402 Metern Länge ist ein hervorragendes Finishing-hole. Auf der linken Seite des Fairways liegt ein See, hier empfiehlt sich ein sehr präziser Drive nach rechts, möglichst mit einem Hook. Das Green ist relativ groß, ganz im Gegensatz zu den übrigen auf diesem Parcour, mit einigen Sandbunkern auf der linken Seite und verschiedenen Neigungswinkeln. Wie man sieht, ist dieser Kurs ein Prototyp dessen, was man gemeinhin als »Target Golf« bezeichnet. Die kleinste Abweichung von der Ideallinie und der Ball landet mit Sicherheit in einem Hindernis, zwischen den Bäumen, im Wasser oder auf einem der Sandstrände. Dazu muß man wissen, daß der Teil des TPC Course, auf dem gespielt und das auch gepflegt wird, im Gegensatz zu einer weitverbreiteten Meinung auf einem nur etwa 25 Hektar großen Gelände angelegt ist, also erheblich unter dem in Amerika üblichen Standard liegt. Im übrigen: Sand und dichtes, hohes Gras . . .

Die berühmte Insel mit dem 17. Loch, aufgenommen vom Green des 16.

Loch	Länge	Par	Loch	Länge	Par
1	355	4	10	361	4
2	467	5	11	484	5
3	148	3	12	307	4
4	329	4	13	157	3
5	415	4	14	401	4
6	348	4	15	390	4
7	401	4	16	454	5
8	197	3	17	121	3
9	532	5	18	402	4
Total	3192	36	Total	3077	36
			Insgesamt	6269	72

Crooked Stick

Pete Dye
Indiana, Vereinigte Staaten

Loch	Länge	Par	Loch	Länge	Par
1	318	4	10	367	4
2	379	4	11	489	5
3	175	3	12	390	4
4	391	4	13	146	3
5	556	5	14	409	4
6	173	3	15	454	5
7	408	4	16	431	4
8	380	4	17	183	3
9	478	5	18	382	4
Total	3258	36	Total	3251	36
			Insgesamt	6509	72

Diesen Platz kennt Pete Dye wie seine Westentasche, nicht umsonst arbeitet er mittlerweile seit zwanzig Jahren mit dem Club eng zusammen. Da er selbst aus Indianapolis stammt, hat er für den Kurs Crooked Stick, auf dem schon ganz große Turniere stattgefunden haben, eine besondere Vorliebe. Damals war die Arbeit an diesem Kurs für ihn eine hervorragende Gelegenheit, bekannt zu werden und viele architektonische Ideen zu verwirklichen.

Der private Club hat sich von Beginn an nur dem Golfsport verschrieben. Sämtliche Anstrengungen und Investitionen kommen demnach auch direkt den Mitgliedern zugute, da sie nur zur Verbesserung und Instandhaltung des Platzes dienen. Das Niveau des Kurses ist dementsprechend hoch, auch wenn das High Handicap seit einigen Jahren – eigentlich kein Handicap mehr ist. Die Anlage von Crooked Stick ist ein typisches Beispiel für den Stil von Pete Dye, vor allem, was die Hindernisse betrifft, mit kleinen Schutzwällen rund um die Wasserhindernisse und Greens. Für ihn bedeutete dieser Kurs den Durchbruch, auch wenn es einige Zeit brauchte, bis man den wahren Wert von Crooked Stick erkannte.

Das Loch, das Dye persönlich am besten gefällt, ist das 13., ein kurzes, aber nicht ungefährliches Par 3 über 146 Meter, ganz natürlich angelegt, wie es sich für ein wirklich großes Golfloch gehört. Bei den Bauarbeiten gab es so gut wie keine Probleme, da die Voraussetzungen des Geländes vom Abschlag bis zum Green ideal waren. Für den Golfer empfiehlt es sich, beim Pitch zum Green möglichst gerade zu schlagen. Ein Draw, und man landet unweigerlich im Graben auf der rechten Seite, oder, was noch unangenehmer wäre, in dem kleinen Bach. Das Green erinnert ein wenig an ein Zelt, da es sowohl nach vorn als auch nach hinten abfällt. Wenn die Fahne sehr weit hinten plaziert ist, muß man das Loch im Grunde blind spielen. Bunker gibt es dort nicht – glücklicherweise, es ist auch so schon schwierig genug.

Riesige Bunker »bewachen« das Green des 11. Lochs, eines Par 5 über 489 Meter.

Oak Tree

Pete Dye
Edmond, Oklahoma, Vereinigte Staaten

Das Green des 2. Lochs, eines Par 4.

Innerhalb von nur zehn Jahren hat sich Oak Tree einen hervorragenden Ruf in der Golfwelt erworben. Dieser Meisterschaftskurs wird immer wieder von den verschiedensten Fachpublikationen als einer der besten Plätze in den Vereinigten Staaten bezeichnet. Die Anlage mit insgesamt 54 Löchern ist riesig und bezaubernd schön.

Dem Architekten Pete Dye ist mit diesem Platz eines seiner attraktivsten Werke gelungen. Von ihm stammt der Entwurf des 18-Loch-Meisterschaftskurses. »Zweifellos einer der besten Inlandkurse der Welt, wenn nicht sogar der beste überhaupt«, so Pete Dye selbst. Wichtig jedoch, diesem völlig flachen Gelände in Oklahoma eine neue Struktur, ein Relief zu geben. Dabei scheute man sich nicht, Tausende von Kubikmetern Erde von einer Stelle an eine andere zu schaffen.

Ein Hauch von Schottland liegt über den breiten, gewellten Fairways. Exzellente Par 4 gibt es hier, beispielsweise das 1. Loch, ein ausgesprochen schwieriger Anfang, sowie die Bahnen 11, 14, 15 und 18. Außerdem findet man einige sehr subtile Par 3, wie die Löcher 4 (»Waterloo«), 8 und 13 (»Postage Stamp«).

Die Konkurrenten bei den US-Amateur-Meisterschaften, die hier beispielsweise 1984 ausgetragen wurden, haben sich auf diesem typischen Pete-Dye-Kurs mit Sicherheit nicht gelangweilt. Typisch sind vor allem die zahlreichen Wasserhindernisse, die schottischen »pot bunker« und die Greens, die in die verschiedensten Richtungen geneigt sind. Der Oak Tree Club ist hervorragend strukturiert, mit Touring Pros wie Dave Edwards, Mark Hayes, Gil Morgan, Doug Tewel und Bob Tway, alles Mitglieder der American PGA. Ein Satz faßt den Einfluß, den Pete Dye in Oak Tree ausübt, zusammen: »Oak Tree wurde im Jahre 1540 von Francisco Coronado entdeckt und später geringfügig von Pete Dye modifiziert.«

Loch	Länge	Par	Loch	Länge	Par
1	403	4	10	347	4
2	358	4	11	426	4
3	534	5	12	407	4
4	183	3	13	136	3
5	539	5	14	414	4
6	345	4	15	397	4
7	402	4	16	438	5
8	156	3	17	183	3
9	392	4	18	353	4
Total	3312	36	Total	3101	35
			Insgesamt	6413	71

Honors Course

Pete Dye
Tennessee, Vereinigte Staaten

Loch	Länge	Par	Loch	Länge	Par
1	367	4	10	398	4
2	475	5	11	514	5
3	178	3	12	325	4
4	396	4	13	360	4
5	420	4	14	143	3
6	499	5	15	405	4
7	400	4	16	154	3
8	188	3	17	452	5
9	337	4	18	412	4
Total	3260	36	Total	3163	36
			Insgesamt	6423	72

Diesen Platz hat man schon oft mit dem Augusta National verglichen. Das ist zwar sehr schmeichelhaft, vielleicht jedoch dennoch ein wenig übertrieben. In Wirklichkeit ist Augusta viel künstlicher, da man das ursprüngliche Gelände erheblich veränderte. Honors Course ist natürlich geblieben. Es ist allerdings richtig, daß Jack Lupton, der Initiator dieses Projekts und Präsident des Clubs, immer ein zweites Augusta schaffen wollte – möglicherweise unbewußt. Und zwar aus zwei Gründen: Erstens ist er selbst Mitglied des berühmten Golfclubs in Georgia, zweitens war der legendäre Bobby Jones von jeher sein größtes Idol.

Der Club etablierte sich innerhalb kürzester Zeit, schon nach wenigen Monaten waren sich die Experten einig, daß er zu den attraktivsten in den Vereinigten Staaten gehört. Auf der erst im Juli 1983 fertiggestellten Anlage stimmt ganz einfach alles. Sie liegt in Tennessee, unterhalb der White Oak Mountains, ganz in der Nähe der Stadt Chattanooga auf einem insgesamt 200 Hektar großen, herrlich ruhig gelegenen Gelände, weitab von jedem Großstadttrubel. Ein idealer Rahmen für eine erfolgreiche Golfrunde. Jack Lupton hat immer großen Wert darauf gelegt, »seinen« Parcour zu einem Treffpunkt der Amateure zu machen. Nach fast dreißig Jahren vergeblicher Suche und Enttäuschungen hatte man endlich das richtige Gelände gefunden.

Um einige wichtige Persönlichkeiten des Golfsports zu ehren, hat man übrigens den Löchern Namen gegeben. So heißt das 15. Loch, eines der schwierigsten, »Cary Middlecoff«. Das Green wird durch mehrere Felsen abgeschirmt, ebenso wie an Loch 7, 8 und 9. Um den Kurs noch selektiver zu machen, wurden zahlreiche Wasserhindernisse zusätzlich angelegt – schließlich sollten hier, auf Wunsch von Jack Lupton, hauptsächlich große Amateurturniere und von der USGA geförderte Wettspiele ausgetragen werden können. Man sollte nicht annehmen, es handle sich hierbei um einen einfachen Kurs, auch wenn der Name der Stadt Ooltewah, in der der Club liegt, in der Sprache der Cherokeesen soviel wie »Ort der Erholung« bedeutet. Die Indianer hätten sich sicherlich darüber gefreut, daß man dieses faszinierende Gelände in seiner ursprünglichen Art erhalten, ja es sogar noch verschönern konnte. Denn hierbei handelt es sich – und das ist in Amerika eine Ausnahme – um einen echten Golf- und keinen Country Club. Kein Schwimmbad, keine zusätzlichen Sport- und Freizeiteinrichtungen, keine großen Hotels oder Apartmenthäuser, nur ein bezauberndes Clubhaus und eine Lodge, um eventuelle Gäste unterbringen zu können.

Der Honors Course – eine Hommage an alle Golfamateure!

Das Green des 9. Lochs, das sehr schwierig zu erreichen ist.

Mission Hills

Arnold Palmer und Ed Seay
Kalifornien, Vereingte Staaten

Das 13. Loch des »New Course«, eingeweiht im Jahre 1978.

Wenn man von der Qualität der Professionals ausgeht, die dem Mission Hills Country Club bei Rancho Mirage beigetreten sind, so kann man sagen, daß dieser Club, der übrigens über mehrere Kurse verfügt, einer der bedeutendsten in den Staaten ist. Fred Couples, John Hook, Gil Morgan, die Proetten Judy Rankin und Sandra Palmer – eine Liste internationaler Stars.

Man kann also folglich davon ausgehen, daß die Qualität der Einrichtungen nichts zu wünschen übrig läßt. Dabei ist bis heute nur die Spitze des Eisbergs zu sehen – wenn man mitten in Kalifornien überhaupt von einem »Eisberg« reden kann –, da die für die nächste Zukunft von den Verantwortlichen geplanten Projekte enorm sind. Bis 1991 will man weitere 90 Meisterschafts-Löcher angelegt haben, momentan sind es »nur« 45.

Der erste 18-Loch-Kurs ist übrigens ein Werk des großen Arnold Palmer, der mit diesem »New Course« die Serie 1978 einleitete. Ein weiterer Parcours folgte kurze Zeit später, entworfen von Desmond Muirhead. Hier wird alljährlich das Nabisco Dinah Shore ausgetragen, ein bedeutendes Damenturnier. Der dritte Kurs schließlich, den man der architektonischen Kunst von Pete Dye verdankt, wurde im Januar 1987 fertiggestellt. Selbstverständlich kann man ein derartiges Mammutprojekt nicht von heute auf morgen realisieren, doch die Voraussetzungen des Geländes waren hervorragend, so daß man ein optimales Ergebnis erzielen konnte. Der von dem großen Arnold Palmer gestaltete Kurs hat folgendes charakteristisches Merkmal: Auf neun der achtzehn Löcher befinden sich die verschiedensten Wasserhindernisse, so beispielsweise am 18. Loch, einem Par 5 über 485 Meter, das mit kleineren und größeren Wasserlöchern geradezu übersät ist. Dieser Par-72-Kurs (36-36) ist zwar mit seiner Gesamtlänge von 6212 Meter, von den blauen, den Meisterschafts-Tees gemessen, beziehungsweise 5737 Metern von den weißen Abschlägen und 5092 Metern von den Damen-Tees, nicht sehr lang, man sollte ihn jedoch keinesfalls unterschätzen. Wie anspruchsvoll und schwierig er ist, davon konnten sich auch die Teilnehmer der großen American Tour 1981 überzeugen. Ebenso wie die Pros, die hier 1985 ihre National Championships veranstalteten, und die Teilnehmerinnen des berühmten Nabisco Dinah Shore Pro-Am Tournaments. Diejenigen unter ihnen, die das Par schafften oder gar ein Birdie, beispielsweise am 9. Loch der Hinrunde oder am 12. Loch der Rückrunde, einem Dogleg nach rechts mit einem Wasserhindernis am Abschlag und einem schwierigen Green, kann man wohl an den Fingern einer Hand abzählen. Es gibt in Mission Hills übrigens sehr häufig Greens mit Pencross, die außerordentlich gut gepflegt und daher sehr schnell sind. Man spielt übrigens auf Sandboden – immerhin liegt man nur etwa 6 Kilometer westlich von Palm Springs.

New Course

Loch	Länge	Par	Loch	Länge	Par
1	369	4	10	336	4
2	382	4	11	140	3
3	467	5	12	382	4
4	144	3	13	366	4
5	377	4	14	368	4
6	475	5	15	442	5
7	164	3	16	349	4
8	377	4	17	193	3
9	396	4	18	485	5
Total	3151	36	Total	3061	36
			Insgesamt	6212	72

Sawgrass

Arnold Palmer und Ed Seay
Ponte Vedra, Florida, Vereinigte Staaten

Sawgrass ist eine so riesige, so vielseitige Anlage mit 63 Golflöchern, mehreren Tennisplätzen, Schwimmbädern und einem Reitzentrum, daß man sich schon einmal verirren kann. Was das Golfspiel selbst angeht, so hat man sich mit Kleinigkeiten nicht aufgehalten. Die Verantwortlichen der Arvida Corporation und damit auch der Walt-Disney-Gesellschaft wollten wirklich große Plätze erschaffen. Und es ist nicht zu leugnen – das Resultat ist ausgesprochen gut. Die Spezialisten irren sich mit Sicherheit nicht, wenn sie den Oceanside Course, kreiert von Ed Seay, und den TCP Course, entworfen von Pete Dye, regelmäßig zur Elite der großen amerikanischen Golfplätze rechnen. Der Oceanside besteht aus 27 Löchern; die letzten neun, der South Course, wurden 1984 eingeweiht. Die Kurse East und West bildeten den ursprünglichen Parcour, der seinen »Adelstitel« dadurch erhielt, daß er zeitweise Sitz der amerikanischen PGA war und von 1977 bis 1981 die TCP austragen konnte. Die Champions trafen sich häufig auf diesem Kurs, auf dem das Spiel so oft von Wind beeinflußt wird und der zwar reizvoll, aber auch gefährlich ist und sehr viel Präzision und Können verlangt.

Wasserhindernisse findet man auf insgesamt 14 Löchern, die Bunker sind breit und taktisch klug plaziert, ebenso wie die Greens.

Die neue 9-Loch-Anlage ist ebenso alles andere als eine Erholung. Wer feststellen will, wie intelligent dieser Kurs angelegt ist, braucht nur das 6. Loch zu spielen, das geradezu teuflisch ist, oder das besonders schöne 9. Loch, mit seinen fünf hochgelegenen Tees inmitten von Eichen, Kiefern und Palmen.

East			West			South		
Loch	Länge	Par	Loch	Länge	Par	Loch	Länge	Par
1	341	4	1	379	4	1	360	4
2	357	4	2	466	5	2	159	3
3	176	3	3	171	3	3	350	4
4	458	5	4	405	4	4	386	4
5	380	4	5	353	4	5	409	4
6	176	3	6	184	3	6	486	5
7	388	4	7	317	4	7	166	3
8	468	5	8	387	4	8	373	4
9	405	4	9	454	5	9	469	5
Total	3149	36	Total	3116	36	Total	3158	36

»The Oceanside«, mit seinen hervorragend konzipierten, riesigen Bunkern.

Tralee

Arnold Palmer und Ed Seay
Barrow, Irland

Irland liegt zwar ganz in der Nähe von England und Schottland – dennoch entwickelte sich der Golfsport hier erst viel später. Inzwischen kann man sagen, daß dieses kleine Land, das heute über 200 Golfanlagen verfügt, ein wirklich gutes Renomeé in der Welt des Golf hat – der Rückstand ist aufgeholt. Ja mehr noch, die Tradition dieses Sports ist in Irland fest verankert, erstklassige Plätze gibt es mittlerweile zu Dutzenden. Allein in der wunderschönen Region Kerry, im Südwesten des Landes, liegen so hervorragende Anlagen wie Killarney, Bullybunion mit seinen 36 einzigartigen Löchern, Waterville und Tralee.

Tralee ist das jüngste Schmuckstück dieser Reihe. Damit haben die Iren es geschafft, den Golfern der Welt ein Werk zu bieten, das dem auf der Halbinsel Monterey in Kalifornien in nichts nachsteht. In Tralee, einer der hübschesten Städte in Kerry, gibt es zwar bisher nur eine kleine 9-Loch-Anlage. Glücklicherweise haben jedoch private Investoren, die Golf Timesharing Ireland Ltd., rund um den Golfplatz ein eigenes Unternehmen aufgebaut, von dem man in den nächsten Jahren gute Erfolge erwarten kann.

Dieser Kurs, entworfen von Arnold Palmer, ist ein Super-Links. Allein die landschaftliche Kulisse ist überwältigend, mit dem Atlantischen Ozean auf der einen und den Bergen von Kerry auf der anderen Seite, in der Mitte riesige Dünen.

Spannend wird es übrigens gleich am 2. Loch, einem Par 5 über 534 Meter mit einem doppelten Dogleg nach rechts, entlang des Sandstrands gelegen. Vor allem der Drive muß absolut präzise geschlagen werden, auch die anschließenden drei Schläge müssen gelingen, will man das Par schaffen. Am 3. Loch ändert sich die Kulisse. Dieses Par 3 erinnert ein wenig an Pebble Beach, mit seinem höhergelegenen Green. Ein ausgesprochen klassisches Loch. Daran schließt sich eine ganze Serie von Par-4-Löchern an – insgesamt gibt es auf diesem Kurs elf davon –, dann ein Par 3 sowie ein weiteres Par 4, das 8. Loch, vielleicht das trügerischste des ganzen Parcours. Spielen Sie hier nur keinen Draw, sonst läuft Ihr Ball Gefahr, entweder im Wasser zu verschwinden oder zwischen Felsen eingekeilt liegen zu bleiben.

Das schönste Panorama kann der Golfer auf der Rückrunde genießen, vor allem am Abschlag des 13. Lochs. Dieses kleine Par 3 über 139 Meter, sowie das 16. Loch, ebenfalls ein Par 3, über 174 Meter, und das 17. Loch, ein Par 4 über 315 Meter, bieten an einigen Stellen einen spektakulären Blick auf das Meer. Die Fairways schlängeln sich um die Dünen. Insgesamt liegt dieser Platz, was eigentlich sehr selten der Fall ist, auf einem sehr gleichmäßigen Niveau. Vor allem die meist auf einem kleinen Plateau angelegten Greens sind sehr reizvoll und interessant zu spielen. Bei den Bauarbeiten fiel es schwer, wirklich selektive Löcher zu gestalten, es ist auch nicht immer gelungen. Tonnenweise wurden Erde und Sand bewegt, kleine Hügel ließ man abtragen, um so »blinde« Löcher zu vermeiden. Dieser Par 71 (36-35), der Merkmale sowohl eines Inlandkurses als auch eines typischen Links besitzt, wird den Golfern der Umgebung viel Freude bereiten – und den Touristen aller Herren Länder, die in den kommenden Jahren hierher reisen werden, ebenso wie nach Saint Andrews oder Pebble Beach.

Der neueste Golfplatz von Kerry, einer an hervorragenden Plätzen reichen Provinz.

Loch	Länge	Par	Loch	Länge	Par
1	362	4	10	369	4
2	534	5	11	522	5
3	134	3	12	398	4
4	387	4	13	139	3
5	383	4	14	351	4
6	387	4	15	262	4
7	129	3	16	174	3
8	340	4	17	315	4
9	446	5	18	415	4
Total	3102	36	Total	2945	35
			Insgesamt	6047	71

El Kantaoui • Ronald Fream Sousse, Tunesien

Der Blick auf Port el Kantaoui ist für das Auge des Besuchers fast wie ein Schock, so blendend ist das Weiß der Wohnhäuser, so stark der Kontrast zum Blau des Himmels und des Ozeans.

Der Golfkomplex erstreckt sich entlang eines insgesamt über 50 Kilometer langen Sandstrands. Die außergewöhnliche Lage (5 Kilometer von Sousse, 25 Kilometer von Monastir entfernt) sowie ein wunderbares Klima mit milden, sonnigen Wintern boten hervorragende Voraussetzungen für diese erste Anlage, den »Pionier« in Tunesien, fertiggestellt 1978. Außerdem plante man von Beginn an noch weitere Einrichtungen für Touristen ein: ein Dorf mit Boutiquen, Hotels und Freizeitzentren.

Der Golfplatz ist dabei keineswegs nur Nebensache: ein 18-Loch-Kurs, Par 72 (36-36), von den Backtees 6570 Meter, von den Damen-Tees 5260 Meter lang. Tatsächlich hat man bei der Konstruktion nichts vergessen, es wurde alles getan, um die Rasenflächen in gutem Zustand präsentieren zu können – trotz der erheblichen Schwierigkeiten bei der Bewässerung, vor allem im Sommer, wenn man das Wasser aus über 60 Kilometern Entfernung herbeischaffen muß. Die verschiedenen Rasensorten hat man übrigens aus Kalifornien eingeführt. Die hervorragende Konzeption der Strecke verdankt man dem amerikanischen Architekten Ronald Fream und seinem Team, die hier wirklich gute und vor allem originelle Arbeit geleistet haben. Die ersten Löcher sind nach klassischem Muster angelegt, die breiten Greens allerdings bestens bewacht. So ist beispielsweise auch das 3. Loch – ein Par 3 über 157 Meter – mit einem enormen Sandbunker von etwa 60 Metern Länge auf der rechten Seite entlang des Greens versehen. Der Abschlag des 5. Lochs, eines Par 5 über 500 Meter, liegt am Fuße einer Steigung; hier darf man sich nicht täuschen: Der Pitch ist lange nicht so einfach, wie es den Anschein hat, da das Green ausgesprochen gut bewacht ist. Nach den anfangs so sanften Hügeln wird das Gelände nun bedeutend rauher. Die Löcher 6 und 7 liegen entlang der hohen Steilküste, 75 Meter über dem flachen Land. Am 8. Loch muß man sich entscheiden – auf der linken Seite liegt die Steilküste, auf der rechten ein Olivenhain.

Am 7. Loch rächen sich Hook und Slice gleichermaßen. Der Drive muß hier blind geschlagen werden, auf der linken Seite die »unfreundliche« Steilküste, auf der rechten das unübersichtliche Fairway.

Am Abschlag des 8. Lochs erkennt man sofort, warum hier Erde aufgeschüttet wurde: Hier liegt der höchste Punkt des ganzen Parcours. Man hat einen wunderbaren Blick auf die ganze Anlage von Port el Kantaoui, im Süden kann man auch die Stadt Sousse erkennen. Für den Drive empfiehlt sich ein langes Eisen oder ein Holz. Mit dem 9. Loch, einem Par 5 über 576 Meter, endet der »Abstieg« in die Ebene. Ein künstlich angelegter See bewacht das Green, ebenso das des 18. Lochs, eines Par 4 über 397 Meter. Wenn hier der Drive zu schwach geschlagen wird, vergrößern sich die Probleme beim Pitch zum Green erheblich. Das gilt vor allem für nicht ganz so kräftige Damen, die dann mit dem zweiten Schlag den Ball über die ganze Breite des Sees setzen müssen.

Doch nun zu der dritten »Facette« dieses interessanten Kurses: Die Löcher 12, 13, 14 und 15 zwischen dem Strand und dem Palmenhain sind zweifellos von ganz besonderer Originalität. Das beste Beispiel bietet das Green des 13. Lochs, das auf zwei Ebenen angelegt ist. Das 14. Loch schließlich liegt direkt am Meer, und zwar so nahe, daß die Auslinie mitten durch den Strand verläuft. Das Loch ist zum Teil künstlich angelegt, mit einem sehr schwierig zu erreichenden, da sehr hochgelegenen Green.

El Kantaoui ist ein exzellenter Kurs, auf dem man getrost attackieren kann. Seine »Weihe« erhielt er übrigens durch die Austragung der Tunesian Open.

Loch	Länge	Par	Loch	Länge	Par
1	364	4	10	384	4
2	388	4	11	514	5
3	157	3	12	396	4
4	425	4	13	153	3
5	500	5	14	370	4
6	319	4	15	521	5
7	403	4	16	164	3
8	191	3	17	348	4
9	576	5	18	397	4
Total	3323	36	Total	3247	36
			Insgesamt	6570	72

Panorama des bisher einzigen Golfplatzes in Tunesien.

Sentosa

Ronald Fream
Singapur

Singapur ist eine Insel – und Sentosa ebenfalls, etwa 500 Meter von der Hauptinsel entfernt. Die Anlage ist so etwas wie ein Zentrum für Freizeit und Erholung für die einheimische Bevölkerung. Dazu gehört auch der – allerdings private – 18-Loch-Platz des Sentosa Golf Clubs, der 1960 eingeweiht wurde. Er war lange Zeit der einzige auf der Insel, doch aufgrund der erheblich gestiegenen Nachfrage sah man sich schon bald gezwungen, über den Bau eines neuen Kurses nachzudenken. Im Jahre 1977 wurde man sich dann einig. Der Platzmangel bereitete den Architekten einiges Kopfzerbrechen. Es stellte sich schnell heraus, daß man sich »aufs Wasser« begeben mußte, insgesamt 35 Hektar mußten gewonnen werden. Doch das war noch lange nicht genug. Die vorhandenen 35 Hektar waren hauptsächlich Sumpfgebiet und mußten mit den zweiten 35 Hektar auf dem Wasser zu einer Einheit verschmolzen werden. Keine leichte Aufgabe; über zwei Millionen Kubikmeter Erde wurden aus dem Hafen von Singapur nach Sentosa transportiert, nur um eine Grundlage für den Kurs zu schaffen. Das Resultat ist ein Golfplatz voll von Überraschungen, die einen plötzlich aus einem dichten »Dschungel« mitten in die moderne Welt führen – mit Blick auf das World Trade Centre Building.

An Wasserhindernissen mangelt es hier wirklich nicht: Am 5. Loch benötigt man einen Carry über 150 Meter, um über den See zu kommen, am 9. Loch erstreckt sich das Wasserhindernis über 400 Meter entlang des Fairways, am 13. Loch muß der Carry für diejenigen Golfer, die von den Backtees aus spielen, sogar über 225 Meter gehen, das 16. Loch liegt direkt am Meer und auch am 18. bleibt man nicht verschont. Einige der Bunker sind ausgesprochen eindrucksvoll, vor allem der am 14. Loch, einem Par 4 über 405 Meter, mit einer Gesamtlänge von über 50 Metern und 2 Metern Tiefe, er liegt auf der linken Seite des Fairways.

Auch wenn das Klima selbstverständlich völlig andere Voraussetzungen schafft, als man sie von Schottland gewöhnt ist, so erinnert das hügelige Gelände manchmal doch an die berühmten Links. Auf diesem Kurs, den man im Sentosa Golf Club übrigens Serapong nennt, haben sich schon einige Katastrophen abgespielt. Einer der Favoriten bei den Singapur Amateur Championships, die Nummer eins von Hongkong, Dominique Boulet, verließ bei diesem Turnier beispielsweise das 12. Loch mit dem deprimierenden Ergebnis von 14 Schlägen. Der S. S. S. dieses Par-72-Kurses läge im Grunde eher bei 74. Bezeichnend ist, daß es seit der Eröffnung des Parcours noch niemand geschafft hat, auf allen vier Runden unter Par zu bleiben.

Serapong Course

Loch	Länge	Par	Loch	Länge	Par
1	331	4	10	375	4
2	345	4	11	148	3
3	444	5	12	430	4
4	396	4	13	507	5
5	153	3	14	405	4
6	405	4	15	380	4
7	382	4	16	541	5
8	172	3	17	192	3
9	504	5	18	383	4
Total	3132	36	Total	3361	36
			Insgesamt	6493	72

Bei der Realisierung dieses Platzes war nichts einfach – das Ergebnis ist hervorragend.

Desert Falls

Ronald Fream
Kalifornien, Vereinigte Staaten

Loch	Länge	Par	Loch	Länge	Par
1	341	4	10	372	4
2	382	4	11	480	5
3	171	3	12	121	3
4	486	5	13	409	4
5	354	4	14	207	3
6	201	3	15	515	5
7	298	4	16	366	4
8	404	4	17	419	4
9	503	5	18	424	4
Total	3140	36	Total	3313	36
			Insgesamt	6453	72

Dies ist selbstverständlich weder der erste noch der letzte Golfplatz in Palm Springs, wo es mittlerweile sage und schreibe 70 Golfanlagen gibt. Er gehört jedenfalls zu den neuesten Plätzen, seine Einweihung fand Ende 1984 statt. »Ich liebe diesen Kurs ganz besonders, da ich ihn gemeinsam mit meinem ganzen Team konzipiert habe – und weil ich in gewisser Weise viele meiner langgehegten Träume realisieren konnte«, erklärt Ronald Fream. Es gelang ihm, auf diesem 70 Hektar großen, sandigen Gelände einen Platz mit einem in vieler Hinsicht schottischen Charakter anzulegen, mit vielen Bodenwellen und abwechslungsreicher Kulisse. Im Vergleich zu den meisten anderen Anlagen in dieser Gegend ist er wirklich ausgesprochen vielseitig, jedes Loch hat seine Eigenheiten. Man kann also davon ausgehen, daß dieser Platz mit einer Gesamtlänge von 6453 Metern bei Turnieren beziehungsweise 5686 Metern im Normalfall, eine große Zukunft vor sich hat. Er ist sowohl für die großen Stars als auch für die reinen Freizeitspieler interessant und dank seiner sehr langen Abschläge auch für letztere gut zu bewältigen.

Die Par-3-Löcher 6 und 14 kann man wirklich nicht als einfach bezeichnen. Das Green des 14. Lochs ist geradezu gigantisch, mit einer Gesamtfläche von 1600 Quadratmetern, was etwa dreimal so groß ist wie üblich. Drei oder sogar vier Putts sind hier an der Tagesordnung.

Eine weitere Besonderheit ist die extreme Tiefe des Bunkers vor dem Green des 11. Lochs – um hier wieder herauszukommen, benötigte man fast eine Leiter. Ganz wie in Schottland . . .

Das erste Par 3 und möglicherweise sogar das schönste des Kurses ist das 3. Loch.

Jones Creek

Rees Jones
Augusta, Georgia, Vereinigte Staaten

Das 15. Loch, ein weiteres hervorragendes Par 3, inmitten eines kleinen Waldes.

Mitglied im Augusta National zu werden, ist schon seit langer Zeit völlig unmöglich, die Aufnahmefähigkeit ist erschöpft. Auch der andere Club in Augusta, der Augusta Country Club, hat eine ungeheuer lange Warteliste, außerdem wird nach äußerst strengen Auswahlkriterien beurteilt. Schon aus diesem Grund erwies sich der Bau einer neuen Anlage in Augusta als notwendig. Und um vom fast magischen Namen dieser Gegend zu profitieren, wollte man ihn zunächst auch »Augusta ...« nennen. Doch man entschied sich schließlich für »Jones Creek«, ein zumindest ebenso symbolträchtiger Name, in Erinnerung an den legendären Bobby Jones, der den Ruhm dieser Gegend begründet hatte. Tatsächlich stammt der Name jedoch von dem kleinen Fluß, der in dieser Region fließt und der wiederum nach seinem Besitzer, einem gewissen Mr. Jones benannt wurde. Der Name hat also auch nichts mit dem berühmten Architekten gleichen Namens zu tun – mit Rees Jones, dem Sohn des berühmten Robert Trent Jones.

In diesem Winkel Georgias fand Rees ein hervorragend geeignetes Gelände vor. Mit unwahrscheinlich viel Raum – so nehmen beispielsweise die Fairways nur etwa 15 der 85 Hektar dieses Golfplatzes ein. Die Wege zwischen Tee und Green sind so weit, vor allem vom Green des 8. Lochs bis zum Abschlag des 9., daß es sich wirklich empfiehlt, ein Cart zu mieten.

Die Vegetation ist bezaubernd, überall blühen wilde Blumen, so auch am 2. Loch, einem Par 3, mit einem See und sechs verschiedenen Tees. Der Parcour ist sehr hügelig und die Löcher unterscheiden sich gänzlich voneinander. Der kleine Fluß taucht fast überall auf, so auf den Bahnen 2, 8, 11, 13, 14, 15, 16 und 18. Überall wurden kleine Hügel aufgeschüttet, um dem Golfer einige Orientierungspunkte zu geben, ein wichtiges Element, da die Fairways meist äußerst schmal sind, so beispielsweise auf den Löchern 13, 14 und 16. Bunker fehlen auf den Fairways übrigens völlig, statt dessen finden sich einige strategisch bestens plazierte Bäume, vorwiegend Eichen und Kiefern.

Die Rückrunde scheint etwas leichter als die Hinrunde zu sein, vor allem stehen hier weniger Bäume. Das 13. Loch erinnert stark an das berühmte Rae's Creek des Augusta National, das 18. hat mit seinem berühmten Gegenstück ebenfalls einiges gemeinsam.

Man sollte sich vom »lächelnden Gesicht« des Kurses allerdings nicht täuschen lassen. Er kann den Spieler innerhalb kürzester Zeit in die Knie zwingen, wenn dieser ihn zu sehr auf die leichte Schulter nimmt. Die – übrigens für die Öffentlichkeit zugängliche – Anlage rechnet man mittlerweile zu den attraktivsten Kreationen der letzten Jahre. Schon ihr Clubhaus, ganz im Stil von Shinnecock Hills, ist eine hervorragende Referenz.

Loch	Länge	Par	Loch	Länge	Par
1	397	4	10	352	4
2	201	3	11	499	5
3	358	4	12	174	3
4	343	4	13	469	5
5	465	5	14	361	4
6	189	3	15	137	3
7	417	4	16	347	4
8	509	5	17	421	4
9	356	4	18	413	4
Total	3235	36	Total	3173	36
			Insgesamt	6408	72

Oyster Reef

Rees Jones
South Carolina, Vereinigte Staaten

Der Oyster Reef Golf Course war der dritte Parcour, der auf der Insel von Hilton Head in South Carolina entstand. Und der dritte des Architekten Rees Jones. Die Bauarbeiten für den Oyster Reef Course wurden 1980 begonnen, im März 1982 konnte der Platz dann seiner Bestimmung übergeben werden. Dabei handelt es sich wahrscheinlich um den Platz, auf dem der Architekt am meisten veränderte, man kann fast sagen, er modellierte ihn wie eine Skulptur. Typisch sind vor allem die grundsätzlich erhöhten Abschläge. Oyster Reef ist nicht gerade ein Riese unter den Golfplätzen, mit seiner Gesamtlänge von 6366 Metern (inklusive Backtees), die allerdings bis auf 4842 Meter verkürzt werden können.

Am interessantesten sind sicherlich die Löcher 6 und 16. Das 6., ein nur 175 Meter langes Par 3, ist ein typisches Beispiel seines Genres. Die Umgebung ist herrlich, gleich hinter dem Green stehen zwei riesige Eichen, auf der rechten Seite findet sich ein kleiner See, im Vordergrund ein großer, perfekt plazierter Bunker. Das Green selbst liegt leicht erhöht. Am 16. Loch, einem weiteren Par 3 von etwas mehr als 190 Metern Länge, kann ein durchschnittlicher Golfer angesichts des Carries, der ihm bevorsteht, leicht in Panik geraten. Die Position des Tees läßt sich übrigens ganz einfach verlegen, was dieses Loch noch interessanter macht. Zwischen dem Green und dem Wasserhindernis liegt auch noch ein Bunker, in dem jeder zu kurz geschlagene Ball unweigerlich landet. Zu lange Bälle sind nicht ganz so tragisch: Ein Grasbunker verhindert, daß er im Rough landet. Schwierig, aber nicht ungerecht – und damit typisch für Oyster Reef.

Loch	Länge	Par	Loch	Länge	Par
1	346	4	10	357	4
2	465	5	11	151	3
3	163	3	12	472	5
4	349	4	13	379	4
5	414	4	14	336	4
6	175	3	15	498	5
7	364	4	16	193	3
8	387	4	17	411	4
9	496	5	18	410	4
Total	3159	36	Total	3207	36
			Insgesamt	6366	72

Das 6. Loch des Oyster Reef: Hier kommt es vor allem auf die richtige Wahl des Schlägers an!

Key West

Rees Jones
Key West, Florida, Vereinigte Staaten

Key West, das ist nicht nur ein berühmter Name, sondern auch ein schöner Golfplatz, dessen Entwurf Rees Jones ganz besonders viel Freude bereitet hat. Er ähnelt in keiner Weise den typischen Plätzen in Florida und dem Bild, das man sich allgemein von ihnen macht. Trotz der geringen Länge dieses Meisterschaftskurses ist es bisher noch keinem Golfer gelungen, den Platzrekord von 69 Schlägen, aufgestellt von Chuck Tosh, auf diesem Par 70 (35-35) zu unterspielen.

Das Problem dieses Kurses? Er liegt auf zwei Ebenen. Davon sind vor allem die Greens betroffen. Beim Entwurf ließ sich der Konstrukteur übrigens von den Werken vieler »alter Meister« inspirieren, ganz besonders von Albert W. Tillinghast und Donald Ross. Die Greens von Key West gehören mit Sicherheit zu den schwierigsten von ganz Florida. Vor allem mit den verschiedenen Neigungswinkeln hat der Golfer zu kämpfen, besonders auf die Schnelligkeit und die Richtung des Balles beim Putting kommt es an. Mit diesen Schwierigkeiten muß man fertig werden, will man ein Birdie erzielen.

Das Gelände dieses Kurses, der auf Stock Island liegt, bildet eine bezaubernde Kulisse inmitten üppiger Vegetation, mit den verschiedensten Baumarten und insgesamt acht Wasserhindernissen, zum Teil natürlich, zum Teil künstlich angelegt. Auf dem Weg über den Platz entdeckt man immer wieder neue, charmante Seiten – und neue Schwierigkeiten. Im Gegensatz zu den meisten anderen Golfanlagen Floridas sind die Fairways hier ausgesprochen gewellt, der Kurs ist nirgends ganz flach. Dies fällt vor allem am 14. Loch auf, einem kleinen Par 3 – einem echten Schmuckstück. Was die letzten vier Löcher anbetrifft, so liegen sie entlang eines der in diesem Staat Amerikas so zahlreichen Sümpfe.

Loch	Länge	Par	Loch	Länge	Par
1	368	4	10	369	4
2	409	4	11	411	4
3	325	4	12	443	5
4	199	3	13	336	4
5	330	4	14	149	3
6	364	4	15	418	4
7	160	3	16	336	4
8	318	4	17	161	3
9	510	5	18	358	4
Total	2983	35	Total	2981	35
			Insgesamt	5964	70

Das 4. Loch von Key West – ein großes Par-3-Loch.

Hell's Point

Rees Jones
Virginia, Vereinigte Staaten

Doch im Grunde ist dieser Par-72-Kurs nicht übermäßig schwer zu spielen. Man sollte sich also von seinem Namen nicht schrecken lassen.

Das 9. Loch mit seinem wirklich eindrucksvollen Sandbunker – typisch Jones, oder nicht?

Obwohl er in einer Region liegt, in der es unwahrscheinlich viele gute Plätze gibt, kann man doch sagen, daß Hell's Point, Virginia Beach, etwas ganz Besonderes ist. Sein Name stammt von einem Bach, dessen Lauf den Kurs an vier Stellen kreuzt.

Übrigens ist der Parcour für die Öffentlichkeit zugänglich.

Acht Löcher werden von Wasserhindernissen begrenzt, daher kommt es hier ganz besonders auf Präzision an. Je kürzer das Loch, desto wichtiger wird der Carry. Glücklicherweise kann man meist zwischen verschiedenen Varianten wählen, von der kürzesten Distanz von 4930 Metern bis zur Gesamtlänge von 6371 Metern bei Wettspielen. Den Platzrekord von 67 Schlägen hält übrigens der Pro der Anlage, John Corliss.

Der Atlantische Ozean liegt nur etwa eine Meile entfernt. Die Sandbunker im Bereich des Drive sind wunderbar weiß, neben den Greens stehen meist ein paar hohe Bäume, wodurch man manchmal an das Innere einer Kathedrale erinnert wird. Auch wenn man überall auf Wasser stößt, so gleicht das 8. Loch eher der Sahara, mit seinem riesigen Bunker, der sich fast vom Tee bis zum Green erstreckt.

Loch	Länge	Par	Loch	Länge	Par
1	491	5	10	400	4
2	429	4	11	149	3
3	401	4	12	392	4
4	180	3	13	344	4
5	362	4	14	450	5
6	360	4	15	164	3
7	374	4	16	557	5
8	144	3	17	303	4
9	454	5	18	417	4
Total	3195	36	Total	3176	36
			Insgesamt	6371	72

Sun City

Gary Player und Karl Litten
Bhoputhatswana, Afrika

Schon fünf Jahre nach seiner Fertigstellung hat man Sun City, diesen riesigen, imponierenden Golfplatz, der nach Entwürfen des schon zu Lebzeiten legendären Südafrikaners Gary Player entstand, in den »Adelsstand« erhoben. Auch die größten Stars der Golfszene, von Jack Nicklaus und Severiano Ballesteros bis zu Lee Trevino oder Lanny Wadkins, haben vor diesem 18-Loch-Kurs großen Respekt. Er gehört der Sun International Society, wie übrigens auch der gesamte Komplex Sun City selbst, dieses mitten in der Wüste aus dem Boden gestampften, neuen »Las Vegas« im Staat Bhoputhatswana.

Es gehörten schon eine gehörige Portion Mut und eine ganze Menge Dollars dazu, ehe man hier ans Ziel seiner Wünsche kam, nämlich innerhalb kürzester Zeit einen Kurs von internationalem Niveau anzulegen. Die schon jetzt so berühmte »One Million Dollar Golf Challenge« gab der ganzen Welt Gelegenheit, Sun City kennenzulernen, nicht nur das Casino, sondern vor allem den phantastischen Golfplatz, der mit einer Gesamtlänge von sage und schreibe 7033 Metern zu den längsten der Welt gehört. Doch für Gary Player und die vielen anderen Golfstars hat Sun City vor allem den Vorteil, daß er sich jeden Tag verändert, zum Beispiel, was die Position der Tees oder die der Fahnen angeht. Jedenfalls kann nur ein wirklicher Könner, ein echter Champion mit diesem Kurs fertig werden. Severiano Ballesteros hat es zweimal geschafft, dieses Monstrum zu bändigen, auch Johnny Miller, Ray Floyd und Bernhard Langer haben ihn mittlerweile ganz gut im Griff. Den Platzrekord hält jedoch der Spanier, mit 274 Schlägen auf 72 Löchern.

Zwei Bahnen sind ganz besonders interessant, sie vergißt so schnell kein Golfer: die Löcher 9 und 18. Das 9., ein Par 5 über 545 Meter, mit Wasserhindernis, Wasserfällen und einem Green in Form einer Insel, ist absolut verrückt, vor allem, wenn die Fahne direkt am Rande des Wasserhindernisses plaziert ist. Am 18. Loch, einem Par 4 über 422 Meter mit einem Dogleg nach links, braucht man unbedingt einen perfekten Drive und einen sehr langen zweiten Schlag, will man das Green unbeschadet erreichen. Auch hier gibt es überall Wasser. Es ist ein exzellentes Finishing-hole.

Doch es gibt auch noch einige andere tückische Fallen. Die meisten der Par 4 sind über 400 Meter lang, die Par 5 alle über 500 Meter. Das längste, das 2. Loch, mißt insgesamt 573 Meter, mit einem Wasserhindernis auf der linken Seite. Alles in allem hat man den Eindruck, Player hätte mit den Fairways jongliert. Sie sind alle mehr oder weniger wellig, die Bunker haben meist die Form eines Kleeblatts oder eines Sterns, zum Teil von gigantischen Ausmaßen, wie beispielsweise am 7. oder 14. Loch, die beide sehr an Pine Valley erinnern.

Gary Player ist hier, im Herzen Afrikas, ein wirkliches Meisterwerk gelungen, man kann wohl sagen, sein bester Kurs überhaupt.

Das 9. Loch mit seinen Wasserfällen.

Loch	Länge	Par	Loch	Länge	Par
1	403	4	10	518	5
2	573	5	11	419	4
3	395	4	12	207	3
4	204	3	13	395	4
5	400	4	14	550	5
6	363	4	15	417	4
7	222	3	16	195	3
8	431	4	17	374	4
9	545	5	18	422	4
Total	3536	36	Total	3497	36
			Insgesamt	7033	72

Boca Grove Plantation

Gary Player und Karl Litten
Florida, USA

Es hat nicht lange gedauert, bis dieser 1981 fertiggestellte Kurs seine »Stammkundschaft« gefunden hatte. Wie so viele andere Golfplätze dieser Gegend, ist auch dieser Kurs Teil einer ganzen Anlage, die in erster Linie für die Bewohner der Umgebung vorgesehen ist, zum größtenTeil reiche und schon ältere Menschen. Was aber nicht heißen soll, es handle sich um einen banalen, ganz einfachen Parcour. Das Team Player-Litten konnte im Gegenteil einen Platz realisieren, der den Anforderungen und Interessen aller Golfer gerecht wird, wobei jedoch die Eignung für große Turniere im Vordergrund stand.

Eines der wichtigsten Wettspiele des Senioren-Circuits, das Quadel Seniors Classic, findet seit drei Jahren in Boca Grove statt. Die Sieger waren Arnold Palmer, der in den beiden ersten Jahren gewann, jeweils mit einem imponierenden Score (1983: 65-69-70-67), und Gary Player selbst, der hier sein erstes Turnier als Senior spielte.

Doch lassen wir Arnold Palmer seine Meinung über Boca Grove selbst kundtun: »Ich mag diesen Kurs sehr, denn er liegt mir wirklich. Er ist sehr schmal, es kommt also hauptsächlich auf einen sicheren Drive an, die Greens halten den Ball gut, und die Fahnen sind gut sichtbar.« Qualitäten, die den Senioren entgegenkommen.

Die Bahnen dieses inmitten eines bezaubernden Orangenhains gelegenen Kurses sind besonders abwechslungsreich; am attraktivsten sind die Löcher 3, 4, 11 und 14. Das 9. und ebenso das 14. Loch enden am Clubhaus, einem modernen, sehr gut konzipierten Gebäude. Wasserhindernisse findet man fast überall, ebenso Sandbunker. Nicht umsonst gilt Gary Player als einer der besten Golfer auf Plätzen dieser Art.

Auf diesem Parcour werden die wichtigsten Turniere der »Senior Professional Tour« ausgetragen.

Loch	Länge	Par	Loch	Länge	Par
1	337	4	10	367	4
2	483	5	11	371	4
3	159	3	12	472	5
4	407	4	13	184	3
5	329	4	14	350	4
6	320	4	15	173	3
7	506	5	16	303	4
8	205	3	17	497	5
9	359	4	18	350	4
Total	3105	36	Total	3067	36
			Insgesamt	6172	72

Seve Ballesteros G. C.

Seve Ballesteros
Japan

Ob er wohl den Beginn einer neuen, erfolgreichen Karriere darstellt? Jedenfalls steht fest, daß dieser erste Golfplatz Marke Ballesteros schon heute in die sehr exklusive Reihe der besten Plätze der Welt gehört. In Japan ist Severiano Ballesteros ein großes Idol, mindestens ebenso wie Jack Nicklaus. Bei den meisten großen Turnieren, die im Land der aufgehenden Sonne ausgetragen werden, war er anwesend, was ihm zu einem unwahrscheinlichen Prestige verhalf. Insofern lag der Gedanke nahe, den ersten von dem spanischen Champion kreierten Golfplatz hier in Japan entstehen zu lassen.

Die Idee an sich kam schon vor einigen Jahren auf, doch erst 1985 nahm das Projekt konkrete Formen an. Der Severiano Golf Club liegt in Ibaragi, in der Gemeinde von Tokio, und ist nur etwa eineinhalb Stunden Autofahrt von der Hauptstadt entfernt. Er befindet sich direkt auf Meereshöhe, in einem Gebiet mit viel Landwirtschaft, mitten im Wald. Das Gelände der 18-Loch-Anlage umfaßt etwa 90 Hektar und grenzt an einen großen See, den Kasumigaura, dessen man sich auch bei der Anlegung der zahlreichen Wasserhindernisse bedient hat.

Der Kurs selbst, sehr schwierig und mit 6565 Metern inklusive der gelben Tees, der Backtees, für einen Par 72 auch sehr lang, wurde von Peter Allis und Dave Thomas entworfen, in Zusammenarbeit mit Seve Ballesteros. Die Arbeiten begannen 1980, wurden jedoch aufgrund zahlreicher Schwierigkeiten immer wieder unterbrochen. Es gab Probleme mit der Sprache und mit dem Schnee, außerdem starb der Gründer des Clubs, Herr Tesuka. Was Seve anbetrifft, so wollte er selbstverständlich einen absolut perfekten Kurs bauen, er nahm bei seinen zwei Besuchen pro Jahr immer wieder kleine Veränderungen vor.

Der Architekt Dave Thomas hat für fünf Löcher eine ganz besondere Vorliebe, das 2., 3., 9., 17. und 18. Das 2. Loch ist ein Par 4 über 395 Meter, mit einem tee-shot über einen See von etwa 100 Metern Länge. Auch am 3., einem Par 4 über 400 Meter, das leicht abfällt, gilt es, ein Gewässer zu passieren, diesmal mit dem zweiten Schlag. Gleich dahinter liegen auch noch zwei Bunker. Das 9. Loch ist ein Par 5 von 460 Metern Länge, mit einem Wasserhindernis gleich nach dem Abschlag, das allerdings nicht besonders gefährlich ist, und einem immer enger werdenden Fairway. Die beiden letzten Löcher sind ausgezeichnete Finishing Holes. Am 17., einem Par 5 über 490 Meter, muß man mit dem Drive ein kleines Tal überwinden, auch der zweite Schlag geht von einem Hügel aus, rechts vom Green liegt ein See. Das 18. Loch schließlich, ein sehr langes Par 4, mißt insgesamt 420 Meter, mit einem leicht erhöhten Abschlag, einem Wasserhindernis auf der linken Seite, das kurz vor dem Green bis ins Fairway reicht. Wasser gibt es auf diesem Kurs, der wegen der vielen »Matsu«-Kiefern ein wenig an Augusta erinnert, fast überall. Die Asahi-Kanko-Gruppe, der sowohl der Golfplatz als auch die Tennisanlage gehört, hat keine Ausgaben gescheut. Man geht davon aus, daß die Realisierung der gesamten Anlage etwa 16 Millionen Dollar verschlungen hat, allein die Hälfte davon der Golfplatz. Der Privatclub hatte nicht die geringsten Schwierigkeiten, 1400 Mitglieder zu finden. Was Seve Ballesteros angeht, so kann er wirklich hoch zufrieden sein. Ebenso wie vor ihm Gene Sarazen, Arnold Palmer oder Jack Nicklaus hat er mit dieser Leistung seinem an sich schon hervorragenden Image ein weiteres Ruhmesblatt hinzufügen können – das des Golfarchitekten. Auch wenn er bei dieser ersten Erfahrung auf dem neuen Gebiet, der er mit Sicherheit viele weitere hinzufügen wird, im Grunde nur die Ausführung eines gemeinsam mit dem Architekten Dave Thomas erarbeiteten Entwurfs überwacht hat.

Millionen von Yen mußten investiert werden, damit die Realisierung dieses großartigen Platzes möglich wurde. Doch die Japaner sind in dieser Hinsicht äußerst großzügig – vor allem, da der Platz auch noch den Namen eines ihrer größten Idole trägt.

Loch	Länge	Par	Loch	Länge	Par
1	470	5	10	395	4
2	395	4	11	360	4
3	400	4	12	390	4
4	390	4	13	200	3
5	210	3	14	400	4
6	360	4	15	500	5
7	370	4	16	205	3
8	150	3	17	490	5
9	460	5	18	420	4
Total	3205	36	Total	3360	36
			Insgesamt	6565	72

Informationen zu den Plätzen

Die folgenden Angaben fassen die im Text erwähnten Fakten zu den einzelnen Plätzen zusammen, beziehungsweise ergänzen diese. Spezielle Daten, wie beispielsweise Längen und Pars für Damen, wurden hier nicht im einzelnen aufgenommen. Diese Informationen erhalten Sie vor Ort.
Die übrigen Angaben, wie Caddygebühren, Greenfees und Hotels in der Nähe etc., entsprechen dem Stand bei Drucklegung dieses Buches.
Die Telefonnummern umfassen die Vorwahl der Stadt bzw. des Ortes (die Nummer ist als Fortsetzung an die nationale Vorwahl zu verstehen), sowie die Nummer des Teilnehmers.

Saint Andrews / Schottland

Anzahl der Löcher: 4 × 18 + 1 × 9 (81 Löcher)
Gesamtlänge: 6340 m (Old)
Par: 72 (Old); Architekt: unbekannt
Jahr der Eröffnung: 1754
Geöffnet für Besucher: ja (mit Handicap-Nachweis)
Caddies verfügbar: ja
Elektro-Carts verfügbar: nein
Nächstgelegenes Hotel: Old Course Hotel (3 43) 7 43 71, Rufflets, Rusacks Marine Hotel (3 34) 7 43 21
Nächstgelegene Stadt: Saint Andrews; Dundee (25 km); Edinburgh (42 km)
Anschrift: Links House, Saint Andrews, Fife, KY169JA, Schottland
Telefon: (3 34) 7 57 57 und 7 33 93
Ruhetage: Sonntags und den ganzen März

Turnberry/Schottland

Anzahl der Löcher: 18 + 18
Gesamtlänge: 6370 m (Ailsa); 5739 m (Arran)
Par: 70 (Ailsa), 69 (Arran)
Architekt: C. K. Hutchinson und Mackenzie Ross (Ailsa); Willie Fernie (Arran)
Jahr der Eröffnung: 1907
Geöffnet für Besucher: ja
Caddies verfügbar: ja
Elektro-Carts verfügbar: nein
Nächstgelegenes Hotel: Turnberry Hotel, Ayrshire (65 53) 2 02
Nächstgelegene Stadt: Ayr und Glasgow
Anschrift: Turnberry Golf Club, Ayrshire KA269LT, Schottland
Telefon: (65 53) 3 70; telex 77 77 79
Ruhetage: keine

Royal Troon / Schottland

Anzahl der Löcher: 36
Gesamtlänge: 6070 m (Old Course)
Par: 71 (Old Course)
Architekt: unbekannt
Jahr der Eröffnung: 1878
Geöffnet für Besucher: ja, an Wochentagen, wenn eine Reservierung erfolgte
Caddies verfügbar: ja
Elektro-Carts verfügbar: nein
Nächstgelegenes Hotel: The Marine (2 92) 31 44 44, The Sun Court (2 92) 31 27 27
Nächstgelegene Stadt: Glasgow
Anschrift: Royal Troon Golf Club, Ayrshire, KA106EP, Schottland
Telefon: (2 92) 31 15 55
Ruhetage: keine

Royal Dornoch / Schottland

Anzahl der Löcher: 18
Gesamtlänge: 6014 m
Par: 70
Architekt: Tom Morris
Jahr der Eröffnung: 1877
Geöffnet für Besucher: ja
Caddies verfügbar: ja
Elektro-Carts verfügbar: nein
Nächstgelegenes Hotel: Royal Golf (8 62 81) 2 83
Nächstgelegene Stadt: Inverness
Anschrift: Royal Dornoch Golf Club, Golf Road, Dornoch, Sutherland, Schottland
Telefon: (8 62 81) 2 19
Ruhetage: keine

Muirfield/Schottland

Anzahl der Löcher: 18
Gesamtlänge: 6351 m
Par: 71
Architekt: Tom Morris
Jahr der Eröffnung: 1744
Geöffnet für Besucher: ja, wenn von einem Clubmitglied eingeladen
Caddies verfügbar: ja
Elektro-Carts verfügbar: 2
Nächstgelegenes Hotel: Greywalls, East Lothian (6 20) 84 21 44
Nächstgelegene Stadt: Gullane
Anschrift: Muirfield Golf Club, Gullane, East Lothian, EH312EG, Schottland
Telefon: (6 20) 84 21 23
Ruhetage: keine

Royal Birkdale / England

Anzahl der Löcher: 18
Gesamtlänge: 6372 m
Par: 71, Jahr der Eröffnung: 1889
Architekt: Neugestaltung von Fred Hawtree und J. H. Taylor
Geöffnet für Besucher: ja, an Wochentagen. Bitte telefonisch vereinbaren.
Caddies verfügbar: normalerweise nicht
Elektro-Carts verfügbar: nein
Nächstgelegenes Hotel: Prince of Wales Hotel, Southport
Nächstgelegene Stadt: Liverpool
Anschrift: The Royal Birkdale Golf Club, Waterloo Road, Birkdale, Southport, Merseyside, England
Telefon: (7 04) 6 99 03 und 6 99 28
Ruhetage: 25. Dezember

Gleneagles/Schottland

Anzahl der Löcher: 18 + 18 + 18 + 18
Gesamtlänge: 5936 m (King); 5740 m (Queen); 4278 m (Prince); 5269 m (Glendevon)
Par: 70; 70; 63; 67
Architekt: James Braid; C. K. Hutchinson
Jahr der Eröffnung: 1918 (King und Queen), 1970 (Prince); 1979 (Glendevon)
Geöffnet für Besucher: ja
Caddies verfügbar: ja
Elektro-Carts verfügbar: nein
Nächstgelegenes Hotel: Gleneagles Hotel, Auchterarder (76 46) 22 31
Nächstgelegene Stadt: Edinburgh (50 km)
Anschrift: Gleneagles Golf Club, Auchterarder, Pertshire, PH31NE, Schottland
Telefon: (76 46) 35 43 / 4 / 5
Ruhetage: keine

Carnoustie/Schottland

Anzahl der Löcher: 18 (Meisterschaftskurs) 2 × 18
Gesamtlänge: 6338 m
Par: 72
Architekt: Allan Robertson; Tom Morris sen.; James Braid
Jahr der Eröffnung: 1839
Geöffnet für Besucher: ja
Caddies verfügbar: ja
Elektro-Carts verfügbar: ja
Nächstgelegenes Hotel: Glencoe Hotel, Carnoustie (2 41) 5 32 73
Nächstgelegene Stadt: Dundee
Anschrift:Carnoustie Golf Club, Links Parade, Carnoustie, Angus, DD77JE, Schottland
Telefon: (2 41) 5 32 49
Ruhetage: keine

Royal Lytham Saint Annes / England

Anzahl der Löcher: 18 + 9
Gesamtlänge: 6101 m
Par: 71
Architekt: unbekannt
Jahr der Eröffnung: 1886
Geöffnet für Besucher: nur nach Absprache
Caddies verfügbar: ja
Elektro-Carts verfügbar: nein
Nächstgelegenes Hotel: Dormy House (gehört dem Club)
Nächstgelegene Stadt: Blackpool
Anschrift: Links Gate, Lytham Saint Annes, F4831Q, England
Telefon: (2 53) 72 42 06/7
Ruhetage: Samstags und Sonntags

Royal Saint George's / England

Anzahl der Löcher: 18
Gesamtlänge: 6273 m
Par: 70
Architekt: William Laidlaw Purves
Jahr der Eröffnung: 1887
Geöffnet für Besucher: ja, nach Absprache
Caddies verfügbar: ja
Elektro-Carts verfügbar: nein
Nächstgelegenes Hotel: Bell's Hotel in Sandwich (304) 613388
Nächstgelegene Stadt: Sandwich
Anschrift: Royal Saint George's Golf Club, Sandwich, Kent, England
Telefon: (304)617308
Ruhetage: keine

Sunningdale/England

Anzahl der Löcher: 18 + 18
Gesamtlänge: 6012 m (Old); 6033 m (New)
Par: 72 (Old); 72 (New)
Architekt: Willie Park (Old); Harry S. Colt (New)
Jahr der Eröffnung: 1901
Geöffnet für Besucher: nach Reservierung
Caddies verfügbar: ja, nach Reservierung
Elektro-Carts verfügbar: nein
Nächstgelegenes Hotel: Berystede Hotel, Ascot (990) 23311
Nächstgelegene Stadt: London (45 km)
Anschrift: Sunningdale Golf Club, Ridgemont Rd., Sunningdale, Ascot, SL59RN, England
Telefon: (990) 21681
Ruhetage: keine

Wentworth/England

Anzahl der Löcher: 45
Gesamtlänge: 6338 m (West)
Par: 72 (West)
Architekt: Harry S. Colt
Jahr der Eröffnung: 1924
Geöffnet für Besucher: ja, an Wochentagen
Caddies verfügbar: ja
Elektro-Carts verfügbar: begrenzte Anzahl
Nächstgelegenes Hotel: Runnymede Hotel und Anugraha
Nächstgelegene Stadt: London
Anschrift: Wentworth Golf Club Ltd., Wentworth Drive, Virginia Water, Surrey, GU254LS, England
Telefon: (9904) 2201/2/3
Ruhetage: 25. Dezember

Killarney/Irland

Anzahl der Löcher: 18 + 18
Gesamtlänge: 6424 m (Killeen); 6138 m (Mahony)
Par: 72 (Killeen); 72 (Mahony)
Architekt: Sir Guy Campbell (den alten Kurs); Fred Hawtree (den Neuen)
Jahr der Eröffnung: 1939; 1969
Geöffnet für Besucher: ja
Caddies verfügbar: ja
Elektro-Carts verfügbar: nein
Nächstgelegenes Hotel: Aghadoe Heights in Killarney (64) 31766
Nächstgelegene Stadt: Killarney
Anschrift: Killarney Golf & Fishing Club, Killarney, Co. Kerry, Republik Irland
Telefon: (64) 31034 und 41242
Ruhetage: keine

Portmarnock/Irland

Anzahl der Löcher: 27
Gesamtlänge: 6489 m
Par: 72
Architekt: Pickeman & Ross
Jahr der Eröffnung: 1894
Geöffnet für Besucher: ja
Caddies verfügbar: ja
Elektro-Carts verfügbar: nein
Nächstgelegenes Hotel: The Marine Hotel, Sutton (1) 322613
Nächstgelegene Stadt: Dublin
Anschrift: Portmarnock Golf Club, Co. Dublin, Republik Irland
Telefon: (1) 323050
Ruhetage: 25. Dezember

Royal County Down / Irland

Anzahl der Löcher: 36
Gesamtlänge: 6371 m
Par: 71
Architekt: Tom Morris sen.
Jahr der Eröffnung: 1887
Geöffnet für Besucher: ja
Caddies verfügbar: ja
Elektro-Carts verfügbar: nein
Nächstgelegenes Hotel: Slieve Donald Hotel (3967) 23681, Newcastle; Burrendale Hotel (3967) 22599
Nächstgelegene Stadt: Belfast
Anschrift: Royal County Down Club, Newcastle, Co. Down, Nord-Irland
Telefon: (3967) 23314
Ruhetage: keine

Augusta National / Vereinigte Staaten

Anzahl der Löcher: 18 + 9
Gesamtlänge: 6312 m
Par: 72
Architekt: R. T. Jones und A. Mackenzie
Jahr der Eröffnung: 1931
Geöffnet für Besucher: nur, wenn Einladung von einem Clubmitglied vorliegt
Caddies verfügbar: nein
Elektro-Carts verfügbar: ja
Nächstgelegenes Hotel: Ramada Inn, 3023 Washington Road, Augusta, Tel.: (904) 7362595
Nächstgelegene Stadt: Augusta
Anschrift: Augusta National Golf Club, Augusta, Georgia 30913, USA
Telefon: (404) 7387761
Ruhetage: geöffnet von Juni bis Oktober

Baltusrol / Vereinigte Staaten

Anzahl der Löcher: 18 + 18
Gesamtlänge: 6470 m (Lower); 6139 m (Upper)
Par: 70 (Lower); 72 (Upper)
Architekt: A. W. Tillinghast
Jahr der Eröffnung: 1922 (Lower)
Geöffnet für Besucher: ja, wenn eine Einladung von einem Clubmitglied vorliegt
Caddies verfügbar: ja, nach Absprache
Elektro-Carts verfügbar: ja
Nächstgelegenes Hotel: in New York
Nächstgelegene Stadt: New York
Anschrift: Baltusrol Golf Club, P. O. Box 9, Shunpike Road, Springfield, New Jersey 07081, Vereinigte Staaten
Telefon: (201) 3761900; Ruhetage: –

Pine Valley / Vereinigte Staaten

Anzahl der Löcher: 18
Gesamtlänge: 6186 m
Par: 70
Architekt: George Crump und Harry S. Colt
Jahr der Eröffnung: 1914
Geöffnet für Besucher: ja, in Begleitung eines Clubmitglieds
Caddies verfügbar: obligatorisch
Elektro-Carts verfügbar: ja
Nächstgelegenes Hotel: Hilton, Mt. Laurel, New Jersey
Nächstgelegene Stadt: Philadelphia, Pennsylvania
Anschrift: Pine Valley Golf Club, Pine Valley, New Jersey 08201, Vereinigte Staaten
Telefon: (609) 7833000
Ruhetage: keine

Merion / Vereinigte Staaten

Anzahl der Löcher: 18 + 18
Gesamtlänge: 5925 m (East); 5640 m (West)
Par: 70 (East); 70 (West)
Architekt: Hugh Wilson
Jahr der Eröffnung: 1912
Geöffnet für Besucher: ja, wenn von einem Clubmitglied empfohlen
Caddies verfügbar: ja
Elektro-Carts verfügbar: auf dem West-Kurs
Nächstgelegenes Hotel: in Philadelphia
Nächstgelegene Stadt: Philadelphia
Anschrift: Merion Golf Club, Ardmore Avenue, Ardmore, Pennsylvania, 19003, Vereinigte Staaten
Telefon: (215) 6425600
Ruhetage: keine

Cherry Hills / Vereinigte Staaten

Anzahl der Löcher: 18
Gesamtlänge: 6543 m
Par: 72
Architekt: William Flynn
Jahr der Eröffnung: 1922
Geöffnet für Besucher: ja, in Begleitung eines Clubmitglieds
Caddies verfügbar: ja
Elektro-Carts verfügbar: ja
Nächstgelegenes Hotel: etwa fünf Minuten entfernt
Nächstgelegene Stadt: Denver
Anschrift: Cherry Hills Country Club, 4125 South University Bd., Englewood, Colorado 80110, Vereinigte Staaten
Telefon: (303) 7619900
Ruhetage: keine

Cypress Point / Vereinigte Staaten

Anzahl der Löcher: 18
Gesamtlänge: 5949 m
Par: 72
Architekt: Alister Mackenzie
Jahr der Eröffnung: 1928
Geöffnet für Besucher: ja, nach Einladung eines Clubmitglieds
Caddies verfügbar: ja
Elektro-Carts verfügbar: ja
Nächstgelegenes Hotel: The Lodge in Pebble Beach
Nächstgelegene Stadt: Monterey
Anschrift: Cypress Point Club, Pebble Beach, Kalifornien 93953, Vereinigte Staaten
Telefon: (408) 624–6444
Ruhetage: keine

Oakland Hills / Vereinigte Staaten

Anzahl der Löcher: 18 + 18
Gesamtlänge: 6396 m (Süd); 6390 m (Nord)
Par: 70 (Süd); 72 (Nord)
Architekt: Donald Ross; Robert Trent Jones
Jahr der Eröffnung: 1918
Geöffnet für Besucher: ja, nach Einladung und in Begleitung eines Clubmitglieds
Caddies verfügbar: ja
Elektro-Carts verfügbar: ja
Nächstgelegenes Hotel: in Detroit
Nächstgelegene Stadt: Detroit
Anschrift: Oakland Hills Country Club, Birmingham, Michigan 48012, Vereinigte Staaten
Telefon: (313) 6442500
Ruhetage: keine

Oakmont / Vereinigte Staaten

Anzahl der Löcher: 18
Gesamtlänge: 6390 m
Par: 71
Architekt: William und Henry Fownes
Jahr der Eröffnung: 1903
Geöffnet für Besucher: ja, nach Empfehlung eines Clubmitglieds
Caddies verfügbar: nein
Elektro-Carts verfügbar: ja
Nächstgelegenes Hotel: in Oakmont
Nächstgelegene Stadt: Oakmont
Anschrift: Oakmont Country Club, Hulton Road, Oakmont, Pennsylvania 15139, Vereinigte Staaten
Telefon: (412) 8288000
geöffnet April bis Oktober

Olympic / Vereinigte Staaten

Anzahl der Löcher: 18 + 18
Gesamtlänge: 6164 m (Lake); 5460 m (Ocean)
Par: 71 (Lake); 72 (Ocean)
Architekt: Wilfrid Reid (Lake)
Jahr der Eröffnung: 1924
Geöffnet für Besucher: ja, mit Empfehlungsschreiben des Heimatclubs und vorheriger Absprache
Caddies verfügbar: ja
Elektro-Carts verfügbar: ja
Nächstgelegenes Hotel: Seal Rock Inn, ganz in der Nähe der Anlage
Nächstgelegene Stadt: San Francisco
Anschrift: The Olympic Club, 524 Post St., San Francisco, Kalifornien, 94102, Vereinigte Staaten
Telefon: (415) 5874800
Ruhetage: Montags

Pebble Beach / Vereinigte Staaten

Anzahl der Löcher: 18
Gesamtlänge: 6218 m
Par: 72
Architekt: Jack Neville und Douglas Grant
Jahr der Eröffnung: 1919
Geöffnet für Besucher: ja
Caddies verfügbar: ja
Elektro-Carts verfügbar: ja
Nächstgelegenes Hotel: The Lodge in Pebble Beach
Nächstgelegene Stadt: Monterey
Anschrift: The Lodge, Pebble Beach, Kalifornien, Vereinigte Staaten
Telefon: (408) 6242608
Ruhetage: keine

Winged Foot / Vereinigte Staaten

Anzahl der Löcher: 18 + 18
Gesamtlänge: 6362 m (West); 6096 m (East)
Par: 72 (West); 72 (East)
Architekt: A. W. Tillinghast
Jahr der Eröffnung: 1923
Geöffnet für Besucher: ja, nach Empfehlung eines Clubmitglieds
Caddies verfügbar: ja
Elektro-Carts verfügbar: ja
Nächstgelegenes Hotel: Hilton
Nächstgelegene Stadt: New York, Mamaroneck
Anschrift: Winged Foot Golf Club, Fennimore Road, Mamaroneck 10543, Vereinigte Staaten
Telefon: (914) 3815821
geöffnet von April bis Januar

Shinnecock Hills / Vereinigte Staaten

Anzahl der Löcher: 18
Gesamtlänge: 6165 m
Par: 70
Architekt: Willie Dunn und William Flynn
Jahr der Eröffnung: 1892
Geöffnet für Besucher: ja, in Begleitung eines Clubmitglieds
Caddies verfügbar: ja
Elektro-Carts verfügbar: ja
Nächstgelegenes Hotel: Sandpiper, Windward
Nächstgelegene Stadt: Southampton (etwa 135 km von New York)
Anschrift: Shinnecock Hills Golf Club, P. O. Box 1346, Southampton, Long Island N. Y. 11968, Vereinigte Staaten
Telefon: (516)2831310
geöffnet von Mitte April bis Oktober

Pinehurst / Vereinigte Staaten

Anzahl der Löcher: 7 × 18
Gesamtlänge: 5242 m; 6420 m; 5139 m; 6300 m; 6243 m; 6490 m
Par: 70; 72; 71; 72; 72; 72; 72
Architekt: Donald Ross (1 bis 4); Ellis Maples (5); Tom u. George Fazio (6); Rees Jones Inc. (7)
Jahr der Eröffnung: –
Geöffnet für Besucher: ja
Caddies verfügbar: nein
Elektro-Carts verfügbar: ja
Nächstgelegenes Hotel: Pinehurst Hotel & Country Club
Nächstgelegene Stadt: Raleigh
Anschrift: Pinehurst Country Club, Vista Drive, North Carolina 28374, USA
Telefon: (919) 2956811
Ruhetage: keine

Feldafing / Bundesrepublik Deutschland

Anzahl der Löcher: 18
Gesamtlänge: 5708 m; Par: 71
Architekt: Bernhard von Limburger
Jahr der Eröffnung: 1962 (1926: 9 Löcher)
Geöffnet für Besucher: ja
Caddies: ja; Elektro-Carts: nein
Nächstgelegenes Hotel: Kaiserin Elisabeth, Tutzinger Straße 2, 8133 Feldafing, Tel.: (8157) 1013
Nächstgelegene Stadt: München (30 km), Starnberg (10 km)
Anschrift: Golf Club Feldafing e. V., Tutzinger Str. 15, 8133 Feldafing, Bundesrepublik Deutschland
Telefon: (8157) 7005/6
geöffnet von April bis November
Ruhetag: Montags

Club zur Vahr / Bundesrepublik Deutschland

Anzahl der Löcher: 18 + 9
Gesamtlänge: 6640 m; 3030 m (in Vahr)
Par: 74; 36
Architekt: Bernhard von Limburger
Jahr der Eröffnung: 1963 (1909: 9 Löcher in Vahr)
Geöffnet für Besucher: ja
Caddies verfügbar: nein
Elektro-Carts verfügbar: nein
Nächstgelegenes Hotel: Park Hotel, Im Bürgerpark, 2800 Bremen; Tel.: (421) 34080
Nächstgelegene Stadt: Bremen
Anschrift: Club zur Vahr, Bürgermeister-Spitta-Allee 34, 2800 Bremen, Bundesrepublik Deutschland
Telefon: (421) 230041
Ruhetage: Montags

Falkenstein / Bundesrepublik Deutschland

Anzahl der Löcher: 18
Gesamtlänge: 6010 m (Meisterschaftskurs); 5925 m (Normal-Kurs)
Par: 71; Jahr der Eröffnung: 1906
Architekt: J. F. S. Morrison; C. Alison
Geöffnet für Besucher: ja, jedoch nicht am Wochenende
Caddies: ja; Elektro-Carts: nein
Nächstgelegenes Hotel: Atlantik Hotel Kempinski, An der Alster 72, 2000 Hamburg 1, Tel.: (40) 248001
Nächstgelegene Stadt: Blankenese (2 km), Hamburg (13 km)
Anschrift: Hamburger Golf Club, In den Bergen 59, 2000 Hamburg 55 (Falkenstein), Bundesrepublik Deutschland
Telefon: (40) 812177
Ruhetage: Montags

Royal Waterloo / Belgien

Anzahl der Löcher: 45
Gesamtlänge: 6260 m (La Marache)
Par: 73 (La Marache)
Architekt: Fred Hawtree (Le Bois Heros; La Marache); P. Rolin (Le Lion)
Jahr der Eröffnung: 27 Löcher 1960; 18 (Le Lion) 1985
Geöffnet für Besucher: an Wochentagen, am Wochenende nur nach Reservierung
Caddies: auf Anfrage; Elektro-Carts: nein
Nächstgelegenes Hotel: in Brüssel
Nächstgelegene Stadt: Brüssel
Anschrift: Royal Waterloo G. C., 50 Vieux Chemin de Wavre, 1328 Ohain, Belgien
Telefon: (2) 6331850 und 6331597
ganzjährig geöffnet, Restaurant außer Montags

Chantilly/Frankreich

Anzahl der Löcher: 18 + 9
Gesamtlänge: 6597 m; 2625 m
Par: 71; 35
Architekt: Tom Simpson
Jahr der Eröffnung: 1908
Geöffnet für Besucher: ja, am Wochenende, wenn Einladung vorliegt
Caddies verfügbar: ja
Elektro-Carts verfügbar: nein
Nächstgelegenes Hotel: Hostellerie de Lys, Rond- Point de la Reine, 60260 Lamorlaye; Tel.: (4) 4212619
Nächstgelegene Stadt: Senlis (10 km); Paris (41 km)
Anschrift: Golf de Chantilly, Vineuil-St. Firmin, 60500 Chantilly, Frankreich
Telefon: (4) 4570443
Ruhetage: Mittwochs

Le Touquet / Frankreich

Anzahl der Löcher: 18 + 18 + 9
Gesamtlänge: 6140 m (Meer-Kurs); 5850 m (Wald-Kurs); 2000 m
Par: 72; 71; 28
Architekt: J. H. Taylor; Willie Fernie
Jahr der Eröffnung: 1930 (Meer-Kurs); Einweihung des Clubs 1908
Geöffnet für Besucher: ja
Caddies verfügbar: ja
Elektro-Carts verfügbar: ja
Nächstgelegenes Hotel: Manoir Hotel, Avenue de golf, 62520 Le Touquet, Pasde-Calais, Tel.: (21) 052022; Westminster (2 km), Tel.: (21) 051966
Nächstgelegene Stadt: Boulogne (30 km)
Anschrift: Le Touquet Golf Club, Paris-Plage 62520 Le Touquet, Frankreich
Telefon: (21) 056847

Morfontaine / Frankreich

Anzahl der Löcher: 18 + 9
Gesamtlänge: 6063 m; 2550 m
Par: 70; 36
Architekt: Tom Simpson
Jahr der Eröffnung: 1928
Geöffnet für Besucher: ja, in Begleitung eines Clubmitglieds
Caddies verfügbar: ja
Elektro-Carts verfügbar: ja
Nächstgelegenes Hotel: Novotel (3) 4686980, Mercure (3) 4682828
Nächstgelegene Stadt: Roissy-Charles-de-Gaulle (Paris)
Anschrift: Golf de Morfontaine, Morfontaine, 60128 Plailly, Frankreich
Telefon: (4) 4546827; Ruhetag: Dienstags

Kennemer/Niederlande

Anzahl der Löcher: 18 + 9
Gesamtlänge: 5757 m (Orange); 3248 m (Weiß)
Par: 72; 36
Architekt: Harry S. Colt (Orange); Frank Pennink (Weiß)
Jahr der Eröffnung: 1927 (Orange); 1985 (Weiß)
Geöffnet für Besucher: ja, wenn Einladung eines Clubmitglieds und Reservierung vorliegt
Caddies verfügbar: ja
Elektro-Carts verfügbar: ja
Nächstgelegenes Hotel: in Zandvoort
Nächstgelegene Stadt: Haarlem
Anschrift: Kennemer Golf & Country Club, 2042 XT Zandvoort, Niederlande
Telefon: (2507) 12836
Restaurant montags geschlossen

Falsterbo/Schweden

Anzahl der Löcher: 18
Gesamtlänge: 6085 m (Meisterschaftskurs)
Par: 71
Architekt: Gunnar Bauer
Jahr der Eröffnung: 1930 (1911 neun Löcher)
Geöffnet für Besucher: ja
Caddies verfügbar: ja, wenn reserviert
Elektro-Carts verfügbar: nein
Nächstgelegenes Hotel: Villa Paradiset, Falsterbohuusvegen 4, Box 84, S-23011 Falsterbo, Tel.: (40)47 01 16
Nächstgelegene Stadt: Malmö
Anschrift: Falsterbo Golfklubb, P. O. Box 71, S-23011 Falsterbo, Schweden
Telefon: (40) 47 00 78
Ruhetage: normalerweise keine

Royal Melbourne / Australien

Anzahl der Löcher: 18 + 18
Gesamtlänge: 6380 m (Composite)
Par: 72 (Composite)
Architekt: Alister Mackenzie (West); William Mitchell (Ost)
Jahr der Eröffnung: 1891
Geöffnet für Besucher: ja, wenn von einem Clubmitglied empfohlen
Caddies verfügbar: ja
Elektro-Carts verfügbar: nein
Nächstgelegenes Hotel: in Melbourne
Nächstgelegene Stadt: Melbourne
Anschrift: Royal Melbourne G. C., P. O. Box 18, Black Rock, 3193 Australien
Telefon: (3) 5 98 67 55
Ruhetage: keine

La Gavea / Brasilien

Anzahl der Löcher: 18
Gesamtlänge: 5757 m
Par: 68
Architekt: Arthur M. Davidson
Jahr der Eröffnung: März 1921
Geöffnet für Besucher: ja, an Wochentagen
Caddies verfügbar: ja
Elektro-Carts verfügbar: nur für Mitglieder
Nächstgelegenes Hotel: Intercontinental
Nächstgelegene Stadt: Rio de Janeiro
Anschrift: Golf de La Gavea, Estrada da Gavea, 800 Sao Congrado, Rio de Janeiro, Brasilien
Telefon: (21) 3 99 41 41
Ruhetage: keine

Royal Johannesburg / Südafrika

Anzahl der Löcher: 36
Gesamtlänge: 6825 m (East); 6264 m (West)
Par: 72 (East); 71 (West)
Architekt: –
Jahr der Eröffnung: –
Geöffnet für Besucher: ja, wenn von einem Mitglied empfohlen
Caddies verfügbar: ja
Elektro-Carts verfügbar: nein
Nächstgelegenes Hotel: in Johannesburg
Nächstgelegene Stadt: Johannesburg
Anschrift: Royal Johannesburg Golf Club, Fairview Avenue, Linksfield, North Johannesburg, 2192, Südafrika
Telefon: (11) 6 40 30 21
Ruhetage: keine

The Australian / Australien

Anzahl der Löcher: 27
Gesamtlänge: 6128 m
Par: 72
Architekt: Alister Mackenzie; Jack Nicklaus
Jahr der Eröffnung: 1893
Geöffnet für Besucher: nur, wenn Einladung eines Clubmitglieds vorliegt
Caddies verfügbar: ja
Elektro-Carts verfügbar: nur wenige (6)
Nächstgelegenes Hotel: in Sydney
Nächstgelegene Stadt: Sydney
Anschrift: The Australian Golf Club, 53 Bannerman Cres., Roseberry New South Wales, 2018, Australien
Telefon: (2) 6 63 45 53
Ruhetage: keine

Royal Hongkong / Hongkong

Anzahl der Löcher: 18 + 18 + 18
Gesamtlänge: 5706 m (Old); 5999 m (New); 5662 m (Eden)
Par: 70 (Old); 70 (New); 71 (Eden)
Architekt: Michael Wolverridge (Eden)
Jahr der Eröffnung: 1889
Geöffnet für Besucher: nur an Wochentagen
Caddies verfügbar: ja
Elektro-Carts verfügbar: nein
Nächstgelegenes Hotel: im Zentrum Hongkongs
Nächstgelegene Stadt: Fanling, Hongkong
Anschrift: The Royal Hongkong Golf Club, Lot No. 1, N. T. Hongkong
Telefon: (20) 90 12 11
Ruhetage: keine

Royal Montreal / Kanada

Anzahl der Löcher: 18 + 18
Gesamtlänge: 5882 m (der Blaue); 6135 m (der Rote)
Par: 70 (der Blaue); 71 (der Rote)
Architekt: Dick Wilson
Jahr der Eröffnung: 1873
Geöffnet für Besucher: ja, wenn Einladung eines Clubmitglieds vorliegt
Caddies verfügbar: ja
Elektro-Carts verfügbar: ja
Nächstgelegenes Hotel: Holiday Inn, Pointe Claire (8 km vom Platz entfernt)
Nächstgelegene Stadt: Montreal (30 km)
Anschrift: The Royal Montreal Golf Club, 25 South Ridge Road, Le Bizard, Quebec, H91B3, Kanada
Telefon: (514) 6 26 39 77
Ruhetage: keine, nur wenn Schnee liegt

New South Wales / Australien

Anzahl der Löcher: 18
Gesamtlänge: 6232 m
Par: 72
Architekt: Alister Mackenzie
Jahr der Eröffnung: 1928
Geöffnet für Besucher: ja
Caddies verfügbar: ja
Elektro-Carts verfügbar: nein
Nächstgelegenes Hotel: in La Perouse
Nächstgelegene Stadt: La Perouse
Anschrift: New South Wales Golf Club, Henry Head, La Perouse, New South Wales, 2036, Australien
Telefon: (2) 6 61 44 55
Ruhetage: keine

Kasumigaseki / Japan

Anzahl der Löcher: 18 + 18
Gesamtlänge: 6108 m (West); 5872 m (East)
Par: 72 (West); 72 (East)
Architekt: Seiichi Inoue (West); Charles Alison (East)
Jahr der Eröffnung: 1932
Geöffnet für Besucher: ja, in Begleitung eines Clubmitglieds und bei Reservierung ein Monat im voraus
Caddies verfügbar: ja
Elektro-Carts verfügbar: nein
Nächstgelegenes Hotel: in Tokio
Nächstgelegene Stadt: Tokio
Anschrift: Kasumigaseki Golf Club, Kasahata, Kawagoe, Shi Saitam, Japan
Telefon: (492) 31 21 81
Ruhetage: Montags, 31. Dez., 1. Jan.

Kawana / Japan

Anzahl der Löcher: 18 + 18
Gesamtlänge: 5223 m (Oshima); 6118 m (Fuji)
Par: 70 (Oshima); 72 (Fuji)
Architekt: M. Okura (Oshima); Charles Alison (Fuji)
Jahr der Eröffnung: 1928 (Oshima); 1936 (Fuji)
Geöffnet für Besucher: ja
Caddies verfügbar: ja
Elektro-Carts verfügbar: nein
Nächstgelegenes Hotel: Kawana Hotel
Nächstgelegene Stadt: Shizuoka
Anschrift: Kawana Golf Club, 1459 Kawana Ito, Shizuoka, Japan
Telefon: (5 57) 45 11 11
Ruhetage: keine

Tokio Club / Japan

Anzahl der Löcher: 18
Gesamtlänge: 6289 m
Par: 72
Architekt: Charles Alison; Seiichi Inoue
Jahr der Eröffnung: 1913
Geöffnet für Besucher: nur in Begleitung eines Clubmitglieds, Sonntags nie
Caddies verfügbar: ja (70)
Elektro-Carts verfügbar: nein
Nächstgelegenes Hotel: in Tokio
Nächstgelegene Stadt: Tokio
Anschrift: Tokio Golf Club, 1984 Kashiwabara, Sayama City, Saitama Pref., Japan
Telefon: (4 29) 53 91 11
Ruhetage: Montags

Margarethenhof / Bundesrepublik Deutschland

Anzahl der Löcher: 18
Gesamtlänge: 6056 m
Par: 72
Architekt: Frank Pennink
Jahr der Eröffnung: 1984
Geöffnet für Besucher: ja
Caddies verfügbar: nein
Elektro-Carts verfügbar: ja
Nächstgelegenes Hotel: in München
Nächstgelegene Stadt: München (30 km)
Anschrift: Golf Club Margarethenhof am Tegernsee e. V., 8184 Gmund am Tegernsee, BRD
Telefon: (80 22) 73 66
Ruhetage: Montags

Club Maritim / Bundesrepublik Deutschland

Anzahl der Löcher: 18 + 18
Gesamtlänge: 6485 m (Meisterschaftskurs); 3765 m
Par: 72 (Meisterschaftskurs); 61
Architekt: Bernhard von Limburger
Jahr der Eröffnung: 1973
Geöffnet für Besucher: ja
Caddies verfügbar: ja
Elektro-Carts verfügbar: nein
Nächstgelegenes Hotel: im Timmendorfer Strand
Nächstgelegene Stadt: Timmendorfer Strand und Lübeck
Anschrift: Golf Club Maritim, 2408 Timmendorfer Strand, Am Golfplatz 3, BRD
Telefon: (45 03) 51 52
Ruhetage: keine

El Saler / Spanien

Anzahl der Löcher: 18
Gesamtlänge: 6485 m
Par: 72
Architekt: Javier Arana
Jahr der Eröffnung: 1968
Geöffnet für Besucher: ja
Caddies verfügbar: ja
Elektro-Carts verfügbar: nein
Nächstgelegenes Hotel: Parador Nacional Luis Vives, Hotel Sidi Saler
Nächstgelegene Stadt: Valencia
Anschrift: Parador Nacional Luis Vives, El Saler, Provinz Valencia, Spanien
Telefon: (6) 3 23 68 50
Ruhetage: keine

La Manga / Spanien

Anzahl der Löcher: 36
Gesamtlänge: 6238 m (Süd); 5873 m (Nord)
Par: 72 (Süd); 71 (Nord)
Architekt: Gary Player (Süd)
Jahr der Eröffnung: 1970 (Süd)
Geöffnet für Besucher: ja
Caddies verfügbar: ja
Elektro-Carts verfügbar: ja
Nächstgelegenes Hotel: 4 Star Club Hotel
Nächstgelegene Stadt: Kartagena
Anschrift: La Manga Club, Los Belones, Kartagena, Murcia, Spanien
Telefon: (68) 56 91 11
Ruhetage: keine

Nueva Andalucia / Spanien

Anzahl der Löcher: 18 + 18
Gesamtlänge: 6230 m (Las Brisas)
Par: 72 (Las Brisas)
Architekt: Robert Trent Jones
Jahr der Eröffnung: –
Geöffnet für Besucher: ja
Caddies verfügbar: ja
Elektro-Carts verfügbar: ja
Nächstgelegenes Hotel: Andalucia Plaza
Nächstgelegene Stadt: Marbella
Anschrift: Nueva Andalucia Apartrado 2, Marbella, Spanien
Telefon: (52) 81 08 75
Ruhetage: keine

Saint-Nom-La-Bretèche / Frankreich

Anzahl der Löcher: 18 (Rot) + 18 (Blau)
Gesamtlänge: 6138 m (Rot); 6095 m (Blau)
Par: 72 (Rot); 72 (Blau)
Architekt: Hawtree & Sons
Jahr der Eröffnung: 1959
Geöffnet für Besucher: an Wochentagen, bei Vorlage des begl. Handicaps
Caddies verfügbar: ja
Elektro-Carts verfügbar: nein
Nächstgelegenes Hotel: Mercure, Parly II (13) 9 55 11 41
Nächstgelegene Stadt: Versailles
Anschrift: Golf de Saint-Nom-La-Bretèche, La Tuilerie, 78860 Saint-Nom-La-Bretèche, Frankreich
Telefon: (13) 46 62 54 00;
Ruhetage: Dienstags

Golf Club Nîmes / Frankreich

Anzahl der Löcher: 18
Gesamtlänge: 6200 m
Par: 72
Architekt: Donald Harradine; M. Morandi
Jahr der Eröffnung: 1968
Geöffnet für Besucher: ja
Caddies verfügbar: ja
Elektro-Carts verfügbar: nein
Nächstgelegenes Hotel: Hôtel des Aubuns et de Golf, 30230 Garons, Tel.: (66) 70 10 44
Nächstgelegene Stadt: Nîmes (10 km)
Anschrift: Nîmes-Campagne, Route de Saint-Gilles, 30000 Nîmes
Telefon: (66) 70 17 37 / (66) 70 100
Ruhetage: Dienstags

Pevero/Italien

Anzahl der Löcher: 18
Gesamtlänge: 6186 m
Par: 72
Architekt: Robert Trent Jones
Jahr der Eröffnung: 1972
Geöffnet für Besucher: ja
Caddies verfügbar: nein
Elektro-Carts verfügbar: ja (35)
Nächstgelegenes Hotel: Hotel Cala di Volpe, Hotel Romazzino,
Nächstgelegene Stadt: Olbia (35 km)
Anschrift: Pevero Golf Club, 07020 Porto Cervo, Costa Smeralda, Sardinien, Italien
Telefon: (789) 96072 / 96210 / 96211
Ruhetage: Dienstags

Quinta do Lago / Portugal

Anzahl der Löcher: 27
Gesamtlänge: 3100 m (A); 3210 m (B); 3220 m (C)
Par: 36 (A); 36 (B); 36 (C)
Architekt: William Mitchell
Jahr der Eröffnung: November 1974
Geöffnet für Besucher: ja
Caddies verfügbar: ja
Elektro-Carts verfügbar: ja
Nächstgelegenes Hotel: Da Balaia, Albufeira (89) 52681
Nächstgelegene Stadt: Faro (20 km)
Anschrift: Sociedade do Golfe Quinta do Lago, 8100 Almansil, Portugal
Telefon: (89) 94271
Ruhetage: keine

Crans-sur-Sierre / Schweiz

Anzahl der Löcher: 18 + 9
Gesamtlänge: 6260 m; 2397 m
Par: 72; 32
Architekt: M. Nicholson
Jahr der Eröffnung: 1907
Geöffnet für Besucher: ja
Caddies verfügbar: ja
Elektro-Carts verfügbar: nein
Nächstgelegenes Hotel: Hôtel du Golf et des Sports, Grand Hôtel Rhodania
Nächstgelegene Stadt: Crans-sur-Sierre, Sierre (15 km)
Anschrift: Golf Club Crans-sur-Sierre, 3963 Crans-sur-Sierre, Schweiz
Telefon: (27) 412168
Geöffnet von Mai bis Oktober

Is Molas / Italien

Anzahl der Löcher: 18
Gesamtlänge: 6383 m
Par: 72
Architekt: Henry Cotton; Frank Pennink; Piero Mancinelli
Jahr der Eröffnung: 1975
Geöffnet für Besucher: ja
Caddies verfügbar: ja
Elektro-Carts verfügbar: ja
Nächstgelegenes Hotel: Golf Hotel, 09010 Is Molas, Tel.: (70) 9209466,
Nächstgelegene Stadt: Cagliari (31 km)
Anschrift: Golf Is Molas, P.O. Box 7; 09010 Pula (Cagliari), Italien,
Telefon: (70) 9209062
Ruhetage: keine

Noordwijk / Niederlande

Anzahl der Löcher: 18
Gesamtlänge: 5910 m (Herren); 5244 m (Damen)
Par: 72
Architekt: Frank Pennink
Jahr der Eröffnung: 1972
Geöffnet für Besucher: ja
Caddies verfügbar: ja, auf Anfrage
Elektro-Carts verfügbar: nein
Nächstgelegenes Hotel: De Nachtgaal, Heereweg 10, Lisse, Tel.: (2521) 14447
Nächstgelegene Stadt: Amsterdam
Anschrift: Noordwijkse Golfclub, Randweg 25, Postbus 70, 2200 AB Noordwijk, Niederlande
Telefon: (2523) 73761
Ruhetage: keine

Paradise Island / Bahamas

Anzahl der Löcher: 18 + 9
Gesamtlänge: 6377 m
Par: 72
Architekt: Dick Wilson
Jahr der Eröffnung: –
Geöffnet für Besucher: nur Gäste des Hotels von Paradise Island
Caddies verfügbar: nein
Elektro-Carts verfügbar: ja
Nächstgelegenes Hotel: Ocean Club Hotel
Nächstgelegene Stadt: Nassau
Anschrift: Paradise Island Golf and Country Club, P. O. Box N-4777, Nassau, Bahamas
Telefon: (89) 3263925
Ruhetage: keine

Penina/Portugal

Anzahl der Löcher: 18 + 9 + 9
Gesamtlänge: 6300 m (Süd); 3150 m (Nord); 2000 m (Quinta)
Par: 73 (Süd); 36 (Nord); 33 (Quinta)
Architekt: Henri Cotton (Süd)
Jahr der Eröffnung: 1966
Geöffnet für Besucher: ja
Caddies verfügbar: ja
Elektro-Carts verfügbar: ja
Nächstgelegenes Hotel: Penina Hotel
Nächstgelegene Stadt: Faro
Anschrift: Penina Golf Club, 8500 Portimão, Portugal
Telefon: (82) 22051 / 22058
Ruhetage: keine

Ullna/Schweden

Anzahl der Löcher: 18
Gesamtlänge: 6265 m
Par: 72
Architekt: Sven Tumba
Jahr der Eröffnung: –
Geöffnet für Besucher: ja
Elektro-Carts verfügbar: ja
Nächstgelegenes Hotel: Scandic Hotel Täby
Nächstgelegene Stadt: Stockholm
Anschrift: Ullna Golfbana, 18400 Akersber, Schweden
Telefon: (762) 26075
Ruhetage: keine

Casa de Campo / Dominikanische Republik

Anzahl der Löcher: 18 + 18
Gesamtlänge: 6207 m (Los Cajuiles)
Par: 72 (Los Cajuiles)
Architekt: Pete Dye
Jahr der Eröffnung: –
Geöffnet für Besucher: ja
Caddies verfügbar: ja
Elektro-Carts verfügbar: ja
Nächstgelegenes Hotel: Hotel Casa de Compo, Hotel Santo Domingo
Nächstgelegene Stadt: La Romana
Anschrift:Casa de Campo, La Romana, Dominikanische Republik
Telefon: (809) 6829656
Ruhetage: keine

Lagunita / Venezuela

Anzahl der Löcher: 18
Gesamtlänge: 6142 m; Par: 70
Architekt: Dick Wilson
Jahr der Eröffnung: –
Geöffnet für Besucher: ja, wenn von einem Clubmitglied empfohlen
Caddies verfügbar: ja
Elektro-Carts verfügbar: ja
Nächstgelegenes Hotel: in der Stadt, Tamanaco Hotel Intercontinental, Tel.: (2) 929842
Nächstgelegene Stadt: Caracas
Anschrift: Lagunita Country Club, El Hatillo, apartamento 62168, Chacao, 1060, Caracas, Venezuela
Telefon: (2) 9648311/964829
Ruhetage: keine

Hot Spring / Volksrepublik China

Anzahl der Löcher: 18
Gesamtlänge: 5906 m
Par: 71
Architekt: Arnold Palmer
Jahr der Eröffnung: August 1986
Geöffnet für Besucher: ja
Caddies verfügbar: ja
Elektro-Carts verfügbar: nein
Nächstgelegenes Hotel: zwei Minuten entfernt, im Chang Shan Hot Spring Resort
Nächstgelegene Stadt: Hongkong
Anschrift: Sanxiang, Zhongshan City, Guang dong Province, China; Reservierung: Hongkong Office, 504 Pedder Building 12, 12 Pedder Street, Hongkong, Tel.: 5210377
Telefon:24019 oder 24811
Ruhetage: keine

Sotogrande/Spanien

Anzahl der Löcher: 18 + 18 + 9
Gesamtlänge: 6298 m (Old Course); 5833 m (Valderramas); 1299 m
Par: 72; 72; 29
Architekt: Robert Trent Jones
Jahr der Eröffnung: 1965; 1975
Geöffnet für Besucher: ja, nach Vereinbarung auf dem Valderramas-Kurs
Caddies verfügbar: ja
Elektro-Carts verfügbar: ja
Nächstgelegenes Hotel: Sotogrande Hotel & Sports Club, Carrentera N 340, km 132, Guadiaro, Sotogrande
Nächstgelegene Stadt: Gibraltar (30 km)
Anschrift: Club de Golf Sotogrande, P. O. Box 1, Sotogrande, Cadiz, Spanien
Telefon: (56) 792050
Ruhetage: keine

The National Club / Kanada

Anzahl der Löcher: 18
Gesamtlänge: 6391 m
Par: 72
Architekt: George und Tom Fazio
Jahr der Eröffnung: 1972
Geöffnet für Besucher: ja, wenn von einem Clubmitglied empfohlen
Caddies verfügbar: nein
Elektro-Carts verfügbar: ja
Nächstgelegenes Hotel: in Toronto
Nächstgelegene Stadt: Toronto
Anschrift: The National Golf Club, 134 Clubhouse Road, Woodbridge, Ontario, L4L2W2, Kanada
Telefon: (416) 7463111
Geöffnet von Mai bis September

Forest Country Club / Japan

Anzahl der Löcher: 18 + 18
Gesamtlänge: 6436 m (Ost); 6054 m (West)
Par: 72 (Ost); 72 (West)
Architekt: Ronald Kirby
Jahr der Eröffnung: 1975
Geöffnet für Besucher: ja
Caddies verfügbar: ja
Elektro-Carts verfügbar: nur wenige
Nächstgelegenes Hotel: in Niigata
Nächstgelegene Stadt: Niigata City (30 Minuten mit dem Auto)
Anschrift: Forest Country Club, 855 Baudai Toyouracho, Kitakaubaragun, Niigataken, 95923, Japan
Telefon: (254) 342721
Ruhetage: keine

Dorado Beach / Puerto Rico

Anzahl der Löcher: 18 + 18
Gesamtlänge: 6403 m (East); 6321 m (West)
Par: 72 (East); 72 (West)
Architekt: Robert Trent Jones sen.
Jahr der Eröffnung: 1958
Geöffnet für Besucher: ja
Caddies verfügbar: nein
Elektro-Carts verfügbar: ja
Nächstgelegenes Hotel: Hyatt Regency, Cerromar Beach
Nächstgelegene Stadt: San Juan
Anschrift: Dorado Beach Golf Club, Hyatt Dorado Beach, Puerto Rico 00646, Vereinigte Staaten
Telefon: (809) 7961600
Ruhetage: keine

Dar es Salam / Marokko

Anzahl der Löcher: 18 + 18 + 9
Gesamtlänge: 6825 m (Rot); 5865 m (Blau); 2660 m (Grün)
Par: 73 (Rot); 72 (Blau); 32 (Grün)
Architekt: Robert Trent Jones
Jahr der Eröffnung: 1970
Geöffnet für Besucher: ja
Caddies verfügbar: ja
Elektro-Carts verfügbar: ja
Nächstgelegenes Hotel: Hilton in Rabat
Nächstgelegene Stadt: Rabat
Anschrift: Royal Club de Dar es Salam, route de Zaërs, Rabat, Marokko
Telefon: (2127) 54692/3
Ruhetage: Montags

Kooralbyn Valley / Australien

Anzahl der Löcher: 18
Gesamtlänge: 6381 m
Par: 72
Architekt: Desmond Muirhead
Jahr der Eröffnung: 1979
Geöffnet für Besucher: ja
Caddies verfügbar: nein
Elektro-Carts verfügbar: ja
Nächstgelegenes Hotel: Bungalows können auf der Anlage gemietet werden
Nächstgelegene Stadt: Beaudesert, Brisbane (100 km nördlich)
Anschrift: Kooralbyn Valley Golf Club, Kooralbyn via Beaudesert, Queensland, Australien
Telefon: (75) 446222
Ruhetage: keine

Ballybunion/Irland

Anzahl der Löcher: 18 + 18
Gesamtlänge: 5948 m (Old); 5924 m (New)
Par: 71 (Old); 72 (New)
Architekt: Robert Trent Jones (New)
Jahr der Eröffnung: 1896; 1984 (New)
Geöffnet für Besucher: ja
Caddies verfügbar: ja
Elektro-Carts verfügbar: nein
Nächstgelegenes Hotel: Ambassador Hotel
Nächstgelegene Stadt: Ballybunion, Tralee
Anschrift: Ballybunion Golf Club, Ballybunion, Co. Kerry, Republik Irland
Telefon: (68) 27146
Ruhetage: keine

Spyglass Hill / Vereinigte Staaten

Anzahl der Löcher: 18
Gesamtlänge: 6227 m
Par: 72
Architekt: Robert Trent Jones
Jahr der Eröffnung: 1966
Geöffnet für Besucher: ja
Caddies verfügbar: ja
Elektro-Carts verfügbar: ja
Nächstgelegenes Hotel: The Lodge in Pebble Beach
Nächstgelegene Stadt: Monterey
Anschrift: Spyglass Hill Golf Course, The Lodge, Pebble Beach, Kalifornien 93953, Verinigte Staaten
Telefon: (408) 6242608
Ruhetage: keine

Castle Pines / Vereinigte Staaten

Anzahl der Löcher: 18
Gesamtlänge: 6859 m
Par: 72
Architekt: Jack Nicklaus
Jahr der Eröffnung: 1981
Geöffnet für Besucher: nur nach Vereinbarung
Caddies verfügbar: nein
Elektro-Carts verfügbar: ja
Nächstgelegenes Hotel: im Club
Nächstgelegene Stadt: Denver
Anschrift: Castle Pines Golf Club, 1000 Hummingbird Drive, Castle Rock, Colorado 80104, Vereinigte Staaten
Telefon: (303) 6886000
Ruhetage: keine

Desert Highlands / Vereinigte Staaten

Anzahl der Löcher: 18
Gesamtlänge: 6492 m
Par: 72
Architekt: Jack Nicklaus
Jahr der Eröffnung: 1984
Geöffnet für Besucher: nur nach Vereinbarung
Caddies verfügbar: nein
Elektro-Carts verfügbar: ja
Nächstgelegenes Hotel: im Club
Nächstgelegene Stadt: Scottsdale
Anschrift: Desert Highlands Golf Club, 7430 East Butherus Drive, Scottsdale, Arizona 85260, Vereinigte Staaten
Telefon: (602) 9915426/6
Ruhetage: keine

Mauna Kea / Hawaii

Anzahl der Löcher: 18
Gesamtlänge: 6495 m
Par: 72
Architekt: Robert Trent Jones sen.
Jahr der Eröffnung: 1964
Geöffnet für Besucher: ja
Caddies verfügbar: nein
Elektro-Carts verfügbar: ja (100)
Nächstgelegenes Hotel: The Westin Mauna Kea
Nächstgelegene Stadt: Kona, Island of Hawaii
Anschrift: The Westin Mauna Kea, P.O. Box 218, Kohala Coast, Hawaii 96743, Vereinigte Staaten
Telefon: (808) 8827222
Ruhetage: keine

Bear Creek / Vereinigte Staaten

Anzahl der Löcher: 18
Gesamtlänge: 5898 m
Par: 72
Architekt: Jack Nicklaus
Jahr der Eröffnung: 1983
Geöffnet für Besucher: ja, jedoch nur nach Vereinbarung
Caddies verfügbar: nein
Elektro-Carts verfügbar: ja
Nächstgelegenes Hotel: Condominiums
Nächstgelegene Stadt: Orange County (etwa eine Stunde entfernt)
Anschrift: Bear Creek Golf Club, 22640 Bear Creek Drive North, Murrieta, Kalifornien, Vereinigte Staaten
Telefon: (714) 777483
Ruhetage: keine

Jupiter Hills / Vereinigte Staaten

Anzahl der Löcher: 18 + 18
Gesamtlänge: 6317 m (Hills); 6012 m (Village)
Par: 72 (Hills); 72 (Village)
Architekt: George und Tom Fazio
Jahr der Eröffnung: 1973
Geöffnet für Besucher: ja, wenn von einem Clubmitglied empfohlen
Caddies verfügbar: nein
Elektro-Carts verfügbar: ja
Nächstgelegenes Hotel: Jupiter Hilton Hotel
Nächstgelegene Stadt: Tequesta
Anschrift: 17800 S. E., US 1, Jupiter, Florida 33458, Vereinigte Staaten
Telefon: (305) 7465151
Ruhetage: Montags

Loxahatchee / Vereinigte Staaten

Anzahl der Löcher: 18
Gesamtlänge: 6439 m
Par: 72
Architekt: Jack Nicklaus
Jahr der Eröffnung: 1985
Geöffnet für Besucher: ja, nach Vereinbarung
Caddies verfügbar: nein
Elektro-Carts verfügbar: ja
Nächstgelegenes Hotel: –
Nächstgelegene Stadt: Jupiter
Anschrift: The Loxahatchee Club, P. O. Box 1273, Jupiter, Florida 33468, Vereinigte Staaten
Telefon: (305) 7475990
Ruhetage: keine

Muirfield Village / Vereinigte Staaten

Anzahl der Löcher: 18
Gesamtlänge: 6498 m
Par: 72
Architekt: Jack Nicklaus
Jahr der Eröffnung: –
Geöffnet für Besucher: ja, auf Einladung eines Clubmitglieds
Caddies verfügbar: nein
Elektro-Carts verfügbar: ja
Nächstgelegene Stadt: Dublin
Anschrift: Muirfield Village Golf Club, 5750 Memorial Drive, Dublin, Ohio 43017, Vereinigte Staaten
Telefon: (614) 8896700
Ruhetage: keine

Wild Dunes / Vereinigte Staaten

Anzahl der Löcher: 18 + 18
Gesamtlänge: 6135 m (Harbour); 5590 m (Links)
Par: 72 (Harbour); 72 (Links)
Architekt: Tom Fazio
Jahr der Eröffnung: 1980
Geöffnet für Besucher: ja, nach Vereinbarung
Caddies verfügbar: nein
Elektro-Carts verfügbar: ja
Nächstgelegenes Hotel: in Charleston
Nächstgelegene Stadt: Charleston
Anschrift: Wild Dunes Beach and Racquet Club, Isle of Palms, South Carolina 29451, Vereinigte Staaten
Telefon: (803) 886600
Ruhetage: keine

PGA National / Vereinigte Staaten

Anzahl der Löcher: 72 (Champion, General, Squire und Haig)
Gesamtlänge:6527 m (Champion); 6272 m (General)
Par: 72 (Champion); 72 (General)
Architekt: George und Tom Fazio (Champion); Arnold Palmer und Ed Seay (General)
Jahr der Eröffnung: –
Geöffnet für Besucher: ja, wenn Empfehlung und Vereinbarung vorliegen
Caddies: nein; Elektro-Carts: ja
Nächstgelegenes Hotel: Sheraton Hotel
Nächstgelegene Stadt: Palm Beach
Anschrift: 100 Avenue of the Champions, Palm Beach Gardens, Florida 33410, Vereinigte Staaten
Telefon: (305) 6271804; Ruhetage: –

Wild Coast / Südafrika

Anzahl der Löcher: 18
Gesamtlänge: 5902 m
Par: 70
Architekt: Robert Trent Jones jun.
Jahr der Eröffnung: 1984
Geöffnet für Besucher: ja
Caddies verfügbar: ja
Elektro-Carts verfügbar: nein
Nächstgelegenes Hotel: Coast Sun, P. O. Box 23, Pat Edward, 4295, Südafrika
Nächstgelegene Stadt: Durban
Anschrift: Wild Coast Golf Club, P. O. Box 23, Pat Edward, 4295, Südafrika
Telefon: (27) 471511/2
Ruhetage: keine

Sentryworld / Vereinigte Staaten

Anzahl der Löcher: 18
Gesamtlänge: 6264 m
Par: 72
Architekt: Robert Trent Jones jun.
Jahr der Eröffnung: –
Geöffnet für Besucher: ja, öffentliche Anlage
Caddies verfügbar: nein
Elektro-Carts verfügbar: obligatorisch
Nächstgelegenes Hotel: Holiday Inn
Nächstgelegene Stadt: Madison (160 km)
Anschrift: 601 N. Michigan Avenue, Stevens Point, Wisconsin 54481, Vereinigte Staaten
Telefon: (715) 3451600
Geöffnet vom 16. April bis 18. November

Vintage Club / Vereinigte Staaten

Anzahl der Löcher: 18 + 18
Gesamtlänge: 6317 m (Mountain); 5669 m (Desert)
Par: 72 (Mountain); 71 (Desert)
Architekt: George und Tom Fazio
Jahr der Eröffnung: 1980 (Mountain); 1984 (Desert)
Geöffnet für Besucher: ja, wenn von einem Clubmitglied empfohlen
Caddies: nein; Elektro-Carts: ja
Nächstgelegenes Hotel: Continental Hotel und Vacation Inn in Indian Wells
Nächstgel. Stadt: Indian Wells, Palm Beach
Anschrift: 75001 Fairway Drive, Indian Wells, Kalifornien 92260, USA
Telefon: (619) 3400500; Ruhetage: –

Bossey / Frankreich

Anzahl der Löcher: 18
Gesamtlänge: 6145 m
Par: 71
Architekt: Robert Trent Jones jun.
Jahr der Eröffnung: 1984
Geöffnet für Besucher: nur an Wochentagen,
Caddies verfügbar: ja
Elektro-Carts verfügbar: nein
Nächstgelegenes Hotel: in Genf
Nächstgelegene Stadt: Genf
Anschrift: Société d'aménagement du Golf de Bossey, F-74160 Saint-Julien-en-Genevois, Frankreich
Telefon: 50437525
Ruhetage: Montags

Tournament Players / Vereinigte Staaten

Anzahl der Löcher: 18 (ein zweiter 18-Loch-Kurs Ende 1987)
Gesamtlänge: 6269 m
Par: 72; Architekt: Pete Dye
Jahr der Eröffnung: 1981
Geöffnet für Besucher: ja, wenn von einem Clubmitglied empfohlen
Caddies: nein; Elektro-Carts: ja
Nächstgelegenes Hotel: Sawgrass Resort, Ponte Vedra Inn, Sheraton
Nächstgelegene Stadt: Ponte Vedra Beach
Anschrift: Tournament Players Club, Sawgrass, Ponte Vedra, Florida 032082, Vereinigte Staaten
Telefon: (904) 2853301; Ruhetage: –

Pine Lake / Japan

Anzahl der Löcher: 18
Gesamtlänge: 6431 m
Par: 72
Architekt: Robert Trent Jones jun.
Jahr der Eröffnung: Oktober 1984
Geöffnet für Besucher: ja, bei Einladung von einem Clubmitglied
Caddies verfügbar: ja
Elektro-Carts verfügbar: nein
Nächstgelegenes Hotel: in Nishiwaki (10 min. entfernt)
Nächstgelegene Stadt: Osaka
Anschrift: Pine Lake Golf Club, 1353-2 Hiriyama-Sikanocho, Nishiwaki-Shi-Yogo-Ken, Japan
Telefon: (795) 232521
Ruhetage: keine, außer bei Schnee

Princeville Makaj / Hawaii

Anzahl der Löcher: 9 + 9 + 9
Gesamtlänge: 3109 m (9); 3087 m (9); 3074 m (96)
Par: 36; 36; 36
Architekt: Robert Trent Jones jun.
Jahr der Eröffnung: –
Geöffnet für Besucher: ja
Caddies verfügbar: nein
Elektro-Carts verfügbar: ja
Nächstgelegenes Hotel: Sheraton
Nächstgelegene Stadt: Kauai
Anschrift: P. O. Box 121, Hanalei, Kauai, Hawaii, 96714, Vereinigte Staaten
Telefon: (808) 8263580
Ruhetage: keine

Crooked Stick / Vereinigte Staaten

Anzahl der Löcher: 18
Gesamtlänge: 6509 m
Par: 72
Architekt: Pete Dye
Jahr der Eröffnung: –
Geöffnet für Besucher: ja, in Begleitung eines Clubmitgliedes
Caddies verfügbar: nein
Elektro-Carts verfügbar: ja
Nächstgelegenes Hotel: in Carmel
Nächstgelegene Stadt: Carmel
Anschrift: Crooked Stick Golf Club, 1964 Burning Tree Lane, Carmel, Indiana 46032, Vereinigte Staaten
Telefon: (317) 8449938
Geöffnet von April bis Oktober

Oak Tree / Vereinigte Staaten

Anzahl der Löcher: 18
Gesamtlänge: 6413 m
Par: 71
Architekt: Pete Dye
Jahr der Eröffnung: 1976
Geöffnet für Besucher: ja
Caddies verfügbar: nein
Elektro-Carts verfügbar: ja
Nächstgelegenes Hotel: Sheraton
Nächstgelegene Stadt: Edmond
Anschrift: Oak Tree Golf Club, 1515 West Oak Tree Drive, Edmond, Oklahoma 7334, Vereinigte Staaten
Telefon: (405) 3482004
Ruhetage: keine

Honors Course / Vereinigte Staaten

Anzahl der Löcher: 18
Gesamtlänge: 6423 m
Par: 72; Architekt: Pete Dye
Jahr der Eröffnung: –
Geöffnet für Besucher: ja, in Begleitung eines Clubmitgliedes
Caddies verfügbar: ja
Elektro-Carts verfügbar: einige
Nächstgelegenes Hotel: einige Motels in der Umgebung
Nächstgelegene Stadt: Chattanooga
Anschrift: The Honors Course, Old Highway 11. Ooltewah, Tennessee 37363, Vereinigte Staaten
Telefon: (615) 2384274
Ruhetage: 25. Dez. (Geöffn.: 15. 3.–31. 12.)

Mission Hills / Vereinigte Staaten

Anzahl der Löcher: 45
Gesamtlänge: 6212 m (New Course)
Par: 72
Architekt: Arnold Palmer und Ed Seay
Jahr der Eröffnung: –
Geöffnet für Besucher: ja, wenn von einem Clubmitglied empfohlen
Caddies: nein; Elektro-Carts: ja
Nächstgelegenes Hotel: Unterkünfte rund um das Gelände
Nächstgelegene Stadt: Palm Springs
Anschrift: Mission Hills Country Club, Mission Hills Drive, Rancho Mirage, Kalifornien, Vereinigte Staaten
Telefon: (714) 3286502
Ruhetage: keine

Sawgrass / Vereinigte Staaten

Anzahl der Löcher: 27
Gesamtlänge: 3149 m (East); 3116 m (West); 3158 m (South)
Par: 36 (East); 36 (West); 36 (South)
Architekt: Arnold Palmer und Ed Seay
Jahr der Eröffnung: –
Geöffnet für Besucher: ja, wenn von einem Clubmitglied empfohlen und Unterkunft auf dem Gelände
Caddies: nein; Elektro-Carts: ja
Nächstgelegenes Hotel: ganz in der Nähe der Anlage
Nächstgelegene Stadt: Jacksonville (20 min. entfernt)
Anschrift: Sawgrass Golf Club, Ponte Vedra Beach, Florida 32082, USA
Telefon: (904) 2852261
Ruhetage: keine

Tralee / Irland

Anzahl der Löcher: 18
Gesamtlänge: 6047 m
Par: 71
Architekt: Arnold Palmer und Ed Seay (neu)
Jahr der Eröffnung: 1904, 1984
Geöffnet für Besucher: ja
Caddies verfügbar: ja
Elektro-Carts verfügbar: nein
Nächstgelegenes Hotel: Mount Brandon Hotel, Tralee
Nächstgelegene Stadt: Tralee
Anschrift: Tralee Golf Club, Barrow Point, Tralee, Co. Kerry, Republik Irland
Telefon: (66) 36379/36355
Ruhetage: keine

El Kantaoui / Tunesien

Anzahl der Löcher: 18 + 9
Gesamtlänge: 6570 m
Par: 72; 36
Architekt: Ronald Fream
Jahr der Eröffnung: 1979 (18 Löcher); 1986 (9 Löcher)
Geöffnet für Besucher: ja
Caddies verfügbar: ja
Elektro-Carts verfügbar: ja
Nächstgelegenes Hotel: El Kanta, Hannibal Palace, Dar el Andalus
Nächstgelegene Stadt: Monastir (20 Min.), Tunis (1 Stunde 15 Min.)
Anschrift: Golf Course El Kantaoui, Port El Kantaoui, 4011 Tunesien
Telefon: (3) 31755/31756
Ruhetage: keine

Sentosa / Singapur

Anzahl der Löcher: 18 + 18
Gesamtlänge: 6493 m (Serapong); 6052 m (Tanjong)
Par: 72; 71
Architekt: Ronald Fream; Frank Pennink
Jahr der Eröffnung: 1981
Geöffnet für Besucher: ja, wenn offizielle Bestätigung des Handicaps vorliegt
Caddies verfügbar: ja
Elektro-Carts verfügbar: nein
Nächstgelegenes Hotel: Apollo Sentosa Hotel
Nächstgelegene Stadt: Singapur
Anschrift: Sentosa Golf Club, Sentosa Island, 0208 Singapur
Telefon: 622722/890/315
Ruhetage: keine

Desert Falls / Vereinigte Staaten

Anzahl der Löcher: 18
Gesamtlänge: 6453 m
Par: 72
Architekt: Ronald Fream
Jahr der Eröffnung: 1985
Geöffnet für Besucher: ja
Caddies verfügbar: nein
Elektro-Carts verfügbar: ja
Nächstgelegenes Hotel: in Palm Springs
Nächstgelegene Stadt: Palm Desert
Anschrift: Desert Falls Country Club, 1111 Desert Falls Parkway, Palm Springs, Kalifornien 92260, Vereinigte Staaten
Telefon: (619) 3405646
Ruhetage: keine

Jones Creek / Vereinigte Staaten

Anzahl der Löcher: 18
Gesamtlänge: 6408 m
Par: 72
Architekt: Rees Jones Inc.
Jahr der Eröffnung: September 1984
Geöffnet für Besucher: ja
Caddies verfügbar: nein
Elektro-Carts verfügbar: ja
Nächstgelegenes Hotel: Holiday Inn
Nächstgelegene Stadt: Augusta
Anschrift: 4101 Hammond's Ferry, Evans, Georgia 30809, Vereinigte Staaten
Telefon: (404) 8604228
Ruhetage: 15. 12.; Dienstags (Dez.–Feb.; Juni–Aug.)

Oyster Reef / Vereinigte Staaten

Anzahl der Löcher: 18
Gesamtlänge: 6366 m
Par: 72
Architekt: Rees Jones Inc.
Jahr der Eröffnung: März 1982
Geöffnet für Besucher: ja
Caddies verfügbar: nein
Elektro-Carts verfügbar: ja
Nächstgelegenes Hotel: Intercontinental Hotel in Hilton Head Island
Nächstgelegene Stadt: Savannah (Georgia), Charleston (South Carolina)
Anschrift: Oyster Reef Golf Course, Hilton Head Plantation, P. O. Box 1607, Hilton Head Island, South Carolina 29928, Vereinigte Staaten
Telefon: (803) 6817717
Ruhetage: 25. Dezember

Hell's Point / Vereinigte Staaten

Anzahl der Löcher: 18
Gesamtlänge: 6371 m
Par: 72
Architekt: Rees Jones Inc.
Jahr der Eröffnung: Oktober 1982
Geöffnet für Besucher: ja
Caddies verfügbar: nein
Elektro-Carts verfügbar: ja
Nächstgelegenes Hotel: Sheraton, Virginia Beach
Nächstgelegene Stadt: Norfolk
Anschrift: Hell's Point Golf, 2700 Atwoodtown Road, Virginia Beach, Virginia 23451, Vereinigte Staaten
Telefon: (804) 7213400
Ruhetage: keine

Boca Grove Plantation / Vereinigte Staaten

Anzahl der Löcher: 18
Gesamtlänge: 6172 m
Par: 72
Architekt: Karl Litten; Gary Player
Jahr der Eröffnung: 1981
Geöffnet für Besucher: ja, wenn von einem Clubmitglied empfohlen
Caddies verfügbar: nein
Elektro-Carts verfügbar: ja
Nächstgelegenes Hotel: Holiday Inn
Nächstgelegene Stadt: Boca Raton
Anschrift: Boca Grove Golf Club, 7003 Mandarin Rd., Boca Raton 33433, Vereinigte Staaten
Telefon: (305) 4871470
Ruhetage: keine

Key West / Vereinigte Staaten

Anzahl der Löcher: 18
Gesamtlänge: 5964 m
Par: 70
Architekt: Rees Jones Inc.
Jahr der Eröffnung: 1983
Geöffnet für Besucher: ja
Caddies verfügbar: nein
Elektro-Carts verfügbar: ja
Nächstgelegenes Hotel: Marriott Casa Marina, Key West
Nächstgelegene Stadt: Miami
Anschrift: The Key West Resort Golf Course, 5600 Junior College Road, Key West, Florida 33040, Vereinigte Staaten
Telefon: (305) 2945263
Ruhetage: keine

Sun City / Bophuthatswana

Anzahl der Löcher: 18
Gesamtlänge: 7033 m
Par: 72
Architekt: Gary Player; Ronald Kirby
Jahr der Eröffnung: 1980
Geöffnet für Besucher: ja
Caddies verfügbar: ja
Elektro-Carts verfügbar: nein
Nächstgelegenes Hotel: Sun Hotels
Nächstgelegene Stadt: Rustenburg
Anschrift: P. O. Box 2, Sun City, Bophuthatswana,
Telefon: (14651) 21000
Ruhetage: keine

Seve Ballesteros G. C. / Japan

Anzahl der Löcher: 18
Gesamtlänge: 6565 m
Par: 72
Architekt: Dave Thomas; Peter Allis; Seve Ballesteros
Jahr der Eröffnung: 1984
Geöffnet für Besucher: nur auf Einladung eines Clubmitglieds (Privatclub)
Caddies verfügbar: ja
Elektro-Carts verfügbar: im Prinzip nicht
Nächstgelegenes Hotel: in Tokio
Nächstgelegene Stadt: Tokio
Anschrift: Seve Ballesteros Golf Club, Fujimi 2-4-3, Chiyoda-Icu-Ibaragi, Tokio, Japan
Telefon: (3) 2301211
Ruhetage: keine

Verzeichnis der Golfplätze

Verzeichnis der Architekten

Fotonachweis

INFORMATION

Alle in diesem Buch abgebildeten Fotos sowie weitere können direkt beim Verlag angefordert werden.

BUCHHEIM EDITIONS SA
Postfach 73
CH-1706 FRIBOURG
037/26 45 04
TLX 942239 stes ch Suisse

Bibliographie

The Golf Course, The Rutledge Press, 1981
The World Atlas of Golf, Mitchell Beazley Publishers Ltd., 1976
The 100 Greatest Golf Courses, Golf Digest – Tennis Inc., 1982
The Championship Courses of Scotland, World's Work Ltd., 1982
Europas schönste Golfplätze, Mosaik und Buchheim Editions SA, 1984
Europcar Golf Guide, D.P.S., 1986